As Chaves do Templo

Desvendando a Cabala Mística de
Dion Fortune
por Meio de Seus Romances Ocultos

PENNY BILLINGTON
IAN REES

As Chaves do Templo

Desvendando a Cabala Mística de
Dion Fortune
por Meio de Seus Romances Ocultos

Tradução:
Fulvio Lubisco

MADRAS®

Publicado originalmente em inglês sob o título *The Keys to the Temple*, por Llewellyn Publications.
© 2017, Llewellyn Publications.
©Ilustrações internas de Ian Rees, fornecidas como arte original por Arthur Billington.
Direitos de edição e tradução para o Brasil.
Tradução autorizada do inglês.
© 2018, Madras Editora Ltda.

Editor:
Wagner Veneziani Costa

Produção e Capa:
Equipe Técnica Madras

Tradução:
Fulvio Lubisco

Revisão da Tradução:
Bianca Rocha

Revisão:
Maria Cristina Scomparini
Ana Paula Luccisano

Dados Internacionais de Catalogação na Publicação (CIP)
(Câmara Brasileira do Livro, SP, Brasil)

Billington, Penny
 As chaves do templo : desvendando a cabala mística de Dion Fortune por meio de seus romances ocultos/Penny Billington, Ian Rees ; tradução Fulvio Lubisco. -- São Paulo : Madras, 2018.
 Título original: The keys to the temple.
 Bibliografia.
 ISBN 978-85-370-1109-6

 1. Cabala 2. Cabala na literatura 3. Esoterismo 4. Ficção 5. Fortune, Dion, 1890-1946 - Crítica e interpretação 6. Misticismo na literatura 7. Ocultismo 8. Psicologia 9. Vida espiritual I. Rees, Ian. II. Título.

17-10419   CDD-809.9337

Índices para catálogo sistemático:
 1. Fortune, Dion : Cabala mística nos romances de ocultismo : Apreciação crítica 809.9337

É proibida a reprodução total ou parcial desta obra, de qualquer forma ou por qualquer meio eletrônico, mecânico, inclusive por meio de processos xerográficos, incluindo ainda o uso da internet, sem a permissão expressa da Madras Editora, na pessoa de seu editor (Lei nº 9.610, de 19/2/1998).

Todos os direitos desta edição, em língua portuguesa, reservados pela

MADRAS EDITORA LTDA.
Rua Paulo Gonçalves, 88 – Santana
CEP: 02403-020 – São Paulo/SP
Caixa Postal: 12183 – CEP: 02013-970
Tel.: (11) 2281-5555 – Fax: (11) 2959-3090
www.madras.com.br

DEDICATÓRIA

Para Aly e Arthur,
que também possuem as chaves.

Agradecimentos

Agradecemos, em primeiro lugar, a Dion Fortune, o gênio que rege uma corrente mágica que continua a fluir sem ser afetada e que é relevante ainda hoje.

Agradecemos aos professores do final do século XIX e começo do século XX que informaram o desenvolvimento de suas ideias; agradecemos às pessoas que ainda trabalham com a corrente e a todas as influências pessoais no caminho, especialmente os professores Robert King, W. E. Butler e Tom Oloman.

Agradecemos a todos os escritores de ocultismo que introduziram a magia a seus leitores, particularmente durante aquelas décadas férteis há quase um século, quando os avanços científicos chegaram a uma compreensão apropriada e fizeram-no parecer possível.

E, finalmente, agradecemos a todos da Llewellyn por seu continuado entusiasmo, profissionalismo e apoio.

Comentários sobre o Livro
As Chaves do Templo

"Esta maravilhosa evocação dos romances esotéricos de Dion Fortune oferece caminhos iniciáticos e práticos, tanto para o neófito quanto para o leitor!"
  Caitlín e John Matthews, autores de *The Lost Book of Grail* e *Walkers Between the Worlds*

"Dion Fortune escreveu: '*A Cabala Mística* proporciona a teoria, enquanto os meus romances proporcionam a prática'. No livro *As Chaves do Templo*, Penny Billington e Ian Rees concordam com ela e desvelam o rico tesouro da magia cabalística encontrada nos romances de ocultismo de Fortune. Trata-se de uma excelente obra para as pessoas interessadas na Tradição do Mistério Ocidental."
  John Michael Greer, autor de *The Celtic Golden Dawn*

"À altura de seus poderes como mestre de ocultismo, Dion Fortune começou a usar a ficção como meio de ensino... Penny Billington e Ian Rees levam isso a um passo adiante, implementando uma análise detalhada dos romances e de seus personagens para ajudar o leitor a cruzar a ponte e adquirir uma experiência pessoal. Altamente recomendado."
  Gareth Knight, autor de *The Occult Fiction of Dion Fortune*, *Dion Fortune's Magical Battle of Britain* e *Dion Fortune's Rites of Isis and of Pã*

"O livro *As Chaves do Templo* não é apenas excelente para os fãs das obras de Dion Fortune, mas também é necessário para todos os que se interessarem em descobrir aspectos mais profundos da Tradição do Mistério Ocidental e de suas raízes na Cabala."

Will Parfitt, autor de *The Complete Guide to the Kabbalah*, *Kabbalah for Life* e *Psychosynthesis: The Elements and Beyond*

"Recomendamos o livro *As Chaves do Templo* aos estudantes da Escola Servidores da Luz. Esse importante livro demonstra como a ficção de Dion Fortune fez parte de sua estratégia para praticamente ensinar princípios e técnicas mágicas iniciáticas teoricamente apresentados em seu livro *A Cabala Mística*. É muito interessante ver esses ensinamentos colocados à disposição tão claramente por Penny Billington e Ian Rees. Este livro é de leitura obrigatória para as pessoas interessadas nas obras de Dion Fortune e para as que trabalham praticamente na tradição mágica e esotérica que ela desenvolveu."

Steven Critchley, Ph.D., diretor assistente de estudos dos Servidores da Luz

AS CHAVES
DO
TEMPLO

Vivemos em meio a forças invisíveis cujos efeitos somente nós podemos perceber. Movemo-nos entre formas invisíveis cujas ações, muitas vezes, nem sequer percebemos, embora possamos ser afetados profundamente por elas.
Dion Fortune, *Autodefesa Psíquica*

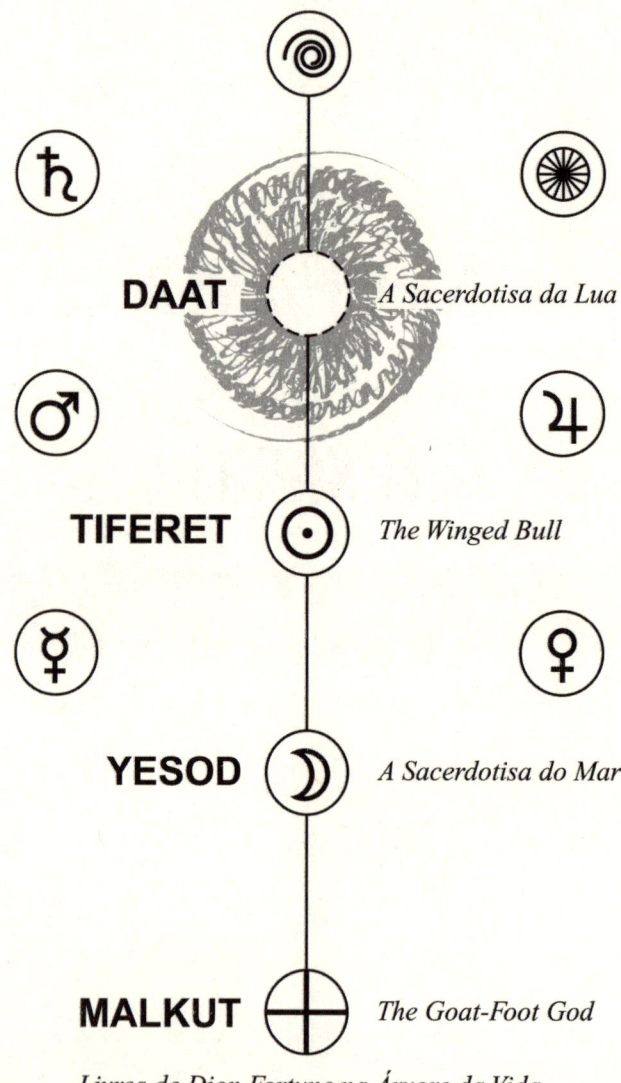

Livros de Dion Fortune na Árvore da Vida

Os autores e editores gostariam de agradecer à Sociedade da Luz Interior pela permissão de reproduzir material exclusivo dos seguintes livros escritos por Dion Fortune:

A Sacerdotisa da Lua
A Sacerdotisa do Mar
As Ordens Esotéricas e Seu Trabalho
Autodefesa Psíquica
Preparação e Trabalho do Iniciado
The Goat-Foot God
The Winged Bull

Isenção de Responsabilidade

As informações contidas neste livro não são um substituto para aconselhamentos e cuidados médicos profissionais. Os autores não assumem responsabilidade pelos seus pensamentos, decisões ou ações.

ÍNDICE

Introdução 19
Sinopses dos Livros 23
Desvendando *A Cabala Mística* 30

SEÇÃO 1: SAINDO DE CASA 44
1. *The Goat-Foot God*: o Poder da Natureza 46
2. Entrando em Malkut e *The Goat-Foot God* 58
3. *A Sacerdotisa do Mar*: Correntes e Ritmos 68
4. Yesod e *A Sacerdotisa do Mar*: Criando uma Fundação ... 78
5. *The Winged Bull* e a Dança do Relacionamento 88
6. Tiferet e *The Winged Bull* 100
7. *A Sacerdotisa da Lua*: Profundezas e Alturas 108
8. Daat e *A Sacerdotisa da Lua* 119

SEÇÃO 2: PROSSEGUINDO 129
9. O Trabalho de Mudança 130
10. Primeiros Passos no Caminho 140
11. A Conexão Emocional 151
12. Limiares, Guardiões e Obstáculos 165
13. Espaço Mágico 175
14. O Mentor e o Caminho Tríplice 185

SEÇÃO 3: CRUZANDO A PONTE 196
15. Trabalho Mágico: Diretrizes e Limites 197
16. A Cabala Aplicada 206
17. Trabalhando com Malkut e *The Goat-Foot God* 215
18. Trabalhando com Yesod e *A Sacerdotisa do Mar* 225
19. Trabalhando com Tiferet e *The Winged Bull* 236
20. Trabalhando com Daat e *A Sacerdotisa da Lua* 247

Conclusão 258
Bibliografia 261

Lista de Figuras

1. O Caminho de Malkut para Yesod..33
2. A Roda Giratória de Yesod, Hod e Netzach 35
3. O Submundo e os Caminhos Alquímicos de Malkut
para Tiferet 36
4. A Roda da Quietude 38
5. Os Três Caminhos para Daat..39
6. O Triângulo Supernal 40
7. A Árvore da Vida Completa...42

Introdução

Os autores colocarão coisas em um romance que não ousariam colocar em uma boa prosa, em que teriam de cuidar dos detalhes da pontuação e da gramática.[1]

Dion Fortune (1890-1946) foi uma das ocultistas mais significativas do século XX, sendo, ainda hoje, considerada uma importante influência na Tradição do Mistério Ocidental. Ela fez parte de um pequeno grupo de pessoas que trouxe à luz os mistérios antigos e os rituais arcanos, tornando-os relevantes ao mundo moderno e às questões que hoje enfrentamos. Ela fez isso combinando um entendimento da psicologia com as práticas místicas da Cabala, sugerindo práticas e métodos que podem ser aplicados para proporcionar uma experiência direta das realidades internas.

    A Cabala é um sistema espiritual que tem sido praticado secretamente na Europa desde pelo menos o século XII, embora tenha profundas raízes dentro da tradição judaico-cristã, particularmente no mito de Gênesis, a história de Adão e Eva e de sua expulsão do Jardim do Éden por terem comido do fruto da Árvore do Conhecimento do Bem e do Mal. A Cabala baseia-se na imagem de outra árvore desse mito, a Árvore da Vida. Essa árvore é uma imagem e diagrama que nos permite explorar os aspectos internos de nossa própria natureza e do mundo e, nesse processo, entrar em comunhão com uma vida mais plena e profunda.

---

1. Dion Fortune, *The Goat-Foot God* (York Beach: Samuel Weiser, 1999), p. 33.

A maneira pela qual Dion Fortune fez com que essa tradição se tornasse mais disponível às pessoas fora do seu grupo oculto privado foi inusitada: ela escreveu um dos primeiros relatos modernos da Árvore da Vida e do sistema da Cabala que torna a mitologia antiga e os seus mistérios bem vivos e atuais. Ela também escreveu uma série de romances que, em determinado nível, podem ser lidos como romances inusitados, mas, em um nível mais profundo, contêm imagens-chave e padrões desses mistérios que falam ao nosso subconsciente e, se conscientemente narrados, nos proporcionam uma experiência mais profunda de nossa vida e de nosso ser.

No início da edição de 1998 de seu livro *A Sacerdotisa do Mar*, Fortune diz o seguinte a respeito dos romances e da Cabala:

> Como os meus romances estão repletos desse tipo de coisa (simbolismos direcionados ao subconsciente), eu quero que os meus estudantes os considerem seriamente. "A Cabala Mística" proporciona a teoria, enquanto os meus romances proporcionam a prática. Aqueles que leem os romances sem terem estudado a "Cabala" obterão dicas e um estímulo para o seu subconsciente. Aqueles que estudam a Cabala sem ler os romances terão pela frente um jogo intelectual interessante com o qual poderão se divertir; mas as pessoas que estudam a "Cabala Mística" com a ajuda dos romances terão as chaves do Templo em suas mãos. É como Nosso Senhor disse: "Vocês não sabem que o seu corpo é o templo do Espírito Santo?".[2]

Essa é uma afirmação audaciosa, e aqueles que procuram seguir a sua fórmula na busca das chaves encontrarão vários obstáculos. Eles precisam encontrar um meio de criar uma relação entre:

- um livro de teoria mística que, apesar de claro e bem escrito, às vezes parece infértil;
- uma série de histórias sobre relacionamentos entre homens e mulheres no século XX;
- imagens antigas evocativas e potentes.

Além disso, há uma dica misteriosa sobre o envolvimento do corpo e a descida do Espírito Santo nele.

---

2. Dion Fortune, *The Sea Priestess* (London: Society of the Inner Light, 1998).

Este livro é destinado a superar esses obstáculos, a explicar e esclarecer o sistema da Cabala para demonstrar como as histórias e imagens se enquadram nele, proporcionando, portanto, um livro de exercícios práticos que funcionarão com o corpo e os sentidos para que as realidades internas sejam diretamente experimentadas.

Os romances-chave para esse estudo são: *The Goat-Foot God*, *A Sacerdotisa do Mar*, *The Winged Bull* e *A Sacerdotisa da Lua*. Esses são romances cabalísticos: Fortune não apenas está usando imagens dos mistérios antigos, mas também a história e as imagens de cada livro estão alinhadas com um aspecto da Árvore da Vida, que, por sua vez, indica um processo importante no desenvolvimento interno.

Uma sequência particular do desenvolvimento interno é apresentada em cada romance, começando com o primeiro passo no caminho da iniciação: o movimento de ser externamente direcionado e estar perdido em desejos e medos do passado e do futuro para obter uma sensação direta de estar presente no corpo, no mundo, neste mesmo momento. Podemos chamar isso de "entrar no reino" ou "entrar em Malkut", e o primeiro livro da sequência, *The Goat-Foot God*, diz respeito a esse passo.

O segundo passo deriva dessa sensação ancorada e presente de estar conectado, tanto com o mundo quanto com o corpo; ele envolve explorar a associação da subjetividade e da vida interna que então se abre à sua frente. Isso requer que exploremos a nossa vitalidade e imagens do eu e do mundo dominando a arte da imaginação incorporada. Isso se chama "fazer uma fundação", ou "Yesod", e o livro que diz respeito a essa questão é *A Sacerdotisa do Mar*.

O terceiro passo é o movimento por meio do conjunto da vida subjetiva, ultrapassando uma barreira chamada de "véu de Paroketh", formada pelo diálogo interno subliminar entre pensamento, emoção e memória. Esse diálogo constante age como uma roda giratória que nos faz interpretar toda a experiência atual em termos de passado e procura nos impedir de penetrar mais profundamente na vida interior. À medida que passamos esse véu, entramos em um estado de equilíbrio, sentimo-nos centrados e começamos a ter condição de mediar entre os mundos internos e externos. Esse sentido do coração e centro é chamado de "Tiferet" pelos cabalistas, e o livro que lhe diz respeito é *The Winged Bull*.

O quarto passo importante considerado nesse esquema é o movimento do sentido de equilíbrio e centro em alinhamento com os aspectos mais profundos de nossa natureza. Isso nos abre o caminho para capacidades de clareza e amor que têm origem na raiz de nosso ser – uma quietude dinâmica que tanto é receptiva quanto criativa. Esse movimento no mistério é chamado pelos cabalistas de "Daat", o conhecimento do desconhecimento, e é o lugar onde todos os opostos do eu e da vida encontram repouso e renovação. O livro que diz respeito a esse processo é *A Sacerdotisa da Lua*.

Dizem que a Árvore da Vida, o princípio organizador sobre o qual os romances se baseiam, tanto é uma imagem da alma quanto uma estrutura interna do Universo; da mesma forma, os personagens dos romances nos ensinam tanto sobre os aspectos da nossa própria natureza quanto sobre o mundo que nos cerca.

Cada romance diz respeito ao relacionamento entre um homem e uma mulher, os quais são guiados por um mentor para encontrar seu caminho das experiências de privação e frustração em uma união que seja frutífera e viva, embora não necessariamente convencional.

Todos começam com a situação de um homem que, simultaneamente, apresenta atitudes culturais de masculinidade e o aspecto racional e externo de nossa personalidade, o qual encontra uma mulher que tanto apresenta o aspecto arquetípico da feminilidade e o feminino, ou *anima*, que é o aspecto da alma. Esses dois personagens entram em um drama de mistério que permite encetar os quatro passos da Árvore da Vida a fim de chegar a uma consumação que resolva a situação descrita no início do romance.

Este livro é organizado de tal forma que lhe permite descobrir diretamente e aplicar as chaves do templo à sua vida e circunstâncias. A seção 1 descreve os princípios da fórmula, e, então, cada um dos quatro livros é analisado em detalhes e alinhado com a Árvore da Vida. A seção 2 identifica os principais temas que ocorrem no livro, e, finalmente, a seção 3 apresenta uma série de práticas e exercícios, fazendo com que as chaves do templo entrem em funcionamento.

Sinopses dos Livros

The Goat-Foot God

Personagens principais:

O homem	Hugh Paston, um homem rico vivendo em Kensington, Inglaterra
A mulher	Mona Wilton, uma jovem artista vivendo em pobreza boêmia
O mentor	Jelkes, um velho vendedor de livros, sacerdote jesuíta fracassado e estudante de ocultismo

Hugh Paston está deprimido e perdido, pois ele acabara de enterrar a sua esposa. Ela faleceu em um acidente de carro com o melhor amigo dele no caminho de volta de um encontro extraconjugal.

    Hugh não consegue ficar em casa nem sequer no distrito onde mora. Ele anda por Londres, desde os limites extremos da cidade, nos piores e mais desconhecidos lugares, deixando os instintos do seu corpo guiá-lo. Então se dirige para a livraria de Jelkes e concentra-se em romances de magia negra, assim como em livros mais orientados para a mitologia. Ele decide que quer reviver o culto de Pã; emprega uma artista, Mona Wilton, e Jelkes, o vendedor de livros, para ajudá-lo a encontrar e restaurar um velho monastério. Ao encontrar a velha abadia Monks Farm, de má reputação, Hugh e Mona começam por renová-la.

No processo, eles entram em comunhão psíquica com Ambrosius, um abade medieval que fora uma prévia encarnação de Hugh Paston.

Hugh e Mona começam a abraçar os mistérios de Pã primeiro por meio da meditação e de rituais. Eles abordam o banimento de Pã no período medieval cristão, libertando as almas dos monges mortos e enterrados na abadia Monks Farm, e despertam aspectos pagãos de suas próprias almas. A família de Hugh tenta fazer com que ele reassuma seus compromissos, a fim de controlar o seu dinheiro, mas, ao incorporar a figura de Ambrosius em si mesmo, ele os impede.

Na conclusão do livro, Hugh e Mona se casam, realizando um ritual que invoca o deus Pã para abençoar seu casamento e suas vidas.

A Sacerdotisa do Mar

Personagens principais:

O homem	Wilfred Maxwell, um agente imobiliário asmático, vivendo relutantemente com sua mãe e sua irmã
A mulher	Vivien Le Fay Morgan, uma adepta menor da Tradição do Mistério Ocidental
O mentor	O Sacerdote da Lua, um mestre do plano interior
Molly Coke	Secretária de Wilfred

Wilfred é um agente imobiliário que vive em uma cidade litorânea com sua mãe e sua irmã, frustrado e preso a uma vida provincial. No início do livro, ele sofre um forte ataque de asma e, enquanto se recupera, começa a entrar em comunhão com a lua, o que desperta o seu psiquismo inato. Ele continua nessa comunhão e acaba transformando os estábulos do fundo de seu jardim em seu lar. Ao instalar-se, descobre um rio oculto embaixo dos estábulos, um rio que flui para o mar, e isso aprofunda as suas contemplações.

Ele recebe uma carta de uma cliente de sua empresa, Vivien Le Fay Morgan, dizendo estar à procura de uma propriedade nessa área. Trata-se de uma mulher encantadora e misteriosa, treinada nos mistérios por um mestre do plano interior, o Sacerdote da Lua, mas que precisa da ajuda de Wilfred a fim de passar para o próximo passo (em termos do esquema cabalístico com o qual estamos trabalhando, do passo três para o passo quatro, de Tiferet para Daat).

Juntos, eles descobrem e renovam um forte marítimo, transformando-o em um templo dos mistérios do mar, os quais dizem respeito à fertilidade em todos os níveis e derivam, definitivamente, do continente perdido da Atlântida. Vivien ensina a Wilfred os caminhos desses mistérios, fazendo com que ele se apaixone por ela. Isso permite a Vivien criar a mágica imagem de sua natureza mais profunda. Nesse meio-tempo, Wilfred descobre seu lado artístico e, por meio de sua comunhão com o mar e com a lua, ele pinta murais extraordinários que representam aspectos do culto ao mar. Ele recupera memórias de uma vida passada, quando Vivien teria sido uma sacerdotisa do mar da Atlântida que se dirigiu à Grã-Bretanha para oferecer o sacrifício de um jovem ao mar; ele recorda que foi esse jovem oferecido como sacrifício aos deuses do mar. Esse relacionamento conclui-se com um ritual no qual os deuses do mar são invocados. Vivien incorpora a deusa, enquanto Wilfred incorpora o princípio masculino que dá a Vivien energia vital. No ritual, o Sacerdote da Lua acaba se tornando o seu mestre. No auge do ritual, Vivien desaparece no mar e não é mais vista.

No fim do livro, Wilfred volta para a sua cidade desiludido e, em meio a uma combinação de circunstâncias incomum, acaba casando-se com Molly, sua secretária, que sempre fora apaixonada por ele. Vivien havia deixado algumas joias que Wilfred deveria doar à sua esposa. Na caixa de joias, Molly encontra uma carta que explica o trabalho que Vivien desempenhou com Wilfred e descreve um treinamento pelo qual Molly poderia se tornar uma sacerdotisa e realizar um casamento verdadeiro com Wilfred. Molly segue as instruções de Vivien, e o livro é concluído com um ritual entre Wilfred e Molly no qual eles agem como sacerdote e sacerdotisa, encontrando a plena realização.

The Winged Bull

Personagens principais:

O homem	Ted Murchison, um oficial aposentado do exército que lutara na Grande Guerra sem

	conseguir encontrar seu caminho na vida civil
A mulher	Ursula Brangwyn, uma sacerdotisa oculta, iniciada nos mistérios do Touro Alado
O mentor	Coronel Brangwyn, comandante de Ted Murchison durante a Grande Guerra e um iniciado oculto
Hugo Astley	Um mago de magia negra
Frank Fouldes	Discípulo de Hugo

O romance começa com Ted Murchison andando em meio à neblina da cidade de Londres, perto do Museu Britânico. Em uma cena evocativa poderosa, a neblina penetra no museu, embaçando os limites entre o mundo cotidiano e o mundo misterioso. É quando Ted tem um encontro com um dos touros alados da Babilônia, chamado de guardião dos deuses. O touro liga-o a possibilidades mais profundas do ser, e ele vagueia dentro do museu em comunhão com as imagens dos deuses ali presentes e sentindo a vida que havia dentro deles. Ele desperta como se estivesse no início da Criação. É inspirado e grita na noite: "Evoe, Iacchus! Io Pã, Pã! Io Pã!".[3] A voz que responde é a de seu antigo comandante, o coronel Brangwyn, que lhe oferece o trabalho de tomar parte em uma experiência envolvendo sua irmã Ursula. Ela se envolveu em um trabalho de ocultismo que acabara saindo errado e, como resultado, ficara suscetível a manipulações do mago negro Hugo Astley e de seu discípulo Frank Fouldes. A operação oculta que Brangwyn planeja é a Missa do Touro Alado, composta de espírito e matéria masculina e feminina, em um casamento alquímico.

Ted concorda em ir com Brangwyn para a sua casa, que é maior e mais bonita interna do que externamente, e adota uma vida secreta pela qual ele aprende a trabalhar em rituais com Ursula Brangwyn. Ted se sente tanto atraído como repelido por ela, desenvolvendo-se um processo no qual Ursula se torna passiva nos níveis exteriores, mas ativa nos níveis interiores, abrindo os caminhos internos a ele. Ambos praticam

---

3. Dion Fortune, *The Winged Bull* (London: SIL Trading Ltd., 1998), p. 12.

rituais baseados no sol, nos quais ela é a terra e ele é o sol, mas seu relacionamento é caracterizado pela ambivalência e pelo atrito.

Enquanto Ursula, em um estado de passividade, é levada pelo mago negro, que quer usá-la em uma versão degradante da Missa do Touro Alado, Ted faz contato com Hugo Astley, dizendo-lhe que pretende trair Brangwyn. Assim, ele acaba encontrando Ursula, que estava lavando o degrau da porta de Hugo, como disciplina espiritual. Ela o repreende por querer trair seu irmão e retira-se. Em um momento de profunda afeição, Ted termina o trabalho que ela estava fazendo, cujo efeito foi o de abrir o seu coração.

A ligação entre eles floresce em meio ao ritual de magia negra, a Missa do Touro, na qual Ursula figura como a mulher que é o altar vivo, que se unirá a Fouldes, enquanto Ted é amarrado a uma cruz em cima do altar. No auge do ritual, a sala é mergulhada na escuridão, quando as polaridades são alternadas. De repente, Ursula acorda de sua passividade e liberta Ted da cruz. Juntos, os dois dirigem-se ao fundo do local, para uma pequena sala, onde não podem ser alcançados, e entram em um profundo sentido de intimidade. O mago negro não pode fazer nada diante das suas vontades unidas, e eles são libertados.

Ao voltarem para o mundo externo, sua ambivalência reaparece e eles se separam: Ursula segue para o País de Gales e Ted planeja assumir um trabalho em Alexandria. Ele realiza uma última atividade para Brangwyn, que lhe pedira para encontrar uma casa para Ursula. Essa acabou sendo uma velha casa de fazenda na Ânglia Oriental, o único lugar onde ele fora feliz quando criança. Ele a renovou e a recriou. Durante a mudança, Ursula fala com Ted sem reservas ou ambivalência, revelando-se como a Sacerdotisa do Touro Alado e oferecendo-se para iniciá-lo. O livro termina com a intenção de se unirem em todos os níveis.

A Sacerdotisa da Lua

Personagens principais:

O homem   Rupert Malcolm, um médico no ápice de sua profissão, casado com uma mulher doente

	que não o suporta; ele está profundamente frustrado com sua vida
A mulher e mentora	Lilith Le Fay, uma grande adepta dos mistérios; a mesma figura que encontramos em *A Sacerdotisa do Mar* (onde ela é chamada de Vivien Le Fay Morgan), mas, neste livro, ela já se dirigiu ao passo seguinte de seu desenvolvimento
A mentora oculta	A deusa Ísis

O livro começa com o ponto de vista de Rupert Malcolm. Ele está saindo de uma cerimônia de graduação no hospital onde dava consultas e lecionava, tirando sua roupa de trabalho para dar um passeio no Victoria Embankment, em Londres, contemplando o rio Tâmisa. Ao chegar a uma ponte, ele para e reconsidera sua vida, desejando que fosse diferente. Em sua fantasia, acaba concluindo que teria sido mais feliz se tivesse assumido um trabalho como marinheiro. Ele recorda uma série de sonhos nos quais uma mulher com um chapéu de abas largas e uma longa capa levava-o por paisagens litorâneas místicas e, na realidade, percebe a mulher dos sonhos andando à sua frente. Ele a segue pelo caminho, mas a perde em um cruzamento. A partir de então, todas as noites seguintes, antes de cair no sono, ele passa a imaginar que a está seguindo, encontrando um grande sentimento de paz nessa prática.

Certa noite, Rupert encontra novamente essa mulher dos sonhos e a segue pela ponte até sua casa, uma capela do outro lado do rio de onde ele morava. Ele tenta entrar na capela, mas ela o repreende e pede que se retire. Seu fascínio pela mulher aprofunda-se: Rupert visualiza-se entrando na capela e ficando junto a ela. Ele se torna cada vez mais ligado, tanto a ela quanto à sua vida interior. Essa seção do livro chega a um fim dramático quando a mulher dos sonhos entra em seu escritório, precipitando uma crise, e o leva para a capela.

A segunda seção do livro é narrada do ponto de vista de Lilith Le Fay, descobrindo ser ela uma sacerdotisa do culto à Ísis Negra. Ela nos descreve a arte e a prática da magia, e nós a acompanhamos até chegar à capela que ela acaba renovando, criando o seu templo interno e convidando a presença da Deusa.

A história continua com Rupert sendo treinado por Lilith para ser um sacerdote da Ísis Negra. Descobrimos também que, em uma vida passada, ele havia sido um sacerdote de sacrifícios como penitência por um crime que havia cometido e que Lilith queria trabalhar com ele, a fim de promover a volta ao mundo do poder da Ísis Negra. Eles trabalham juntos dividindo entre si os encargos, até Rupert se tornar um sacerdote do mesmo nível de Lilith – há um momento crítico em sua vida privada quando sua esposa morre e ele, finalmente, é liberto –, não para ser seu amante, mas para ser o seu sacerdote. O romance termina com eles experimentando uma união que abraça e supera as uniões mencionadas nos livros anteriores.

Desvendando *A Cabala Mística*

A Árvore da Vida é um ponto central na compreensão da obra de Dion Fortune. Ela é a mandala mestra ao redor da qual toda a sua obra é organizada, e o seu livro *A Cabala Mística* é uma das três chaves do templo. Entretanto, quando a maioria das pessoas se depara com esse livro, elas são confrontadas com um texto aparentemente denso, com longas listas de fatos que parecem não estar relacionados: a ideia de que esse texto esteja ligado com o imaginário e o dinamismo vívidos dos romances pode ser de difícil compreensão. Portanto, precisamos encontrar um meio de desvendar *A Cabala Mística*, a fim de poder entender o seu valor e potencial.

  A Cabala é uma das tradições místicas alternativas mais profundas do Ocidente. Ela surgiu do misticismo judaico, aparecendo na Provença durante o século XI, quando um livro chamado *Sefer Bahir*, ou *Livro da Luz*, foi estudado por pequenos grupos de estudantes místicos. Esse livro é um comentário interno sobre o livro de Gênesis, focalizando particularmente o mito do Jardim do Éden, o qual representa um estado de comunhão entre os seres humanos e o Divino. Nesse mito, Adão e Eva comem do fruto da Árvore do Conhecimento do Bem e do Mal e são expulsos para o mundo da separação. A Árvore da Vida é a outra árvore, plantada no meio do Jardim; se comermos de seu fruto, retornaremos ao Jardim, encontrando o nosso verdadeiro lar e restaurando a comunhão entre os seres humanos e a divindade.

  A Árvore da Vida foi originalmente representada de maneira natural, mas posteriormente foi desenvolvida em uma forma geométrica de dez círculos conectados por 22 linhas, tornando-se o foco de uma completa tradição espiritual estudada tanto por judeus quanto por cristãos. Dion Fortune foi uma dos primeiros mestres a torná-la disponível na forma pela qual as pessoas modernas pudessem usá-la. Ela abordou-a pela visão de duas lentes: a da psicologia de Jung e a da tradição do mistério antigo, tomando a mitologia antiga e aplicando-a à Árvore para o mútuo enriquecimento de ambas as tradições.

Ao escrever a respeito dessa abordagem, Ernest Butler, discípulo de Dion Fortune, descreveu a Árvore da Vida como "o glifo poderoso e abrangente do Universo e da alma humana".[4] Ele a assimilou à Pedra de Roseta, e, ao considerarmos o que isso significa, conseguiremos algum entendimento de como abordar a Árvore. A Pedra de Roseta é uma lápide de pedra que contém um decreto do faraó em três idiomas: hieróglifo, a escrita antiga do Egito; demótico, ou o idioma comum de todos os dias; e grego. Quando de sua descoberta, o entendimento do hieróglifo havia sido perdido, mas, por meio de um trabalho com a lápide e com os outros dois idiomas, a chave foi encontrada, e assim todo o conhecimento e a beleza da cultura egípcia antiga nos foram revelados. O texto atual não é muito importante, pois se trata puramente de um decreto administrativo, mas o fato de ter sido descoberto e colocado à disposição é essencial. Ernest Butler continuou dizendo: "É essencial saber, entretanto, que a Árvore não é um mapa de um território desconhecido, tanto da alma do homem quanto do universo no qual ele vive, mas um diagrama de um relacionamento mútuo das forças subjacentes".[5]

O ponto-chave aqui é que a Árvore da Vida é um método e um modelo que nos permitem criar um relacionamento entre os lugares profundos de nossa alma e as profundezas do Universo. O diagrama da Árvore nos proporciona o esqueleto com o qual trabalhar, para trazê-lo à vida dentro de nós, a fim de que, derradeiramente, ele se torne uma presença viva em nossos corações. A prática de trabalhar com a Árvore é referida no livro de Ezequiel na visão do Vale dos Ossos Secos, quando o profeta é solicitado a profetizar sobre os ossos secos; ao fazê-lo, entra ar nos ossos e eles voltam à vida. De fato, meditamos sobre o diagrama da Árvore e colocamos nele a nossa inspiração e a nossa visão para ele voltar à vida.

---

4. Ernest Butler, *The Magician: His Training and Work* (London: Aquarian Press, 1963), p. 32.
5. Ibid., p. 30.

O que ressurge é a imagem da Árvore da Vida: uma árvore crescendo da terra, abraçando a lua, os planetas, o sol e as estrelas. Ela detém a intenção de trazer todos os elementos de nossos universos interno e externo juntos, para que haja uma experiência de unidade, maior que o total de suas partes individuais. Os dez elementos da Árvore são chamados de *sephiroth* (no singular, *sephira*), ou esferas, que representam aspectos da vida e da consciência.

A criação de nossa árvore se inicia no local e no momento antes de a Árvore crescer, o *Qliphoth* – o mundo sem significado e sem centro. A palavra significa "conchas", e nós experimentamos isso quando nos encontramos na planície deserta da tradição antiga, em terra seca, sem água, sentindo-nos vazios e mantendo apenas um monte de imagens quebradas. Experimentar isso conscientemente é muito difícil, mas percebê-lo como experiência *sentida*, da aridez e da insignificância das realizações materiais, é um ponto de partida, o início de uma conexão com a Árvore vivente. Esse é o lugar onde os heróis dos quatros livros começam, assim como é a nossa própria posição de partida.

O desejo por uma vida mais profunda ou plenamente realizada nos leva a uma condição que os cabalistas chamam de *Malkut*, o reino. Malkut é a primeira sephira, ou esfera, da Árvore ligada à terra e ao corpo, um lugar de enraizamento e de aterramento, a âncora para todos que a seguirem. À medida que nos conectamos com nosso corpo e nossos sentidos, criamos um receptáculo dentro do qual o restante do trabalho pode evoluir. Essa percepção de momento a momento de nosso corpo e de seu relacionamento com o mundo exterior dá origem a uma sensação de domínio interno e de capacidade para liderar tanto o nosso reino interno como o nosso lugar no mundo.

Ao iniciarmos a criação dessa sensação de estar ancorado, aterrado e enraizado, descobrimos coisas a respeito dos mundos externo e interno e a relação entre os dois. Começamos a nos relacionar com a interioridade, com o sonho e com a memória, com a imagem, com o fluxo de nossa força vital e com a sexualidade. Começamos a nos conectar com a esfera da lua chamada em hebraico de *Yesod*, a fundação da vida. Essa sephira representa o nosso ser inconsciente e pré-consciente; ela também é chamada de "casa do tesouro de imagens" e é o depósito de todas as nossas memórias. Yesod contém a imagem do nosso eu e a imagem do mundo onde vivemos e, muitas vezes, é imaginado como uma piscina que pode ser calma ou turbulenta, clara ou cheia de imagens.

A jornada nesse lugar é descrita como a descida para o submundo (figura 1).

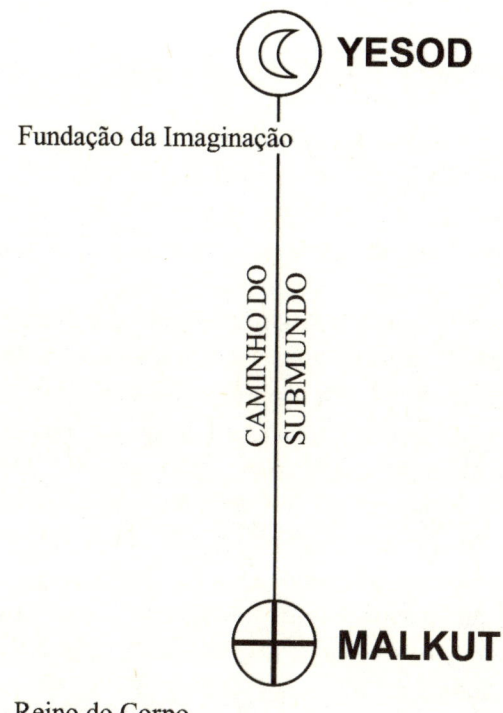

Figura 1: O Caminho de Malkut para Yesod

À medida que nos tornamos mais eficientes no relacionamento com esses aspectos da vida e do ser, começamos a nos tornar conscientes de sua interação no mundo. Notamos gradativamente quando há um sentimento de estar fundamentado ou ancorado no mundo que nos cerca, e o fluxo da energia vital, da sexualidade e do poder das imagens. Notamos o poder das ideias e das emoções. Ao conseguirmos fazer isso interna e externamente, criamos caminhos de conexão entre esses aspectos de nossa natureza e começamos a fazer com que a nossa árvore cresça.

Entretanto, enquanto não conseguirmos, essas energias de Mercúrio, de Vênus e da Lua – ou pensamento, emoção e memória inconsciente – formam uma roda giratória que mantém a nossa atenção presa ao passado: em um lugar de necessidade, ressentimento e medo do futuro (figura 2). Essas energias misturadas desenvolvem um *momentum* considerável no decorrer de uma vida. Elas são a maior barreira para o processo de transformação e constituem a matéria que precisa ser transformada. Em cada um dos heróis dos livros, podemos ver essas energias enraizadas profundamente na estrutura das suas personalidades.

Adiante, ao trabalharmos com os exercícios da seção 3, a sensação de ancoragem no corpo e de nos tornarmos conscientes da roda giratória agirá de modo a reduzir e a parar seu giro. À medida que a roda vai diminuindo de velocidade, verificamos que a mente, a emoção, a memória e o corpo podem encontrar novos caminhos para se relacionarem. Ao nos tornarmos mais eficientes em sentir a interação desses arquétipos e de seus padrões, descobrimos um sentido subjetivo de profundidade e conexão entre os nossos diferentes estados e nossa percepção do mundo.

Às vezes, chegaremos a uma percepção de quietude ou de presença por trás do fluxo do sentimento, do pensamento, da imagem e da sensação corporal. Alcançamos o arquétipo do Sol, *Tiferet*, a beleza da presença cuja qualidade de quietude começa a interagir com o turbilhão de energia com o qual nos tornamos habituados. Tiferet está posicionado na linha central, acima de Hod e Netzach (figura 3). O ato de experimentar essa esfera muitas vezes é chamado de "Conhecimento e Conversação com o Santo Anjo da Guarda". Esse é um sentido profundo de imersão na quietude e um diálogo com uma presença tanto íntima para nós quanto ainda presente por trás do nosso eu cotidiano.

O caminho que conduz a esse lugar é conhecido como "caminho alquímico". Ele chama a nossa atenção para que transformemos a matéria emaranhada de nossa vida, a fim de cooperar com o sentido de presença e orientação emanando dessa nossa parte que é o anjo de Tiferet.

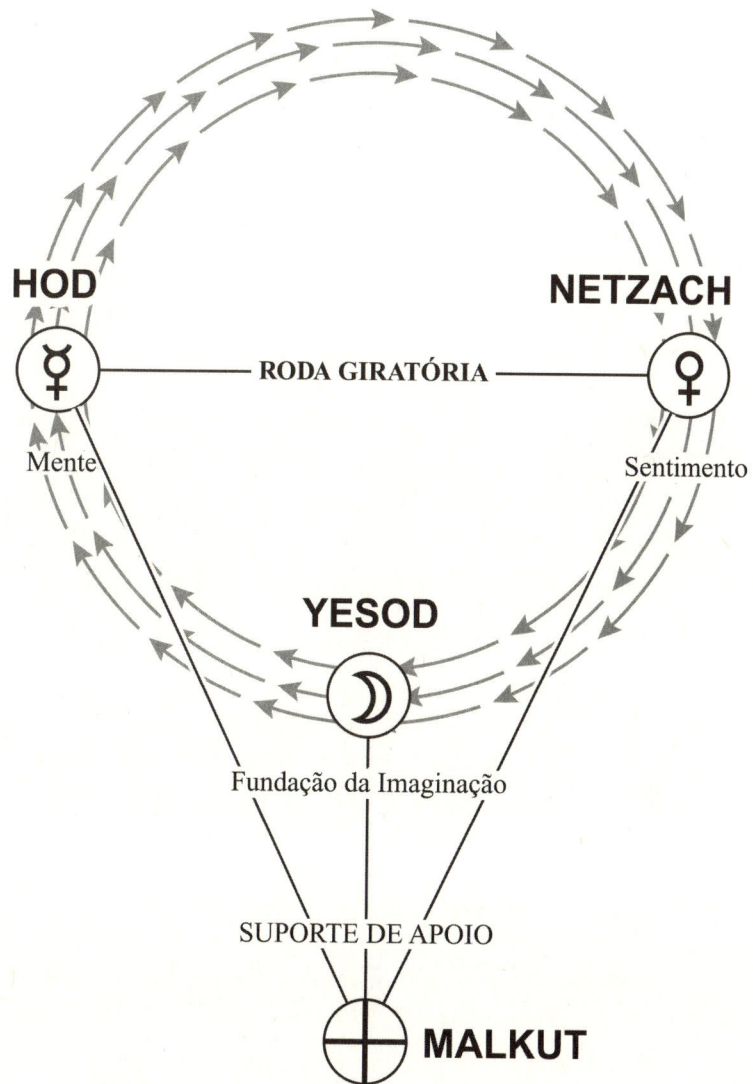

Figura 2: A Roda Giratória de Yesod, Hod e Netzach

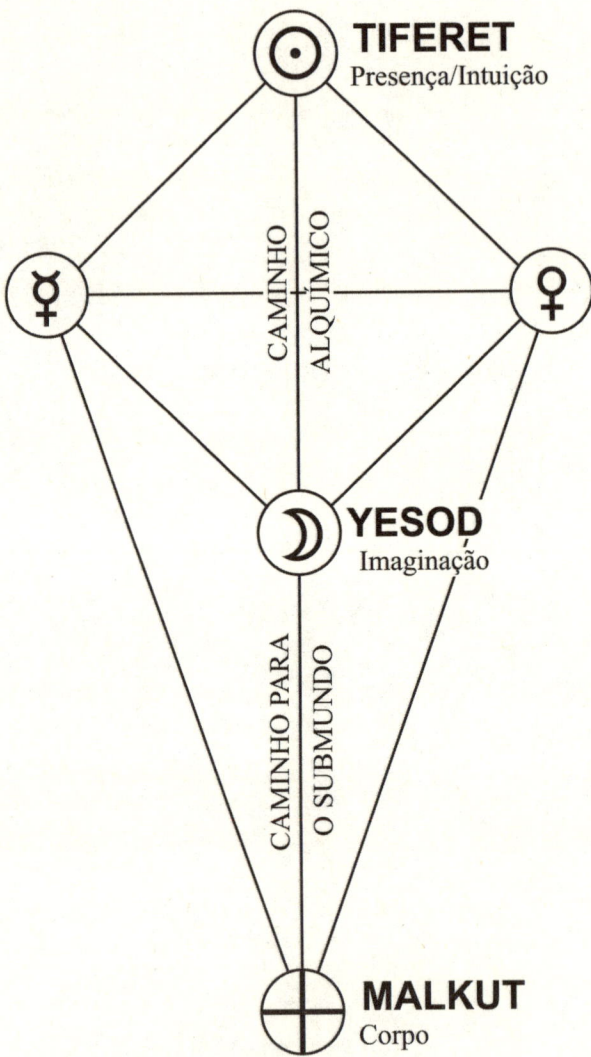

Figura 3: O Submundo e os Caminhos Alquímicos de Malkut para Tiferet

À medida que nos tornamos mais centrados em Tiferet, começamos a ficar conscientes de uma profundidade e capacidade maior tanto em pensamento como em sentimento. Essa é a inclusão dos arquétipos mais profundos de Geburah (Marte) e Chesed (Júpiter), representando, respectivamente, as energias da disciplina, da clareza e da vontade e as energias do amor, da compaixão e do crescimento expansivo. A nossa mente torna-se mais focada, e a nossa natureza emocional, mais afetiva e compassiva. Isso cria uma nova roda de quietude, de aceitação e de claridade, que aprofunda nossa conexão à nossa vida interior. Essas esferas estão posicionadas nos dois lados da linha central acima de Tiferet, de maneira que Geburah está acima de Hod e Chesed, acima de Netzach (figura 4).

Assim que esse novo triunvirato de arquétipos entra em ação, há um sentido muito maior de profundidade e de possibilidade. Por esse intermédio, sentimos o aspecto misterioso de nós mesmos e o universo maior chamado de esfera de Daat, conhecimento místico ou conhecimento do desconhecimento. Trata-se do portal para as partes mais profundas do nosso ser.

Daat também é chamado de ponte por meio do Abismo, pois nos pede que abandonemos os nossos velhos modos de pensar, de sentir e de agir, a favor de uma entrega ao desconhecido. Ele é colocado na linha central, acima de Geburah e de Chesed, e é representado como um círculo pontilhado para indicar o sentido do mistério que transmite (figura 5). Ao nos aprofundarmos, nós nos tornamos cada vez mais responsivos aos aspectos mais profundos do nosso ser e mais focados nesse terreno tangível, mas desconhecido. Esse caminho é chamado de "caminho do deserto" e representa o desapego ou desprendimento de tudo que conhecemos anteriormente, ao cruzarmos o Abismo. Trata-se do ponto de transição principal do processo interno, embora seja prefigurado no movimento de Qliphoth para Malkut e na jornada entre Yesod e Tiferet.

Ao passarmos pelo portal de Daat, entramos nos locais mais profundos da Árvore: duas esferas chamadas *Binah* (compreensão) e *Chokmah* (sabedoria), ou Saturno e as estrelas, respectivamente (figura 6).

GEBURAH ♂ CHESED ♃

RODA DA QUIETUDE

Vontade   Amor

☉

RODA GIRATÓRIA

☿   ♀

☽

🜨

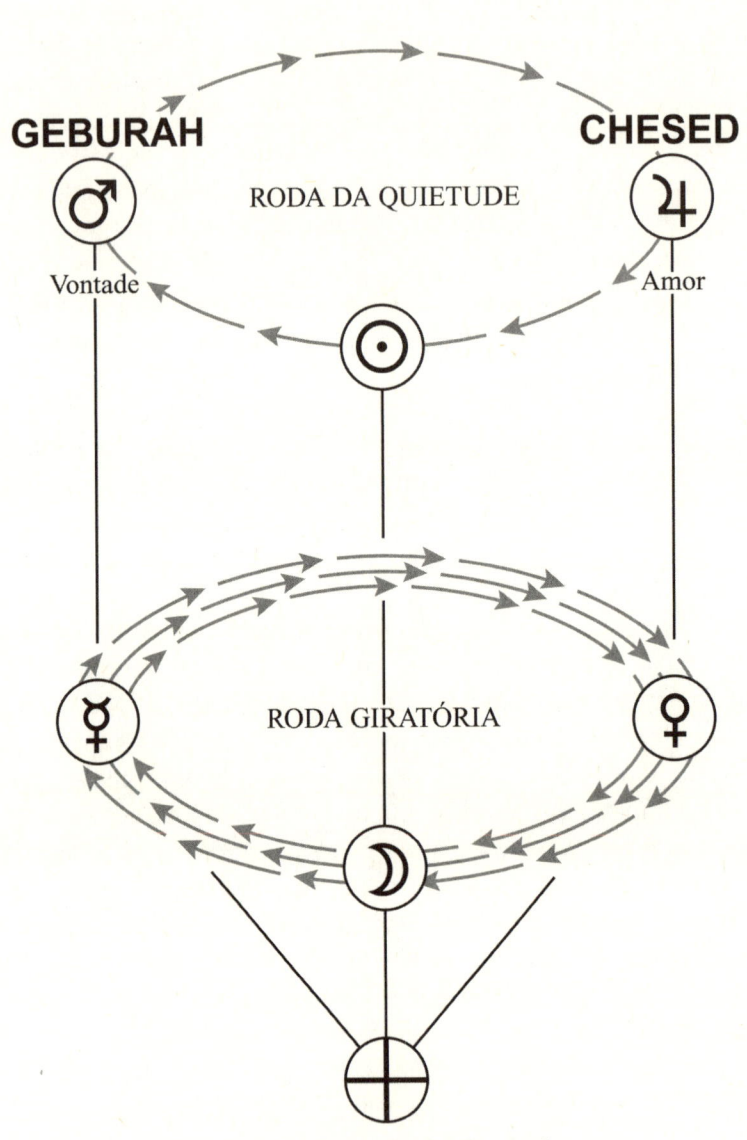

Figura 4: A Roda da Quietude

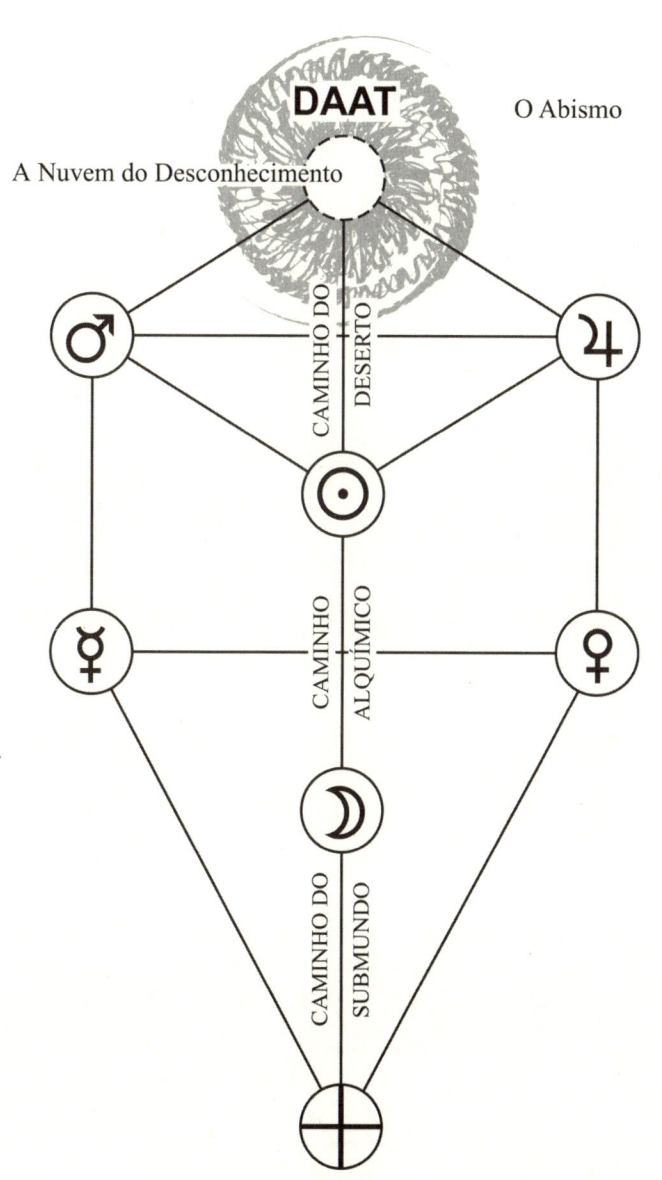

Figura 5: Os Três Caminhos para Daat

KETHER — Espírito

BINAH — **CHOKMAH**

TRIÂNGULO SUPERNAL

Arquétipo Feminino — Arquétipo Masculino

TRIÂNGULO DA ALMA

TRIÂNGULO DO SER

TRIÂNGULO DO CORPO

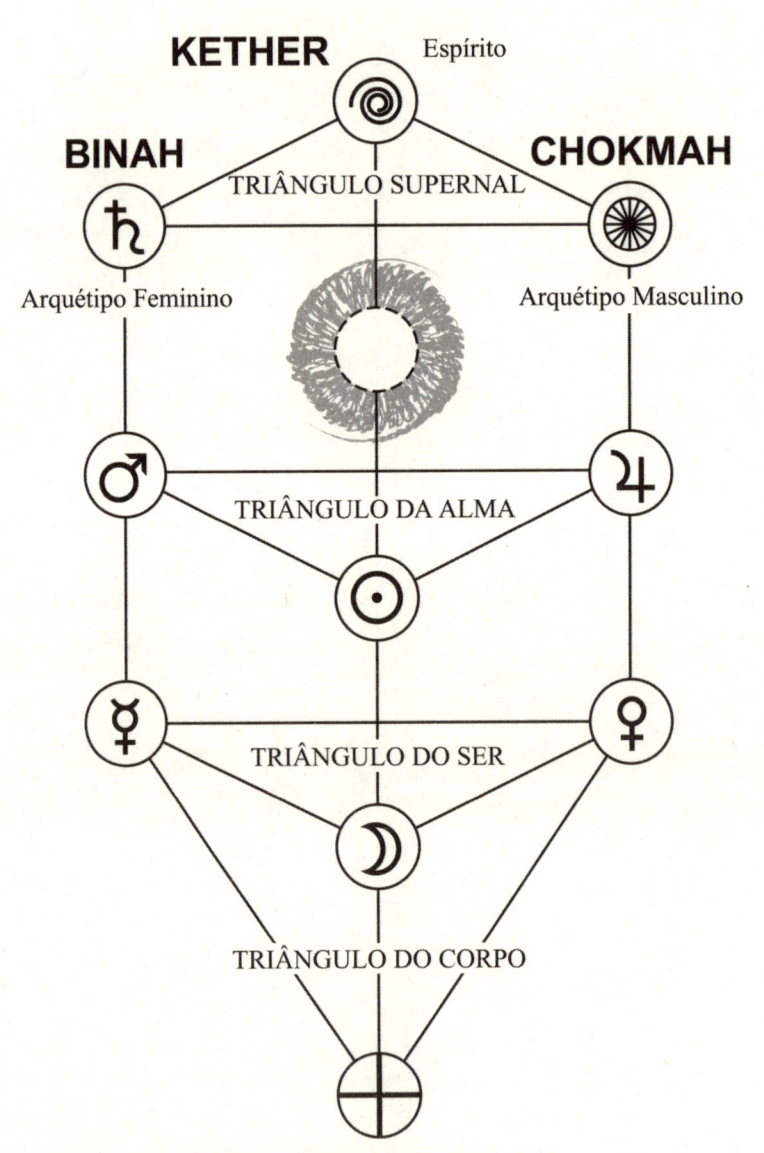

Figura 6: O Triângulo Supernal

Na época em que a Árvore foi desenvolvida, Saturno era o planeta mais distante, o receptáculo de todos os planetas internos; e aqui ele representa a mãe arquetípica e o útero do espaço, enquanto a esfera das estrelas, como o grande princípio fertilizador, é o pai arquetípico. Essas esferas surgem de Kether, a coroa da Árvore, chamada de *primum mobile* – o primeiro movimento. Essas três sephiroth são retratadas em um triângulo na parte de cima da Árvore e representam a nossa conexão mais profunda com o Espírito e com as energias da criação. Kether é o nosso próprio eu mais profundo, Chokmah é a vontade profunda que surge dele e Binah é a imaginação profunda que dá origem à imagem dessa vontade passando pelas outras sephiroth da Árvore da Vida.

Na figura 7, podemos ver a Árvore da Vida completa que construímos por meio do processo de um trabalho interno. Ela não tem, nem nunca terá, a intenção de ser um diagrama cognitivo em uma página.

Cada uma dessas esferas (cada sephira) é um ponto focal ou aglomerado de significados que nos permite investigar o relacionamento entre o aspecto interno da nossa alma e do universo. Demos aqui alguns significados básicos das sephiroth, mas muitos outros podem ser encontrados em *A Cabala Mística*, de Dion Fortune.

Enquanto não começamos as nossas explorações, os aspectos profundos da Árvore e os caminhos que os conectam estão latentes ou adormecidos, ou são despertos apenas ocasionalmente, e o relacionamento entre as sephiroth inferiores muitas vezes é desequilibrado e confuso. A nossa árvore pessoal deve ter crescido de acordo com as circunstâncias de nossa vida, inconscientemente, a menos que tenhamos trabalhado com nós mesmos a fim de aprofundar a nossa percepção. As sephiroth laterais precisam estar equilibradas para que as sephiroth centrais, os pontos de equilíbrio e de transição, operem corretamente.

RESUMO DO PROCESSO DE EXPLORAÇÃO DA ÁRVORE

Ao abordar Malkut, nós nos movemos do reino das conchas ao reino vivente do corpo e da alma da terra.

À medida que passamos de Malkut para Yesod, estamos encetando o caminho que conduz do corpo e dos sentidos para dentro do submundo do inconsciente, com sua energia vital potente e seu depósito de imagens e instintos.

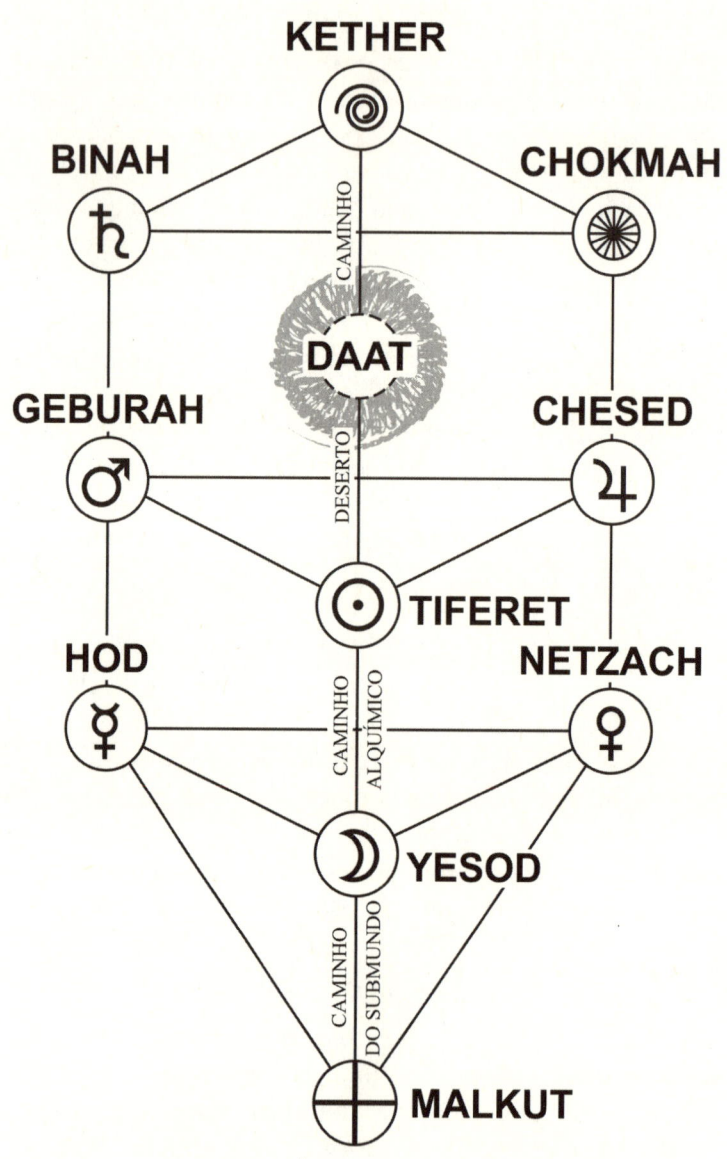

Figura 7: A Árvore da Vida Completa

Ao adentrarmos cada vez mais no caminho de Yesod para Tiferet, estaremos andando pelo caminho do inconsciente profundo. Ao atravessá-lo, equilibramos as esferas da mente e dos sentimentos, conectando-os ao corpo e à mente subconsciente. Encontramos um meio de passar pelo véu mantido pelo emaranhado de nossos processos de pensamentos costumeiros, a fim de fazer contato com a presença intuitiva do observador dentro de nós.

Ao fazê-lo, há uma reorientação profunda que abre nossa mente, nosso coração e nosso corpo para uma percepção mais profunda de nós mesmos. Uma vez estabelecidos nessa presença silenciosa, existe um caminho ainda mais profundo que nos conduz ao lugar raiz do nosso próprio ser, movendo-se além dos opostos para uma experiência direta com o Divino. Aqui seguimos o caminho do deserto da rendição, abandonando tudo o que conhecemos e pensamos, com o objetivo de nos tornarmos mais verdadeiramente nós mesmos.

Esse é o processo explorado por Dion Fortune em sua ficção, e, se nós o adotarmos da forma como ela sugere, chegaremos à conclusão de que realmente recebemos as chaves para os mistérios.

Seção 1
SAINDO DE CASA

À medida que seguimos cada história, estaremos nos abrindo à realidade que está por trás da realidade e para o desenvolvimento de uma profunda compreensão incorporada da Árvore da Vida.

Nesta seção, dois capítulos são dedicados a cada livro, originados pelo processo de "leitura atenta". Essa técnica envolve focar trechos curtos, analisando-os para obter o seu significado – o leitor, eventualmente, pode ter lido os livros dessa forma, de modo intuitivo, escolhendo trechos que o atraíram e lendo lenta e profundamente.

Um processo alquímico ocorre à medida que usamos essa técnica conscientemente. Por meio de uma leitura atenta, nossa experiência e sabedoria são agregadas ao conjunto, e podem surgir novas conexões que não foram previstas pela autora. Quando lemos de forma concentrada, começamos a incorporar os textos e seu significado encontra expressão em nós mesmos. Tal como as interconexões fluidas dos caminhos e das sephiroth da Árvore da Vida, as nossas mentes conscientes, subconscientes e supraconscientes estão começando a encontrar os caminhos para o relacionamento.

Esta seção visita e revisita o mesmo território de dois pontos de vista diferentes – uma técnica que Dion Fortune utilizou tão eficazmente no livro *A Sacerdotisa da Lua*. Primeiro, visualizamos a ação a partir do contexto psicológico, para, depois, colocá-la firmemente no suporte da Árvore. Com isso, cada esfera abre caminhos valiosos e conexões de múltiplas camadas para os outros. O leitor é solicitado a, deliberadamente, desligar-se de cada capítulo depois da leitura, a fim de visualizar o conteúdo semelhante no capítulo seguinte. Dessa forma, possibilitamos a junção e a combinação das duas interpretações profundamente, preparando-nos para seguir para o trabalho das seções 2 e 3.

1
The Goat-Foot God:
o Poder da Natureza

O que eu quero é algo vital que sinto que deve estar em algum lugar no Universo, e sei que dele preciso, mas não consigo alcançá-lo... Eu chamo esse "algo" de Grande Deus Pã.[6]

Em *The Goat-Foot God*, os reinos sutis estão cantando a partir da terra como a inspiração do deus Pã, e o tema da reencarnação reforça a reunião dos mundos interno e externo dos personagens. Assim como Pã concede vida em abundância, o livro também diz respeito a relacionamentos abundantes e naturais de todos os tipos; em primeiro lugar, nas permutas familiares íntimas entre "Tio" Jelkes, Mona e Hugh, e depois entre o herói e a comunidade local, além dos amplos alcances de possibilidades. É uma longa jornada para um homem notado por Mona por estar mais em simpatia com o seu carro do que com os seres humanos.

É claro que Hugh e Mona possuem qualidades complementares. Mona, como sacerdotisa, tem a compreensão espiritual necessária para a vida expandida e para ajudar no desenvolvimento de Hugh, uma vez que precisa dele para tornar seu progresso possível, a partir de um ponto de vista prático e outro esotérico. Em *The Goat-Foot God*, a sacerdotisa ensina abertamente, enquanto Hugh, o realizador, torna tudo possível

---
6. Fortune, *The Goat-Foot God*, p. 63.

no mundo mundano. Uma base é encontrada, e a Abadia abandonada é logo transformada em um templo de trabalho e em um espaço residencial totalmente incorporado nesse ambiente.

Relacionamentos

O desenvolvimento dos relacionamentos em cada um dos livros nos lembra, em primeiro lugar, de que todos compartilhamos das fragilidades da natureza humana e não podemos ignorar a vida real e, em seguida, que cada personagem também é uma faceta de nossa natureza essencial e que temos muitos relacionamentos conflitantes dentro de nós.

Os relacionamentos crescem naturalmente e incluem personagens secundários: os encantadores, mas irritantes Bill e Lizzie, com suas próprias vidas e necessidades, estão realmente intrínsecos na estrutura de um lar desordenado e idiossincrático. Trata-se de um desenvolvimento confiável e orgânico de uma vida em uma pequena comunidade. Dion Fortune possivelmente experimentou viver em comunidade na juventude em uma escola interna: ela certamente viveu como estudante de horticultura e dividiu moradia no local de ensinamento de seu primeiro mestre, Moriarty. Posteriormente, em sua carreira de ocultista, viveu em uma comunidade em Queensborough Terrace, 3, Londres, a sede original da Sociedade da Luz Interior.

Hugh tem sorte: o seu talento faz com que ele reúna precisamente as pessoas que melhor lhe proporcionarão apoio. Existe um sentimento mútuo de companheirismo entre Hugh e Mona e o advogado local, o dono da mercearia e a dona do bar do lugar, que se atualizam constantemente nas políticas locais a fim de alfinetar a classe mais abastada, ou seja, Miss Pumphrey. Hugh se apresenta como um "homem de verdade" ao lidar com as pessoas que reconhecem a sua sinceridade e têm condição de discernir a diferença de classes. E a influência de Pã, ao conceder vida em abundância aos seus seguidores, expande-se por meio do trabalho de Mona e de Hugh, que influenciam seus servidores e outras pessoas da vizinhança.

Uma casa dos mistérios

Encontramos muitas semelhanças entre os templos nos livros.

Todos os templos são locais disfarçados e ignorados. Eles são antigos, bem-feitos e sofreram as depredações do tempo e o abandono dos donos antes de serem resgatados para um trabalho esotérico.

Em *The Goat-Foot God*, Fortune coloca em prática todo o seu conhecimento a fim de preparar o espaço mágico, começando por solicitar a influência do além ao dedicar a casa aos mistérios. Hugh e Mona embarcam como seguidores dos deuses, nesse que é o livro mais realista entre todos. A abadia Monks Farm é colocada onde os deuses antigos estão acostumados a ser adorados e é logo transformada pelos tradicionais artífices da autora, que apreciam a oportunidade de restaurar a beleza atemporal dos locais eclesiásticos.

Criar um lar é um dos temas mais ressonantes na ficção, e até a história mais prosaica pode ter um efeito mais profundo sobre o leitor. Remover as decorações simples e chegar à estrutura da casa são boas analogia para o trabalho espiritual dos personagens. Somos levados a nos importar profundamente, a nos envolver pela obra que é um reflexo do desenvolvimento individual dos personagens e de seu relacionamento, e a revelação gradativa da beleza do local reflete a jornada de Hugh na descoberta de Ambrosius.

A abadia Monks Farm foi originalmente construída para um propósito sagrado. Em vez de começarem do zero, eles estão, como Mona explicou antes, despertando energias antigas inicialmente invocadas pelos monges pagãos nos locais onde eles estão acostumados a ser venerados.

Podemos ver a justaposição da prática cristã e pagã refletida nos conhecimentos da Tradição do Mistério Ocidental, a qual não nega o Cristianismo, mas o celebra de forma expandida e fundida com um conhecimento dos mistérios da terra e da magia ritualística.

Mona apresenta o argumento para uma fusão de crenças cristãs e pagãs, ambas sendo herança espiritual do Ocidente e herança da casa de Ambrosius.

No nível externo e nos planos internos, os personagens estão "indo para casa", para uma aceitação harmoniosa de todas as suas influências culturais, assim como nós também podemos.

O tom do livro

As emanações sutis da magia respondem imediatamente a Hugh no ambiente educacional da livraria; ele começa a forjar um meio autêntico de estar no mundo. A imersão em ideias da vida mais ampla de muitas dimensões, acoplada à sua necessidade e à empatia que ela provoca efetivamente, altera a sua direção.

Longe de Mayfair, Hugh, pela primeira vez, enxerga como as pessoas deveriam se comportar e como de fato se comportam em relacionamentos de apoio, ou seja, a forma íntima como Jelkes e Mona o tratam. A atitude habitual de sua vida anterior – de que a sua única utilidade era a de controlar gastos – gradativamente diminui, e, mais tarde, Hugh se mostra indignado com as expectativas familiares de que ele continuaria com essa sua função. Ele fica surpreso pela forma como Jelkes trata Mona enquanto ela está doente e, rapidamente, desenvolve uma compreensão com todos os membros principais da comunidade rural. Há uma alegria e um toque sutil nessas pequenas cenas de domesticidade rural e a caracterização de seus membros. Depois de passar uma vida inteira sendo desconsiderado pelos serviçais, Hugh é ajudado de forma desmedida pelos personagens secundários, que confirmam a sua condição correta e lhe correspondem favoravelmente. Eles providenciam um cenário de vida cotidiana para contrastar com o grande drama da jornada espiritual. A cuidadosa alternância de Dion Fortune entre a prosa lírica e a coloquial – pela qual ela disse ter sido criticada na época – mantém seus livros atualizados e acessíveis.

A magia dessa história de mistério da terra diz respeito ao crescimento e à integração, com base em um profundo relacionamento com a ancestralidade, a terra e a psique. É uma história sobre se estabelecer e chegar a casa por meio do trabalho e de serviços, e é tanto integrada quanto integrante. A dança do relacionamento é espontânea e gentil à medida que Hugh e Mona entram em sincronicidade nos planos superiores: eles se desenvolvem além da crença do período medieval de que o espírito deve ser elevado pela mortificação da carne. Pela conclusão de *The Goat-Foot God*, compreendemos o conceito esotérico de honrar o espírito por meio do corpo, pelo sagrado matrimônio.

Além dessa expansão, há um relacionamento jovem e livre de culpa com o deus Pã. Esse ser antigo que proporcionou alegria aos deuses do Olimpo oferece um entendimento relevante ao mundo moderno. Um resultado concreto é o de substituir os planos iniciais de um mobiliário "medieval" gótico por uma decoração moderna e elegante que se relaciona melhor com a Grécia Antiga.

Mona

Mona, uma coelhinha marrom disfarçada em seu casaco surrado, está longe das heroínas sensuais, como Ursula, Vivien e Lilith, dos outros livros. O nervoso, agitado e autodepreciativo Hugh também não parece ser um herói, com seus movimentos recurvados e bruscos, e sua tensão, mas nenhuma resistência. Falta algo a ambos – uma sensualidade. Mas a insignificante Mona é a incorporação do companheiro – o ajudante amigo que era o ideal para os soldados que voltavam do *front* durante a Primeira Guerra Mundial e que perderam tantos companheiros. Ela é a antítese do tipo de Mayfair, sendo generosa e capaz de amar desinteressadamente; uma amiga, uma companheira e uma confidente. Ela é o perfeito complemento de Hugh, suprindo a qualidade da energia da terra que a ele falta.

Suas circunstâncias são as realidades da vida na Grã-Bretanha, antes do estado do bem-estar, demonstrando os verdadeiros perigos da pobreza entre as guerras e a falta de oportunidades – a habilidade de um pobre artífice poder trabalhar com sucesso mesmo com as limitações da época. Mona está pronta para o papel de sacerdotisa, mas Jelkes teme por sua virtude e, assim, ele a apresenta simplesmente como uma artista. Ele é um feroz mentor defensor de ambos.

Isso tudo pode ser visualizado como um trabalho de rotina, um relacionamento profissional supervisionado por um velho vendedor de livros; entretanto, houve, anteriormente, um indicador importante. Considerando o possível resultado do encontro entre Hugh e Mona, Jelkes compara a busca de Hugh com a aventura do rei Artur no mundo do além. Essa referência, constante do antigo poema galês "Preiddeu Annwn", tem uma forte ressonância mítica. Ela descreve a aventura do rei Artur para roubar um caldeirão mágico, que Dion Fortune compara à busca do caldeirão de Cerridwen. Para ela, este é o graal da deusa da terra, símbolo derradeiro do espírito manifestado, e Jelkes intui que isso possa ser realizado. Hugh não entende, mas a referência a Artur, o rei antigo e futuro, o herói do mito primário da Grã-Bretanha, nos diz – mesmo que não sejamos versados na literatura celta antiga – que grandes coisas estão por acontecer.

Hugh

Hugh é um homem de ação. Enquanto Jelkes contenta-se em filosofar, o instinto de Hugh é o de abandonar a sua vida anterior, entrar em um carro, sair correndo e fazer alguma coisa. Porém, após o trauma, isso pode ser algo real, e não uma busca aleatória que o distraiu de sua vida aborrecida no passado. Sua nova busca para entrar em contato com os deuses origina-se da vontade essencial de encontrar um significado na vida, para estabelecer raízes e ter uma vida caseira plena. Seu eu profundo persegue o que é necessário para o seu bem-estar espiritual, indo rapidamente além do fascínio da Missa Negra para a mais ampla e invisível realidade que permeia o mundo físico. Ele invoca e é respondido a cada estágio, pois, como diz Mona, o compromisso sincero já é uma invocação. A sua leitura esotérica é uma ferramenta que o impulsiona à busca; Hugh é forçado a experimentar, a entrar na trilha. Ele é um estudante desejoso por um conhecimento que possa colocar em uma aplicação prática.

Seu relacionamento

A reciprocidade é um tema importante: Mona indica o caminho e apoia Hugh, tanto prática quanto esotericamente, enquanto ele começa a libertá-la da pobreza e da insignificância. Juntos, eles florescem, e um abismo chama outro abismo. O relacionamento profissional que Mona procura estabelecer é inútil para esse propósito. Hugh resolve humanizá-la, e, felizmente, o seu luto ativa os instintos maternais de Mona; ela sente responsabilidade, em primeiro lugar, de protegê-lo – de cuidar dele de uma forma que lhe seja nova.

Hugh presenteia-a com um casaco verde-jade, uma linda analogia para o seu relacionamento; o casaco a protege e a aquece e, ao mesmo tempo, derruba o seu disfarce para que, ao vesti-lo, sua natureza impressionante e sobrenatural se torne aparente. Com o carro e a roupa de Hugh, eles se destacam como figuras exóticas em uma cena na rua quando Jelkes se junta a eles. É o primeiro indício de que a inspiração de Pã já os imbuiu com uma vitalidade fora do comum, e eles se dirigem para o vilarejo onde devem se encontrar com Ambrosius na abadia Monks Farm.

O fato de Hugh notar o desconforto de Mona no carro é uma indicação tangível de que o muro que os separa do mundo está desmoronando. E, quando Mona enxerga a natureza de Ambrosius em Hugh, ao volante, quer ardentemente protegê-lo da exploração. Isso ela faz ensinando-lhe a respeito da natureza humana durante o processo da compra da casa e ao mobiliar o seu lar. As muitas demonstrações sutis de afeto entre eles proporcionam um contraste com o grande drama dos contatos de Ambrosius com o seu súcubo.

Estabelecendo-se na abadia, Hugh e Mona tornam-se hipersensíveis à beleza que os cerca; eles parecem pessoas que estão se recuperando de uma doença – nesse caso, a doença é a supercivilização. Pã é referenciado de forma sutil por meio da paisagem natural que lembra Arcádia e com o cheiro da planta arruda-caprária. Viver nessa paisagem natural de Pã gradativamente transforma Mona de sua *persona* de Londres, uma sacerdotisa disfarçada, em uma representação do aspecto ativo da deusa. A mudança é liricamente notada: "Mona, cujos trajes de cores neutras pareciam tão pálidos em Londres, aparece aqui como se tivesse surgido dos pastos cinza do inverno como Afrodite, da onda do mar".[7] A mudança nos alerta para o papel mais ativo de Mona na transformação do próprio Hugh. E Pã trabalha por intermédio dos extremos das emoções expressadas pelo emergente Ambrosius, assim como pelas respostas de Mona, que se tornam mais profundas conforme as experiências são compartilhadas. A última mudança, como sacerdote/sacerdotisa dos deuses, será a culminação de sua história.

A busca

A busca permite a Hugh investir seu dinheiro e suas habilidades organizacionais em seu próprio uso criativo, pela primeira vez em sua vida. Por meio das regressões na vida de Ambrosius, reencenando seus movimentos finais, Hugh integra as suas experiências em sua psique. Essas cenas nos locais medievais demonstram o desenvolvimento de Hugh; elas são um interessante estudo em um processo psicológico. Ao assumir o seu lugar de direito, as coisas movem-se rapidamente e com

---
7. Fortune, *The Goat-Foot God*, p. 211.

sincronicidade. E, por intermédio dessas experiências, as explorações e buscas do coração de Hugh e Mona constituem as lições do companheirismo espiritual.

Sabemos da educação cristã limitada de Mona e da negação de sua criatividade. Ao abrir-se para a moralidade mais ampla com a ajuda de Jelkes, a sua visão do mundo e do espírito se expandiu. Ao mesmo tempo, a exploração e a integração profunda de Hugh são colocadas diante de nós. Ambrosius, que apenas poderia ter sonhado com uma realização que lhe foi negada pela sociedade, reviveu nesta vida como Hugh, o suplicante, dirigindo-se à presença do deus, para que conseguisse ser completo. Gradativamente, suas experiências espontâneas e apavorantes chegam a ser controladas ao, deliberadamente, trabalhar com elas, a fim de criar uma síntese das duas personalidades: a medieval e a moderna. A culminação é realizada quando, vestindo a túnica de monge feita por Mona, Hugh conscientemente incorpora Ambrosius, certo de que não mais se perderá no passado. Apesar do apoio constante de Mona, trata-se de uma jornada que ele deverá seguir sozinho.

Jelkes assume uma posição secundária: agora é a corrente de Pã que dirige a ação, e o seu papel de mentor é apenas prático. Ele percebe que Mona é essencial para manter as rédeas do lar, e suas preocupações são voltadas para sua segurança e moralidade, pois o carisma de Ambrosius torna-se aparente em Hugh, que, pela primeira vez, é capaz de dominar outras pessoas, uma experiência inebriante e de teste. Quando Hugh recua da oportunidade de forçar a sua vontade sobre Mona, ele passa por um teste de integridade: adotando o fundamental, Hugh demonstra que está bem. Ele está suficientemente confortável com a sua *persona* Ambrosius a ponto de chegar a provocar Mona e ter dela a espontânea resposta de uma frase impressionantemente moderna: "Este é o Ambrosius que não aceita um não como resposta".[8] A partir do momento em que Mona pede a Hugh para transmitir a Ambrosius o seu amor, ela está lhe dando um claro sinal, e o namoro progride com suavidade, preocupação e um flerte sutil como contraparte à tensão do trabalho espiritual. Essas são jornadas de desenvolvimento pessoal, mas com uma história compartilhada, fazendo com que eles orbitem à medida que o deus dirige sua dança de descoberta.

Na realidade, a velha abadia torna-se o espaço próprio de Hugh, enquanto o jardim é o espaço de Mona. Ela cuida do altar da deusa da

---

8. Fortune, *The Goat-Foot God*, p. 289.

terra. Nesse lugar, com o cheiro das ervas aromáticas em suas narinas, ela enfrenta a crise de Hugh com uma visão profunda e espontânea. Enquanto Hugh encena novamente a morte de Ambrosius no porão da abadia, local original da morte do monge, a visão de Mona é a do navio. Ela guia ambos para um porto sob os auspícios de Pã, o guardião dos excluídos que não têm lugar nas cidades, descrevendo exatamente o que está ocorrendo nos planos interiores: ela volta a aprofundar-se em uma rendição à natureza e à vida cósmica, que é a verdadeira invocação de Pã. Isso é magicamente potente, dirigido pela mulher que, fraca e esfomeada em Londres, veio a ter o seu próprio lugar de direito graças à generosidade de Hugh.

Depois disso, Mona encena o que deveria ter ocorrido nos tempos medievais, conscientemente assumindo a *persona* do súcubo e conduzindo Hugh do porão da morte de Ambrosius para chamar os seus fiéis acólitos. Revigorada de sua meditação a Pã, ela é gradativamente encantada e dominada por Hugh/Ambrosius e percebe as agitações do grande amor. É Hugh que, depois de realizar a ambição de Ambrosius de abraçá-la, manda que ela volte para casa para concluir o processo. Ao retroceder e reordenar as coisas desta vida e da vida passada, ele verifica que a invocação de Pã produziu a composição apropriada do local – o contrário do que ele havia planejado fazer. A cena está pronta para os últimos atos de sua jornada de magia.

O ritual na abadia começa sob os auspícios de Jelkes. Por meio de seus métodos de psicologia aplicada, Hugh e Mona revelam-se um ao outro, e Hugh finalmente abandona os últimos vestígios de sua antiga vida, a culpa relativa à morte de sua esposa. Mona então assume o comando, levando o ritual do psicológico para os reinos mágicos e usando a sua *persona* de sacerdotisa para dominar os homens. Ela os guia da abadia para testemunhar a dança mágica da lua que atrai Hugh para si. Mona conseguiu manter a conexão espiritual direta por meio do seu trabalho silencioso de serviço como sacerdotisa da terra, em combinação com as qualidades de Afrodite, e essa é uma demonstração prática do chamado de Ísis, que será totalmente explorada em seu aspecto sexual em *A Sacerdotisa do Mar*. Aqui, é necessário completar o ciclo de "Ambrosius". Mona é a Sacerdotisa da Terra encenando os rituais da lua, como um reflexo de Ursula, de *The Winged Bull*, a Sacerdotisa da Lua, que assume o papel da Terra na primavera.

O cristão Jelkes, que Mona suspeita mentalmente fazer o sinal da cruz de modo constante, nada pode fazer enquanto ela atrai a alma de Hugh para si. Jelkes é testemunha da libertação de Hugh/Ambrosius, à medida que o corpo etéreo de Hugh emerge das sombras da abadia para ficar iluminado pelo luar. Ele nada pode fazer no momento em que o sacerdote renegado segura Mona e o mundo invisível da natureza sensitiva parcialmente se manifesta na dança do Pã ao seu redor. Esse é o resultado das experiências de Ambrosius, e, durante toda a sua duração, a matéria do mundo torna-se fluida. Somente depois do final do ritual Jelkes é liberado para aterrar os dois com luz, calor e alimento.

Mais tarde, naquela noite, presenciamos o cruzamento entre a explicação psicológica e a explicação mágica, e suas implicações. Mona sofre uma grave reação, pois Ambrosius teve um notável efeito sobre ela, que está chocada com seu comportamento. Ela é deixada em lágrimas e com sua aspirina, enquanto Hugh, também sem conseguir dormir, está entusiasmado pelo fato de Mona ter perdido o controle; isso abre novas possibilidades para o futuro. Ambrosius está agora plenamente integrado, e Hugh pondera sobre a forma pela qual ele conseguiu isso e o uso da fantasia mágica que vai além da prática psicológica.

A verdade vital que ele reconhece é que Mona não é o seu problema – ela já é uma sacerdotisa –, mas ele é o problema de Mona. Para prosseguir, ele deve se tornar sacerdote, a fim de poder se casar com Mona e adorá-la da forma correta. Essa é a realização final, de um poder suficiente para colocar o processo em funcionamento.

Tornando-se sacerdote

A manhã apresenta uma mudança na dinâmica: Mona está constrangida e é tranquilizada pelo novo e confiante Hugh, livre de seu terno e trajando shorts e sandálias. Embora Mona tenha liderado o caminho totalmente, é papel de Hugh instigar essa última mudança, o primeiro estágio de seu casamento.

O muito bom humor tende à vulgaridade: é o amor entre os modernos que escandaliza Jelkes. Mas, assim como seus trajes são o equivalente moderno dos trajes livres dos gregos, a sua forma de se divertir representa sua aceitação na inocência e na alegria de Arcádia, com ninfas e sátiros.

Liberdade para liderar faz parte, e é uma parcela da realização de Hugh ao colocar Ambrosius para repousar e efetuar suas ambições. Ele se tornou capaz de liderar sua sacerdotisa com confiança porque o subconsciente dela se expressou. De sua parte, Mona cumpriu a promessa de Pã para Ambrosius quando ela retirou Hugh durante a reencenação da morte no porão. Para retribuir, Pã a presenteia com o sacerdote que ela precisa para sua veneração.

A expressão de Pã dentro de Hugh permite que ele experimente a vida em abundância, o que o modifica irrevogavelmente: ele nota apenas uma simples alegria parecida com embriaguez. Ele sai imediatamente para encontrar um espaço mágico para o ritual do casamento – entrando em contato com as arrudas-caprárias de Mona no caminho e tornando-se irresistível para as cabras. Hugh encontra um presente de Ambrosius, o bosque de teixos plantado na Idade Média, a fim de celebrar exatamente os rituais propostos.

Tornar-se um sacerdote é um ato de mistério e de fé. Como o relacionamento de Hugh e Mona começara com ele admitindo não saber como alcançar o seu objetivo, assim se encerra esse ciclo com um ritual no desconhecido, dirigido exclusivamente pela intuição. Hugh é como nós: um buscador gradativamente fazendo sentido de seu mundo e verificando a origem da realização. O ritual de casamento de Hugh e Mona será uma conexão com a vida cósmica, a qual ele comparará com o resto de sua vida. As palavras de Mona provaram ser verdadeiras: eles ganharam uma vida melhor provando que trabalharão com os mistérios, sendo eles casados na presença de Pã.

O desafio da vida continua

O fato de Hugh e Mona pertencerem a mundos diferentes torna-se irrelevante para a sua vida futura juntos: eles farão parte de um mundo mais amplo, apenas em seus próprios termos. Hugh nos diz como isso funcionará em um mundo real no futuro: eles terão uma vida idiossincrática e criativa em Londres e na abadia, que atrairá apenas aqueles que estarão em simpatia com eles. Sua veneração contínua do princípio de Pã estará em proteger uma vida compartilhada que transformou o mundano em uma vida de conexão. É o espírito por trás do que eles e nós fazemos que conta, e não um espetáculo que as pessoas encenam para o mundo.

Assumir o compromisso com o espírito de Pã no mundo proporciona aos dois uma compreensão que funde a vida cotidiana e a vida mais ampla, como em um fluxo entre a vida prática e a vida altamente espiritual. Seu casamento é uma iniciação, um começo – seu convite para a dança da vida tocada com as flautas de Pã em sua Arcádia em Hertfordshire.

2
Entrando em Malkut e *The Goat-Foot God*

Malkut é o portal para a Árvore da Vida. Ele é a âncora e o ponto de conexão, e marca uma transição à medida que partimos do mundo de Qliphoth, ou mundo das conchas – um mundo de fragmentação e de limites quebrantados, sem conteúdo e sem segurança. Chegamos a Malkut, que, por comparação, é chamado de reino – ele representa um lugar onde há uma sensação de conexão com um mundo vivente e é acessado ao proporcionar percepção em nosso corpo e nossos sentidos.

A experiência de Malkut começa com um sentido de presença e sentimentos ancorados no corpo e na sensação corporal; ao mesmo tempo, há uma conexão com uma vida mais interna e profunda, que oferece possibilidades que a vida meramente voltada para o exterior não apresenta. De certa maneira, sentimo-nos enraizados, uma parte da Árvore da Vida, e esse sentido de conexão cresce à medida que aprofundamos a nossa experiência nessa esfera e acompanhamos a jornada de Hugh Paston.

Assim como em todas as esferas da Árvore da Vida, existem quatro níveis em Malkut, os quais podemos alinhar com as esferas do pilar do meio da Árvore:

- O mundo do corpo e da ação – Malkut de Malkut.
- O mundo da energia e o mundo sutil – Yesod de Malkut.

- O mundo da criação, da geração e do equilíbrio entre os opostos – Tiferet de Malkut.
- O mundo da experiência divina não dual do triângulo supernal – Daat de Malkut.

De fato, esses quatro níveis criam uma Árvore em miniatura dentro daquela esfera que age como uma mandala tridimensional, a qual permite que o leitor incorpore as energias de Malkut. Dion Fortune destaca esses quatro níveis em seus livros ao descrever quatro locais onde a ação ocorre. Em *The Goat-Foot God*:

- **Malkut de Malkut** é a casa de Hugh.
- **Yesod de Malkut** é a loja de Jelkes.
- **Tiferet de Malkut** é a abadia Monks Farm.
- **Daat de Malkut** é o bosque de teixos.

Cabalisticamente, os personagens dos romances representam diversos aspectos da psique, assim como são apresentados como pessoas que podemos reconhecer da época de Dion Fortune, ou até mesmo da nossa própria época. Hugh Paston é o que poderíamos chamar de "personagem de ponto de vista"; ele nos mostra o processo de transformação em um iniciado pleno de Malkut – de fato, um sacerdote de Pã. Ele se move da experiência da dissociação e da impotência por meio da raiva e da amargura para a plenitude de uma nova vida, e deve reivindicar e transformar o arquétipo do diabo dentro dele.

Há duas figuras principais que o ajudam: Jelkes, o vendedor de livros intelectual, e Mona, a artista criativa. Esses dois personagens representam os dois pilares da Árvore da Vida e as esferas Hod e Netzach, ajudando-o a se aprofundar nos mundos internos.

Malkut de Malkut: a casa de Hugh

Esta é a casa de Hugh em Mayfair, onde o encontramos sentado à frente de uma fogueira apagada ao voltar do funeral de sua esposa. Aqui, Hugh nos é mostrado sentado em casa nas cinzas da sua antiga vida. Nesse momento, ele está no mundo do Qliphoth, desperto para a sua futilidade e precisando abandoná-lo.

Sua única maneira de fazer isso é deixar seu corpo impaciente levá-lo em uma andança sem destino, fora de Mayfair. Nesse processo, ele começa a entrar em Malkut, inicialmente, apenas se entregando à experiência corporal, andando passo a passo e deixando que seu corpo o conduza cada vez mais profundamente na experiência do desconhecido.

O caminho para o submundo: de Malkut a Yesod

Ao deixar seu corpo conduzi-lo, Hugh sai do ambiente conhecido de Mayfair e explora áreas que para ele são menos salubres e menos conhecidas. Essa é a descida ao submundo – o movimento de nosso eu consciente para o inconsciente.

Yesod de Malkut: a loja de Jelkes

O caminho para o submundo nos leva para a esfera de Yesod, o conjunto da vida subjetiva. Às vezes é chamado de casa do tesouro de imagens, e dizem ter tanto a nossa própria imagem quanto a imagem do mundo. A casa do tesouro de imagens é a loja de Jelkes. E, enquanto qualquer livraria é uma boa imagem para a esfera de Yesod, uma livraria de livros usados, de muitas épocas diferentes e com muitas histórias, é particularmente uma boa imagem da mente subconsciente. Hugh encontra nessa loja a imagem-chave: o mito de Pã, o deus com pés de bode.

Ele chega à livraria no crepúsculo e vasculha a prateleira dos livros usados bem baratos, encontrando uma cópia de *O Prisioneiro da Opala*, de A. E. W. Mason. Para ele, esse livro prova ser mágico, pois faz surgir visões: "A história proporcionou-me uma nova visão do mundo", ele leu. "Eu o vi como uma grande opala dentro da qual eu me encontrava. Uma opala luminosamente opaca, de maneira que eu estava pouco consciente de outro mundo além do meu."[9]

Hugh comprou o livro, dirigiu-se a um hotel para lê-lo e ficou imediatamente fascinado pela Missa Negra e pela imagem do diabo. Aqui está a sombra de Pã, o deus com pés de bode, o arquétipo-chave de todo o livro. Para Hugh, *O Prisioneiro da Opala* fala de sua raiva e de sua sensação de futilidade.

Particularmente, duas coisas se destacam:

---
9. Fortune, *The Goat-Foot God*, p. 5.

- A imagem do prisioneiro na opala transmite tanto o sentido de um mundo mais profundo como a experiência de aprisionamento.
- A ideia da Missa Negra é alinhada com a imagem do diabo e de um certo tipo de sacerdócio oculto.

A imagem principal da Missa Negra é o sacerdote colocando o vinho e o pão sobre o corpo nu de uma mulher, testemunhado pelo diabo com chifres.

O progresso de Hugh

Hugh identifica-se com a figura do sacerdote; ele acredita que seu caminho para a liberdade e para aquele mundo mais profundo que ele acaba de sentir será alcançado pela Missa Negra. Assim que se compromete com isso, Hugh se move mais profundamente na experiência de Yesod, escolhendo um padrão de mito com o qual trabalhar. Ele se recorda de Jelkes mencionando um livro sobre a Missa Negra escrito por Joris-Karl Huysmans, chamado *Là-Bas*. Miticamente, ele se move para dentro e para baixo, literalmente descendo; ao retornar para a livraria, ele é introduzido na sala interna e começa o seu aprendizado com Jelkes, um vendedor de livros e sacerdote católico fracassado.

A série de livros que lhe é dada para ler e contemplar – *Là-Bas*, de Joris-Karl Huysmans, depois *The Devil's Mistress*, de J. W. Brodie-Innes, e *The Corn King and the Spring Queen*, de Naomi Mitchison[10] – mostra a transformação das imagens que Hugh está focalizando. Os livros passam do Satanismo absoluto de Huysmans para a introdução da bruxa Isobel Gowdie e de seus encontros com o mundo das fadas no livro de Brodie-Innes e para o sagrado matrimônio do Deus e da Deusa na Grécia Antiga, descrito por Naomi Mitchison. A leitura e a meditação de Hugh surgem em um momento decisivo, no qual ele sugere a Jelkes juntar Huysmans,[11] Inácio de Loyola[12] e Jâmblico.[13] Hugh

---

10. Livros de ficção normalmente disponíveis desde os anos 1920. Ver bibliografia para detalhes.
11. J.K. Huysmans (1848-1907). O seu herói em *Là-Bas* prepara-se para recriar a Missa Negra como antídoto de sua vida vazia.
12. Inácio de Loyola (1491-1556) foi o fundador da ordem dos jesuítas. Hugh pretende usar a sua teoria de utilizar a imaginação focada no que Loyola chama de "a composição de lugar".
13. Jâmblico (c. 250-325 d.C.). Ideias semelhantes às de Loyola a partir do tratado On

decide que deve mobiliar um templo conforme sugere Jâmblico, morar nele dia e noite e colocar sua imaginação nesse templo como se fosse um sacerdote rezando uma missa, tal como indicam Inácio de Loyola e Huysmans. Ele acredita que, se fizer isso, os deuses antigos irão se manifestar.

Aqui está Hugh ocupado com a imagem e a história, tutelado por Jelkes e começando a entender o método de invocação dos deuses antigos da mesma forma que Dion Fortune ensinara. Essa experiência abre o caminho para o aparecimento de Mona Wilton, que representa a qualidade da alma e o princípio feminino. De certa forma, ela é a *anima* ou musa de Hugh, que o guia adiante.

Hugh encontra Mona na livraria e, tendo decidido comprar e suprir seu templo, pede-lhe para que o ajude em sua seleção.

O caminho alquímico: de Yesod a Tiferet

O movimento de Yesod a Tiferet envolve não apenas o sentido de aprofundamento, mas também um despertar de opostos e a resolução de velhos dilemas. Trata-se de um processo mais ativo do que aquele contemplativo perseguido até agora. Mona, como figura da *anima* de Hugh, representa essa energia de excitação e de distúrbio que o leva adiante. Rapidamente, podemos observá-lo procurando e encontrando uma propriedade; da mesma forma, ele passa a se relacionar com Mona, e suas emoções e sua sexualidade são despertadas. As energias ardentes de Netzach estão agindo como despertador e promovendo calor e energia no processo interno.

Tiferet de Malkut: a abadia Monks Farm

A abadia Monks Farm, construída por um infame abade medieval chamado Ambrosius, como um local de retiro e meditação, tem uma história sinistra. Como resultado, o abade e os monges foram condenados por heresia, e a abadia tornou-se uma casa penal em que os monges foram trancados em suas celas e Ambrosius, em seu priorado.

---

the Mysteries of Egypt, de Jâmblico, proporcionam a Hugh uma chave para a técnica da consciência mais elevada.

À medida que descobrimos que a iluminação medieval de Ambrosius é notavelmente parecida com a de Hugh, e que ele estava ocupado em invocar o deus Pã, podemos ver o surgimento do mito pessoal e o que poderia ser descrito como a personalidade mágica conforme o trabalho se aprofunda. Hugh é convidado a comungar com a imagem de um sacerdote herege que comprara manuscritos gregos e invocara a real presença dos deuses antigos. Aqui, nós nos movemos das imagens genéricas encontradas nos livros para algo que está surgindo de lugares profundos de Tiferet – um aspecto de Hugh que compreende e entende esses mistérios.

Simultaneamente, somos apresentados a uma imagem detalhada do monastério: um claustro com uma casa ampla de um lado e uma entrada com uma grande porta de igreja, levando-nos à frente de uma escada espiral para o quarto do abade e as celas dos monges. No piso térreo, do lado esquerdo, encontramos uma capela e, do lado direito, as antigas instalações onde Mona e Hugh pretendem viver.

A capela tem um arranjo inusitado: uma antiga e apagada representação da Árvore da Vida pintada na parede leste, onde normalmente haveria uma janela; um círculo zodiacal no chão e um pedestal de pedra de uma altura do chão até a cintura como altar.

Esse é o local do templo na história, um passo no caminho para a transformação final. Também é o lugar de cura onde podemos ver Hugh reconstruindo o templo e tratando da experiência de sua vida passada como Ambrosius, bem como de sua tentativa de restaurar os mistérios.

Além da restauração do templo, que é um ato tanto interno quanto externo, Hugh deve confrontar Ambrosius, que está presente em sua psique como uma imagem oferecendo possibilidades e problemas.

Vários processos de cura são realizados nessa parte do livro à medida que Hugh e Mona aprendem a trabalhar juntos. Hugh deve comunicar-se com Ambrosius e atraí-lo para fora das profundezas de sua psique. Em seu trabalho interno, Mona deve basear-se em sua vida na Grécia Antiga, onde era uma bacante ou sacerdotisa do deus.

Essas tarefas são estimuladas por desafios ao trabalho – as energias qliphóticas na forma da mãe e das irmãs de Hugh e do médico da sociedade, que ainda estão tentando declarar Hugh como insano para poder controlar o seu dinheiro. Dion Fortune nos diz claramente: "Nesse seu Éden, a Serpente surgiu e o seu nome era praticamente legião".[14]

---

14. Fortune, *The Goat-Foot God*, p. 221.

Isso provoca um momento importante, quando Hugh e Ambrosius se fundem, com Ambrosius (nessa fase) dominando, e o eu resultante se torna consciente do deus com pés de bode como protetor e guia. Hugh abandona a família; ele vai até a capela, ajoelha-se, põe as mãos no altar de pedra e rende-se às energias do Universo. Esse é o início do caminho do deserto para Hugh, o que envolve resolver a vida de Ambrosius.

Nesse momento, estimulados pelo desafio do Qliphoth, o sacerdote e o templo começam a agir. Há um arranjo prático que protege os negócios externos de Hugh, mas, de nosso ponto de vista, o processo principal é o interno, no qual tanto Hugh quanto Mona se conectam com os seus próprios egos. Eles o fazem por meio da arte à qual Dion Fortune se refere como "fantasia", que os leva de volta por meio das eras medievais para Arcádia e para os mistérios de Elêusis.

À medida que esses primeiros passos são dados, sentimos a clareza e a energia libertadora de Geburah, além da compaixão e aceitação ativa de Chesed. Isso permeia cada vez mais o trabalho que diz respeito tanto aos problemas desta vida quanto àqueles da Idade Média, nos níveis pessoal e coletivo. Hugh e Mona trabalham juntos pessoalmente e também para todos nós; qualquer trabalho desse tipo diz respeito a ambas as dimensões. Nos dois casos, devem confiar nas imagens que surgem para eles: devem vivê-las em meditação e ritual, e incorporá-las em seu relacionamento pessoal.

À proporção que essas energias crescem, encontramos Hugh andando pela abadia Monks Farm, contemplando a estrada à frente. Ele se lembra de sua experiência como prisioneiro na opala e de todas as coisas que aconteceram desde que saiu de sua opacidade. Contempla o surgimento de Ambrosius dentro dele e a vinda de Mona. Percebe que a resolução de se libertar da opala e de servir aos poderes da vida invoca não apenas o Pã interno, mas também o Grande Deus Pã, externamente. Nesse momento de realização, Hugh volta para a capela e, conscientemente, evoca Ambrosius dentro dele, absorvendo todas as energias, habilidades e esforços dessa vida passada e pensando neles como sendo seus.

Ao fazer isso, Mona está similarmente contemplando sua própria vida e as fantasias de sua infância, com base em seu livro de lendas gregas. Quando criança, ela se visualizou correndo em Arcádia com um companheiro, o que mais tarde se tornaria a sua procura por um amante, e, ainda mais tarde, como uma adorável bacante seguindo Dionísio pelas montanhas.

Ao contemplar a sua situação, Mona recebe uma visão do deus Pã entre o mar e as estrelas, guiando-a para casa, o mundo verde e selvagem, ajudando-os, ela e Hugh, a encontrarem a estrutura inabalável de suas almas e do mundo.

O caminho do deserto: de Tiferet a Daat

Ao receber a bênção de Pã, Hugh e Mona encetam o caminho para Daat – o lugar misterioso do conhecimento da união. Eles se reúnem no porão, em um lugar profundo que é o início da entrada em Daat. Essa esfera da Árvore tem a qualidade de entrar no mistério, mas também de tratar as energias perdidas e quebradas do passado. É o portal do Divino e o Abismo das almas perdidas. A entrada de Mona no porão, onde ela encontra Hugh meditando sobre a vida de Ambrosius, é a culminação de seu antigo sonho no qual uma mulher-espírito chega a ele e abre-lhe os portões do reino de Pã. Ela o acompanha para fora do porão e ele avança pelas antigas celas, libertando os espíritos dos antigos monges que haviam sido aprisionados com ele. Hugh sobe para a capela do abade e ali contempla a sua vida desde o passado. Essa é uma prática interna muito potente; é um dos primeiros exercícios que são praticados, mas alcança o seu apogeu aqui, nas contemplações de Daat.

Hugh, Mona e Jelkes encontram-se na capela para o ritual em que Hugh e Mona reúnem os seus sonhos. Ela conduz Hugh para fora, dançando a dança da lua para ele e despertando seu ego mais profundo. É um momento de alta polaridade mágica, no qual a sacerdotisa, por meio da vontade e da imaginação, invoca o Pã interno dos lugares profundos da alma de Hugh e o reúne e o atrai no relacionamento com ela. De certa forma, seus corpos em sonho se unem. Esse é também um momento de reunião do corpo, do coração e da mente em um ato de exploração e de rendição. De maneira significativa, a mente, representada por Jelkes, é deixada para trás, porque a vontade e a imaginação criativa, representadas por Hugh e Mona, estão seguindo adiante, para regiões em que ela não pode entrar; Jelkes deve esperar humildemente na capela para receber novidades do mais profundo mistério.

Tudo isso é o preâmbulo para a culminação do livro no Ritual de Pã, trabalhado no bosque profundo. É a verdadeira entrada em Daat – o portal do mistério e a total manifestação de Pã entre Mona e Hugh.

Daat de Malkut: o bosque de teixos

A experiência de Daat diz respeito ao processo de união – o sagrado matrimônio que proporciona uma nova vida. Movendo-se além das feridas da Idade Média, Hugh lembra ter sido certa vez um hierofante dos mistérios de Elêusis. Ele cria um novo templo, encontrando um bosque de teixos em forma de losango no meio da floresta, com uma pedra caída em seu centro, que ele endireita. O formato do templo é digno de nota, pois o bosque tem a forma de *vesica piscis*, estruturada pela sobreposição de dois círculos – o símbolo antigo da união e do sagrado feminino –, com a pedra fálica ereta no centro, e a decisão de Mona e Hugh enfatiza o tema da união.

Eles se preparam para o casamento interno, com Mona vestida de verde e Hugh na pele de um fauno. Ele a conduz no bosque de pinheiros para a área dos teixos, onde fora feito um corte e instalado um portal medieval. Hugo a leva para dentro do bosque, posicionando-a em uma das extremidades, e se posiciona na outra extremidade, com a pedra fálica na altura da cintura entre os dois.

Nesse ponto, há uma verdadeira experiência clássica de Daat, uma experiência de total desconhecimento: ali estão os dois sem saber o que fazer. Hugh, então, traça em uma visão a rota pela qual veio, recapitulando toda a jornada; ele se visualiza na pele de um fauno, seguindo o seu sonho e perseguindo uma misteriosa mulher. Ao entrar na parte mais profunda do bosque, ele tem um sentimento de medo e Mona também sente um calafrio ao perceberem, os dois, a presença do deus. Uma luz dourada então se manifesta entre eles, que passam pela experiência da aura da terra e de seu lugar no cosmo.

A experiência da coroação: de Daat a Kether

A culminação do ritual acontece com a experiência do sol à meia-noite, pois Hugh é ofuscado pela figura titânica de Hélio, o sol antigo. Ele proporciona o fogo e a vida do sol a Mona, colocando sua mão entre os seios dela e abençoando-a no momento em que Mona se encaminha para ele. O livro termina com o grito dos antigos mistérios de Elêusis: "Fiquem longe de nós, ó profanos!", e somos deixados presumindo que eles acabaram fazendo amor.

Essa é uma poderosa descrição do movimento pelos níveis da Árvore, e sua culminação resulta em Hugh e Mona se tornarem sacerdote e sacerdotisa dos mistérios de Malkut, ou seja, da terra viva. De fato, eles são um exemplo moderno do rei do trigo e da donzela da primavera referidos no romance de Naomi Mitchison. Essa é a experiência da coroação do livro.

3
A Sacerdotisa do Mar: Correntes e Ritmos

> *Notei então uma coisa, observada anteriormente, ao escutar as ondas quebrando sobre os rochedos – havia som de sinos na água.*[15]

The Goat-Foot God investiga a fundo a ancestralidade da pessoa e do local identificada com o culto dos deuses antigos muito antes da construção da abadia Monks Farm. O contato da terra é essencial e é honrado em todo o livro. Com *A Sacerdotisa do Mar,* Dion Fortune abrange um grande espaço no cosmo, com as grandes correntes espirituais do passado que nos formaram e os ritmos do mar.

Aqui, o trabalho mágico de indivíduos é ligado à corrente evolucionista de uma forma mais aberta do que nos livros mais antigos: trata-se do elo entre eles e a culminação magnífica de *A Sacerdotisa da Lua*.

No livro *A Sacerdotisa do Mar*, a primeira visão de Wilfred sobre o cosmo e seu lugar nele leva-nos para um território não mapeado; trata-se da intimação de que grandes coisas estão por acontecer. A potente combinação da lua e do mar proporciona os ritmos das marés refletidos nas jornadas de Wilfred pelas terras limítrofes dos pântanos de sal do seu mundo cotidiano para o templo do mar. Esse sentimento

---
15. Dion Fortune, *The Sea Priestess*, p. 51.

profundo da corrente de vida cósmica evoca uma resposta que faz com que desejemos realizar o trabalho mágico.

Pela primeira vez, temos uma sacerdotisa totalmente dedicada aos mistérios. Enquanto Ursula é retirada e Mona está disfarçada, Vivien teve uma vida plena no mundo. Ela até esteve no palco, uma lembrança de que Ursula, de *The Winged Bull*, de acordo com Astley, está dividida entre os seus instintos para uma santidade de vitral e uma vida boêmia no palco. Vivien integrou os dois. Sua história de experiências ocultas, durante a sua juventude na pobreza, nos faz lembrar de que Mona, apesar de seu trabalho espiritual, teve de esperar por seu sacerdote antes de cumprir o seu sacerdócio e alcançar sua verdadeira forma. Vivien fez o seu trabalho básico de dedicação, assim como os seus contatos internos. Ela tem confiança em lidar com o mundo exterior em seus próprios termos. Não precisa de um homem de ação para levá-la à iniciação, mas o passivo e poderoso Wilfred será quem possibilitará a passagem de sua magia do plano pessoal para o cosmológico. As preocupações cotidianas são totalmente subservientes ao trabalho da sacerdotisa do mar, que, para a corrente evolucionista, deverá levar harmonia ao mundo por meio de princípios cósmicos. Sua linhagem a liga a Atlântida, e ela recuperou suas próprias memórias profundas dessa civilização.

Apropriadamente para alguém que foi uma sacerdotisa durante milênios, a parceria mágica será completada dessa vez por uma entidade desencarnada, o Sacerdote da Lua. As limitações humanas de mentores terrenos não são mais uma preocupação – estamos no reino dos contatos diretos. Nesse livro, Fortune, sem dúvida, admite a sua aliança com o sagrado feminino, a Mãe Profunda, em toda a sua complexidade e seus aspectos de escuridão e de luz, a partir da qual se origina toda a vida e para onde voltamos a ter as nossas almas renovadas.

É um tema que será desenvolvido em *A Sacerdotisa da Lua* e, no caso de se tornar muito merecedor e indigesto, é contrastado e complementado pelo delicioso sentimentalismo da vida cotidiana de Wilfred – uma reminiscência das experiências da maioria dos leitores. Cada momento de beleza e magia lírica é equilibrado por conflitos familiares corriqueiros e ridículos, e pelas minúcias da vida em uma cidade pequena com todas as suas irritações.

O tema cósmico

A visão do início do cosmo dita o tom do livro, e Wilfred rapidamente se move da restrição para o espaço liminar e os amplos horizontes. A ponta do promontório sobre o qual o templo do mar está orientado[16] está voltada para o Atlântico Norte, em direção ao Mundo Novo. É um panorama prístino; seu movimento é controlado apenas pelos ventos e pela atração magnética da lua. Ali, Wilfred pode olhar para um mundo marítimo sem nenhuma indicação de terra.

Sua primeira visão ocorreu espontaneamente, introduzindo os temas da harmonia do espaço interestelar e do maquinário do Universo, que estão na raiz do ser de Wilfred: "Eu preferiria que Deus geometrizasse".[17] É o início de sua comunicação com a lua no papel de senhora das marés e do crescimento. O tema cósmico é constante em todas as suas visões, e podemos notar que Vivien, que progrediu em seu próprio psiquismo com a *planchette*,[18] utiliza uma variedade de ferramentas para ajudar a memória profunda de Wilfred.

O encontro de Wilfred com Vivien acontece na primavera, imediatamente depois de um grave ataque de asma e de sua visão da chegada da sacerdotisa do mar na região em tempos antigos. Nós já fomos introduzidos à conexão da Atlântida e ao tema do sacrifício. A revelação dessa visão é um momento formativo para Wilfred; com o cristal de Vivien como amplificador, ele acessa a sua conexão profunda com o panorama do passado, que muda o seu paradigma do mundo para sempre e é o início de seu movimento para a frente.

A ferramenta seguinte é o Fogo de Azrael. Isso o leva de volta para os lugares altos da Terra e para o nascimento da espiritualidade, que se encontra sobre o mundo antigo para chegar aos grandes dias da Atlântida e à fuga da sacerdotisa do mar de sua destruição. Após construir a sua imagem, as visões de Wilfred se tornam mais profundas, e, por meio do Fogo de Azrael, ele visualiza sua vida e sua morte no sacrifício para o mar. Isso o ajuda a compreender o preceito de Vivien de que o sacerdote e a sacerdotisa não devem ser personalidades, mas representar todos os homens e todas as mulheres. A visão termina em

---

16. Baseado em Brean Down, um promontório na costa de Somerset, Inglaterra, que se estende até o canal de Bristol.
17. Fortune, *The Sea Priestess*, p. 4.
18. Uma ferramenta para escrita automática, popular na época.

uma união abençoada que provoca um grave ataque de asma, que é curado ao ele se encontrar com os deuses do mar em uma tempestade que coloca em perigo o templo.

Esse trabalho representa a quebra da trilha para a integração na sociedade, reintroduzindo a compreensão do relacionamento sutil e magnético entre homem e mulher, que deveria estar por trás das atrações sentidas no plano físico.

Na visão seguinte, estimulado pelo fogo ardente cercado pela água do mar e continuando até tarde da noite, Wilfred enxerga o início da formação da Terra e a primeira vida originada do mar. A natureza do homem e da mulher e o conhecimento esquecido dos ritmos de seu relacionamento preparam Wilfred para o ritual final. Na caverna marítima, Wilfred experimenta o maquinário do Universo, que, essencialmente, opera com a sensibilidade de um sistema vivo. Quando ele volta para o templo, o espaço parece até mais liminar, impregnado por um estranho mundo marítimo. Nele, Vivien torna-se a incorporação viva da Deusa antes de desaparecer, e Wilfred comunica-se com o Sacerdote da Lua. Existem aqui lições de respeito pela integridade do ritual e confiança no processo, que devemos observar e obedecer atentamente. Essas visões e sua progressão devem ser visitadas de modo constante.

Depois do desaparecimento de Vivien, Wilfred compartilha suas experiências com sua nova esposa, Molly. Eles mesmos sentem o contato direto à medida que o Sacerdote da Lua assume a educação de Molly para que ela e Wilfred possam estabelecer, em um casamento físico, a corrente mágica colocada em ação por Wilfred e Vivien.

A fim de experimentar as marés da natureza, a ação do livro leva outro ano completo, depois do ano de treinamento solitário de Wilfred. Tal como em seus outros livros, Fortune utiliza as correspondências das estações para dar ênfase à ação. A partir do verão idílico "secreto" no forte da praia, passando pelo período de luto de Wilfred no inverno depois do desaparecimento de Vivien, chegamos à primavera com o florescimento das jovens vinhas e a grama aquecida pelo sol, simbolizando a nova vida junto a Molly.

As raízes da espiritualidade

O início das civilizações e de sua linhagem espiritual serve de base para a história. Por meio de visões, os personagens alcançam as raízes dos sistemas espirituais e religiosos, os quais informaram aqueles que ocupam o mundo nos dias de hoje.

Conforme vimos anteriormente, Wilfred examina os textos bíblicos em suas pesquisas mais antigas – o primeiro dos nossos quatro heróis com vontade de fazê-lo e de usá-los como recurso valioso. Seguir o caminho da Tradição do Mistério Ocidental é um importante avanço que muitos leitores modernos ainda precisam adotar.

A visão de Wilfred sobre a história de Vivien nos mostra a morte da Atlântida – informação que formou parte das memórias recentes recuperadas por Dion Fortune em sua infância. Comprando madeira de sândalo para o Fogo de Azrael, Wilfred especula sobre o local de origem da raça humana, onde as pessoas se conectam com a sua linhagem antiga e compreendem melhor do que as pessoas civilizadas a mente de Deus. Apreciando a natureza evolucionária do trabalho, Wilfred está contente de estar ligado ao lugar onde os deuses foram feitos. Isso se refere a uma visão real de Dion Fortune dos dois seres espirituais que inicialmente a colocaram no caminho espiritual. Ao usar essa associação, é possível especular que ela esteja finalmente empreendendo o salto da fé para completamente fundir sua própria jornada com um assunto de ficção. Trata-se de uma forma generosa da história com a sua sabedoria interna e profunda compreensão.

A natureza essencial do mar

O paradoxo em todo o livro é a natureza do mar de dar e tirar vida, além da ética histórica e atual da magia: as maravilhas, as possibilidades e os custos.

O local do templo é uma terra liminar, ao final de uma pequena península: os contatos elementais são essenciais para o trabalho com magia, e Fortune sempre nos lembra de nossa vulnerabilidade ante esse poder – uma lição vital para a nossa segurança. O mar é uma constante ameaça para o velho forte, precisamente refletindo a situação no passado longínquo, quando as depredações na terra do poderoso oceano causaram a primeira visita da sacerdotisa do mar da Atlântida até essas praias. O que dá vida também pode matar.

Vivien depende da vitalidade de Wilfred para recuperar essas memórias profundas mútuas por meio do Fogo de Azrael – novamente uma referência ao perigo, pois Azrael é o anjo da morte; na tradição judaica, aquele que separa a alma do corpo. Wilfred praticamente experimentou isso em seus ataques de asma, portanto podemos ver o arcanjo como uma constante presença no papel de psicopompo em todo o livro.

Há muita coisa sobre os últimos dias sombrios da Atlântida, convidando-nos a pensar profundamente a respeito da ética da magia por meio de sugestões das perversas formas de magia negra que causaram a destruição da Atlântida. A visão que nos mostra a fuga da sacerdotisa do mar, cujo sangue mais tarde indicaria a ancestralidade bretã sobrenatural de Vivien, lembra a conversa em *The Winged Bull* a respeito dos livros genealógicos humanos. Não é uma ideia agradável, e faz parte de um estado dinâmico de atração/repulsão que surge frequentemente no livro, enquanto Wilfred é encantado e, ao mesmo tempo, periodicamente repelido pela atitude indiferente de Vivien e por sua falta de empatia. Chegar a termos com suas prioridades e reconhecer ser ele mesmo o sacrifício voluntário para o trabalho de Vivien permitem que Wilfred relaxe em uma relação que, por sua vez, ativa mais as reações humanas nela. Ele também deve entrar em entendimento com o mar implacável, compreendendo a sua natureza por meio de seus afrescos e colocando-se totalmente em seu poder.

Vivien é um ser humano da era presente, assim como uma sacerdotisa com um afeto genuíno por Wilfred. Fazendo referência ao sacrifício humano na era da Atlântida, o livro mostra quão significativa pode ser a reencenação na presente era. Podemos ver como o sacrifício deve se tornar apropriado para a época presente, embora a natureza implacável dos elementos tenha sido enfatizada com a morte do filho do construtor, o que tanto incomoda Wilfred. Dion Fortune assimila o papel de Wilfred a um sacrifício, primeiro chamando-o de "lunático" – dedicado ao trabalho da corrente lunar – e depois pela velha superstição de que um local sagrado sempre requer sangue em sua construção. Entretanto, em nossos tempos mais sensíveis, seu sacrifício é uma ideia ainda mais perturbadora e inaceitável para nós do que era para Wilfred.

Os resultados satisfatórios que ocorrem são em virtude do profundo comprometimento dos personagens. Em nossa época moderna, interpretamos o sacrifício como assunto pessoal, resumindo tudo o que podemos, legítima e eticamente, de acordo com as demandas do trabalho. Assumimos as responsabilidades todas as vezes que agimos de forma mágica, tendo em mente que o trabalho evolucionário pode fazer demandas derradeiras.

A jornada psicológica

Enquanto Hugh e Ted escapam de seus familiares mudando de casa, para Wilfred, sua mãe e sua irmã são uma constante presença na cidade, nos negócios e em sua residência. Ele faz acomodações diárias com esses relacionamentos mundanos e, gradativamente, os transforma à medida que ele assume a sua verdadeira masculinidade.

Ligeiramente doente, ele adquire autorrespeito e confiança, abandonando gradativamente suas ironias à sociedade, comportando-se de maneira mais direta e prática, e cortando a chantagem emocional de sua irmã. Paulatinamente, ele se torna o homem da casa. Se algumas de suas ações são repreensíveis, ele tem ainda muito para o que se redimir; devemos lembrar que as suas ações não seriam obstáculos para os leitores dos anos 1930 na mesma medida. Seguro em seu santuário e em suas frequentes visitas ao templo, Wilfred começa a se afirmar em sua casa e, eventualmente, confronta o seu grosseiro futuro sogro e a manipulação de sua irmã.

O efeito de Vivien sobre ele e suas realizações nos mundos internos e externos aumentam a sua autoconfiança, mas somente ao se transferir de Dickford para Dickmouth ele constata quão debilitada havia sido a atmosfera de antagonismo e desaprovação. A visão de Wilfred pela família é mais ou menos desequilibrada – uma distinção que ele compartilha com os heróis e as heroínas dos contos de Fortune. Ele respeita o forte núcleo que resiste a essa influência e percebe quão deprimente pode ser analisar "psicologicamente o passado das pessoas". Com isso, ele se refere ao hábito comum de se chegar a hipóteses a respeito dos outros, acreditando nesse julgamento, podendo fazer com que a pessoa desafortunada acate isso durante sua vida. Trata-se de um processo importante que provavelmente ocorreu com cada um de nós, de uma forma ou de outra, durante nossos anos de formação.

A construção do templo

Assim como ocorreu com a abadia Monks Farm em *The Goat-Foot God*, nós nos envolvemos profundamente com a construção cuidadosa do templo. Uma vez mais, há um velho artífice conectado às formas passadas de trabalhar e aos materiais naturais da Terra. Com o escoramento da construção, somos lembrados da perigosa localização tão perto do oceano. Novamente, temos uma construção forte que caiu no abandono: dessa vez, ela é reavivada e decorada pela habilidade do herói e do artífice, trabalhando juntos a serviço da sacerdotisa, confiando nela enquanto desconheciam qual seria o resultado.

Relacionamento

Até agora, na ficção de Fortune, a veneração do sagrado feminino foi feita por meio de rituais. Esse livro também o evidencia nos relacionamentos cotidianos e discute tentações para ambos os sexos.

Com Ted em *The Winged Bull* e Hugh em *The Goat-Foot God*, os dois sabem o que está sexualmente disponível para as suas variadas posições sociais e têm evitado casos amorosos. Wilfred, intuitivo e aberto, é mais suscetível: sua tristeza pelo desaparecimento de Vivien deixa-o muito vulnerável às várias tentações da carne. Ele passou gradativamente a beber e está chocado com o domínio que a bebida tem sobre ele, percebendo isso apenas quando tenta honrar sua promessa à mãe de Molly, que está morrendo. O mais importante é que ele está cedendo a um relacionamento amoroso. Trata-se de um processo gradativo, que é interrompido e depois resolvido após o período de luto. Wilfred começa a ler os papéis de Vivien, deixando que Molly também tenha acesso a eles. Wilfred então passa a treinar sua educação para o sacerdócio. À medida que ela cresce em vitalidade e poder, torna-se uma parceira adequada para ele, de maneira que as tentações então se tornam irrelevantes.

Molly precisa do treinamento de Vivien: seu pai abandonou sua modesta esposa e família por outra mulher, e Molly não teve qualquer base em literatura erótica – uma compreensão instintiva de seu poder de sedução –, à qual meninas malcriadas, que Fortune chama de "afroditas", tiveram acesso desde pequenas. Fortune aprecia os filmes, pois levantaram o padrão da imoralidade feminina.

A instrução de Vivien é que a mulher é responsável por tomar a iniciativa emocional. Isso chega no tempo justo, à medida que a história da família de Molly quase se repete com Wilfred; o marido de Molly é tentado por uma assistente predatória de uma loja de doces que, obviamente, possui um enorme poder de sedução.

O clima emocional muda depois que Wilfred e Molly se transferem para Dickmouth. Ao Wilfred emergir da tristeza e compartilhar suas ideias, o elemento espiritual vital de seu atual relacionamento pega fogo. Isso ocorre na fazenda, na extremidade de terra do promontório, um local mais da terra do que do mar, mas da terra cósmica, que também é governada por Ísis.

Ali a atmosfera se torna cada vez mais de outro mundo, com um perfeito cenário para o ensinamento que despertará e incorporará a mulher primordial dentro de Molly. O som do mar, o cheiro de incenso, a fumaça e o luar, tudo combina para promover a manifestação do Sacerdote da Lua. Há uma energia fluida e misturada entre Wilfred e Molly ao se abraçarem trocando o amor que eles sentem, mas o qual eles ainda não tinham canalizado.

Pela primeira vez, estamos presenciando o progresso físico do sagrado matrimônio e sua consumação natural, ao passo que o casal faz amor.

As mudanças entre Molly e Wilfred nesse período merecem muita atenção. Seguindo as instruções do Sacerdote da Lua, Wilfred sente que uma conexão sutil foi realizada entre eles e que tornará leve o seu casamento. Ele percebe que serão utilizados para o Sagrado Matrimônio, e, quando Molly começa a se enxergar como a representante impessoal do princípio da mulher e a conversar com o Sacerdote da Lua, ela transforma-se em uma mulher dinâmica e vital. Essa é a parte final do ritual iniciado por Wilfred e Vivien: um homem e uma mulher fundamentando a corrente mágica, ao encenar para toda uma geração o Sagrado Matrimônio que liga a humanidade à vida maior no Universo. Isso coincide com a mudança da maré cósmica para uma nova era: da Era de Peixes para a Era de Aquário; não há nenhuma dúvida de que foi o acasalamento que ajudou a realizar uma mudança de consciência. As gerações seguintes terão a possibilidade de compreender a vida humana e natural como sagrada, "pois Deus é manifesto na Natureza, e a Natureza é a autoexpressão de Deus".[19]

O final prático dessa história é que Wilfred e Molly estão satisfatoriamente casados, vivendo nas terras liminares. Enquanto eles operam completamente no mundo cotidiano, sua casa no pântano salgado, na extremidade de terra da península, tornou-se, assim como a fazenda de Hugh e Mona, um lugar de magia e de encantamento.

A mensagem do livro é de uma ampla visão e de trabalho, serviço criativo sem qualquer interesse financeiro e reciprocidade. Dion Fortune alega que as grandes leis do mundo não funcionam na base de "toma lá dá cá". Não doamos alguma coisa a uma pessoa a fim de receber algo em troca. A maior harmonia do cosmo assegura que o que fazemos por amor e serviço aos deuses, como ato de fé e confiança para a corrente evolucionista, será recompensado de maneira imprevista: a compensação será inteiramente correta para o nosso prazer em vida, em toda a sua plenitude. Nós, como Molly e Wilfred, seremos apoiados pelos mecanismos invisíveis do Universo, interagindo fluidamente à medida que alinhamos as nossas vidas de forma harmoniosa com as marés do tempo.

---

19. Fortune, *The Sea Priestess*, p. 220.

4
Yesod e *A Sacerdotisa do Mar*: Criando uma Fundação

Havia uma pira de lenha, em forma piramidal, queimando com chamas azuladas por causa do sal. E as ondas lentas lambendo a sua extremidade... até que, finalmente, a alta crista de fogo cai, espalhando centelhas dentro da água, e tudo ficou quieto, com exceção do lento vaivém das ondas escuras novamente contra os rochedos.[20]

A Sacerdotisa do Mar é um romance focado na sephira Yesod, uma palavra que significa "fundação": Yesod está alinhado com as energias da lua, e um dos seus títulos é "o maquinário do Universo". Nesse livro, Dion Fortune examina profundamente os mecanismos do trabalho interno e a construção de imagens mágicas.

A experiência de Yesod é complexa; trata-se de um encontro com a vida e a energia mais profunda – e também é a pedra fundamental do nosso sentido de identidade, de nossas imagens do ego e do mundo no qual vivemos. Seu arquétipo planetário é a lua e tudo o que se relaciona a ela. Podemos ver que a própria lua é um participante poderoso no livro.

---

20. Fortune, *The Sea Priestess*, p. 17.

Tal como nos outros livros, existem quatro níveis para o trabalho de Yesod:

- **Malkut de Yesod** é a base ou a matéria que precisa ser transformada, aqui representada pela casa familiar de Wilfred.
- **Yesod de Yesod** é a entrada no reino subterrâneo da vida e dos sonhos, aqui relacionada com a casa no fundo do jardim.
- **Tiferet de Yesod** é o lugar de cura e de transformação; o forte marítimo.
- **Daat de Yesod** é a rocha no mar e a caverna marítima.

Malkut de Yesod: a casa e o lar de Wilfred

A base em Malkut é a situação na qual Wilfred, o asmático agente imobiliário (certamente o personagem principal menos romântico para um romance), acaba se encontrando. Ele herdou um pequeno negócio familiar e teve de administrá-lo durante anos: ele é responsável por sua mãe viúva e sua irmã solteira, que constantemente o criticam e o dominam. O livro começa com Wilfred passando mal em razão dos seus esforços. Ele restaurou seu negócio e tornou-o lucrativo, recebendo uma boa oferta de uma empresa concorrente de agentes imobiliários. Seu plano de investir em um negócio de publicidade em Londres, criando uma vida nova e mais excitante para si mesmo, acaba fracassando quando sua mãe e sua irmã se recusam a vender a casa da família para a nova empresa. Aparentemente, Wilfred está resignado à situação, mas logo depois ele tem uma discussão inusitada com sua mãe e sua irmã e, perdendo a paciência, sofre um grave ataque de asma, que acaba confinando-o à cama. É quando ele está se recuperando que começa a se comunicar com a lua. O ataque de asma é a sua descida no corpo e a sua entrada no sentido direto de Malkut.

O caminho do submundo

O caminho do submundo começa com a experiência de vida e morte do ataque de asma e continua enquanto ele está deitado em sua cama, deixando a lua orientá-lo internamente. Deitado, suspenso entre a vida e a morte, Wilfred se pergunta a respeito do lado escuro da lua. Ele contempla as estrelas e o espaço interestelar, observando ali a origem de toda a vida. A conexão com a energia da vida e, de fato, com sua própria vida está ligada à compreensão de Yesod, cujo nome, "fundação", relaciona-se à instituição da vida e cujo nome de deus, Shaddai El Chai, significa o poder supremo da vida.

Nessas cenas iniciais, o problema de Malkut nos é revelado como uma morte em vida – a ausência de vida e viver de maneira aborrecida e restrita. Também podemos ver uma distorção profunda nos relacionamentos masculinos e femininos: o emasculado masculino e o reprimido e emasculante feminino. É essa a situação em Wilfred e em nós todos que a sacerdotisa do mar trata, e nesse estágio do livro Wilfred recebe uma visão importante que podemos contemplar como uma sentença--semente da qual o restante do trabalho deve ser cultivado:

> Deixei minha mente ir além do tempo até o início. Eu vi o vasto mar do espaço infinito azul-escuro na Noite dos Deuses, e pareceu-me que nessa escuridão e silêncio deveria estar a semente de toda a existência. E, tal como na semente, a futura flor está envolvida em sua semente e, de novo, a flor na semente, assim também toda a criação deve estar envolvida no espaço infinito, e eu junto com ela.[21]

Aqui, Wilfred está se abrindo para um sentido mais profundo do Universo e abrindo, também, a sua própria alma muito mais do que anteriormente em palavras que são reminiscências do livro *A Doutrina Cósmica*, de Dion Fortune. A autora desenvolve a experiência de Wilfred citando Robert Browning:

> Graças a Deus, o pior de seus mortais
> possui dois lados da alma, um para enfrentar o mundo
> e outro para mostrar a uma mulher quando se apaixona.[22]

Nessa transcrição, podemos ver a prefiguração da aparência da sacerdotisa do mar, e é esse lado de sua alma que Wilfred toca em comunhão com a lua.

---

21. Fortune, *The Sea Priestess*, p. 4.
22. Ibid.

Podemos ver uma progressão interna à medida que ele deixa de admirar a lua para ir ao encontro da sacerdotisa do mar e contemplar as profundezas do mar e das estrelas.

Continuando a partir dessa experiência marcante, acompanhamos outro passo de Wilfred em lugares ainda mais profundos no caminho do submundo, ao sair de sua casa até uma parte dos velhos estábulos, no fundo de seu jardim. A fim de encontrar o lugar, ele deve seguir "uma trilha perdida há muito tempo". Chegando a uma parede de tijolos, há uma porta trancada com o formato de um arco pontudo, parecida com uma porta de igreja, que ele tem de forçar para abrir. Ali, encontra alguns pequenos estábulos e, dirigindo-se para o palheiro, abre as persianas e nota que a construção está às margens de um rio oculto que flui pela cidade em direção ao mar. Ao reformar o lugar, ele vem a conhecer uma senhora chamada Sally, que ele convida para viver no piso térreo para que cuide dele e dos estábulos.

Isso é um simbolismo clássico do caminho para o submundo: descemos até o fundo do jardim ou viramos em uma estrada que nunca vimos antes ou, ainda, atravessamos uma porta desconhecida. Na prática, essa é a estrada interna que seguimos nos sonhos e na visão que nos leva à Porta sem Chave. Ao passar por essa porta, encontramos outro lugar para viver, onde somos cuidados e alimentados pela velha senhora dos sonhos.

Yesod de Yesod: os estábulos

Wilfred chega a Yesod e descobre o rio oculto, com uma largura de seis metros: de certa forma, ele está abaixo de sua vida atual e o levará para o mar. Yesod e Daat são ambos pontos de transição na Árvore da Vida e, muitas vezes, são refletidos um no outro. É um reflexo do rio onde começa *A Sacerdotisa da Lua*, embora aqui a ênfase esteja nas conexões com a vida secreta da água e a ideia dos rios ocultos que percorrem o mundo. Ao estabelecer-se nesse lugar, podemos também ver em Wilfred uma mudança no relacionamento com o feminino na pessoa de Sally, que o alimenta melhor do que sua mãe e sua irmã jamais o alimentaram. Em certo sentido, ele se coloca além do alcance delas, e também podemos ver uma mudança no relacionamento com o seu sagrado masculino ao nomear Scottie, um homem bem fundamentado da classe trabalhadora, como sócio da firma.

Em níveis internos, Wilfred embarca em uma comunhão mais profunda com a lua. É Fortune que nos ensina a respeito do poder da lua e da prática de sonhar com os olhos abertos. Yesod é predominantemente a esfera relacionada à fantasia e à vida dos sonhos. Ernest Butler, o grande cabalista do século XX e estudante de Fortune, diria frequentemente: "A fantasia é o eixo que carrega a arca".[23] Isso significa que a fantasia aplicada de forma correta nos leva ao local do crescimento espiritual e da transformação. Wilfred está começando a dominar a arte de dirigir o sonho durante o dia, ou sonhar verdadeiramente, referindo-se ao então popular livro *Peter Ibbetson*,[24] cujo personagem epônimo "sonha verdadeiramente" de sua cela na prisão, de maneira que ele e seu amor experimentam uma reunião espiritual por meio dos sonhos de cada um.

Também podemos ver Wilfred, sob a influência da literatura teosófica, imaginando suas encarnações passadas. Ele está começando a fazer conexões com sua alma mais profunda e nota, mas não compreende realmente, o processo de reverter sua percepção retroagindo durante o dia. Quando tenta fazê-lo, ele não consegue formar qualquer conexão com suas partes mais profundas, diferentemente de Hugh Paston em *The Goat-Foot God*, para quem esse exercício é fundamental. Hugh representa o treinamento da vontade, enquanto Wilfred representa o treinamento da imaginação mágica; o seu caminho não é por meio da vontade e da ação, mas pela capacidade de olhar para as imagens e dar-lhes vida.

Ao aprofundar sua capacidade de fluir com a imagem, Wilfred lê e mergulha na história. Há um importante momento quando ele lê a Bíblia imaginativamente, conectando-se com Melquisedeque de uma forma que ele não pode compreender. Melquisedeque de Salém (Jerusalém) é uma figura-chave no mundo de Dion Fortune. O sacerdote dos sacerdotes é a fonte do seu trabalho, de maneira que a conexão de Wilfred com a história e a imagem resulta em uma ligação energética tangível entre ele mesmo e a tradição interna.

Com isso, Wilfred faz uma descoberta desagradável durante uma reunião na Sociedade Teosófica, quando lhe dizem que muitas de suas

---

23. W. E. Butler, *Apprenticed to Magic* (1962; reimpressão, London: Aquarian Press, 1990), p. 52.
24. Ver bibliografia.

encarnações passadas eram provavelmente fantasia; assim, ele volta a se comunicar com a lua, com o rio e com o mar.

Essas contemplações são mais profundas, fundamentadas em corpo e terra, e remetem à lenda da cidade submersa de Ys.[25] A imaginação de Wilfred move-se para a interação de mar e terra e o leva para o Fogo de Azrael, o fogo do mar extinto pela maré ascendente, que é o portal da visão que reúne os opostos. Isso leva a outra imagem da sacerdotisa do mar, chegando da Atlântida perdida para promover a paz entre o mar e a terra.

O caminho alquímico

A sacerdotisa do mar agora aparece em níveis externos na pessoa de Vivien Le Fay Morgan – *anima*, mulher-alma e mulher fatal –, que escandaliza Scottie e fascina Wilfred. Aqui, encontramos ressonâncias da abordagem de Fortune com as lendas do rei Artur e, particularmente, com a fada Morgana, que, na versão de Geoffrey de Monmouth, é uma grande mestre e curandeira, a verdadeira Senhora de Avalon. Vivien Le Fay Morgan é a amante e mestre que incentiva Wilfred adiante no centro de Tiferet em nosso livro, o forte marítimo em Brean Down. A sua idade biológica é avançada, mas, quando Scottie a visita, ela é vista como uma linda mulher de meia-idade.

Há um pequeno detalhe muito interessante nesse primeiro encontro: Vivien tem a sua gola virada para cima e o chapéu puxado para baixo, de modo que Wilfred não pôde discernir o seu rosto. Essa é uma referência à Deusa, cuja face não pode ser vista, a não ser por aqueles que conseguiram penetrar o véu dos mistérios, e Wilfred não o fez. Mas, à medida que ele lhe mostra propriedades, eles ficam presos pela chuva e há um momento em que ela retira o véu e lhe mostra seu rosto.

Wilfred fica fascinado e, ao mesmo tempo, é repelido por ela – um conflito que provoca nele outro ataque de asma, fazendo com que ela o visite em seus estábulos. Nesse local de sonho de Yesod, eles trocam experiências de suas vidas internas. Wilfred descobre que ela e a primeira Senhora Morgan fizeram contato com o Sacerdote da Lua por meio do tabuleiro Ouija, e ela descreve a área em termos da geografia sagrada. O rio embaixo de sua casa, chamado Narrow Dick, na realidade

---
25. Uma versão bretã do mito da "terra submersa". Outros mitos são a história córnica de Lyonesse e a história galesa de Cantre'r Gwaelod.

é o Naradek, nome dado também ao rio sagrado da Atlântida, e Bell Knowle, uma colina local, era uma montanha sagrada com uma caverna marítima. Como um eco do romance *The Goat-Foot God*, descobrimos que os monges locais estavam procurando invocar os deuses do mar quando algo saiu errado e o monastério foi inundado.

Nas trocas mútuas entre Wilfred e Vivien, que começam com a revelação do rosto dela, podemos ver a ativação do caminho alquímico. A polaridade trabalhando aqui tem dois pontos fundamentais: para Wilfred, trata-se do despertar de seu dinamismo e da paixão ao se apaixonar por Vivien; para ela, trata-se do estabelecimento dentro de si da imagem da sacerdotisa do mar vista pelos olhos dele. Esse processo interno depende da alquimia da saudade – é a forma adotada pelos trovadores, e Wilfred gradativamente a incorpora à medida que trilha o caminho. Um dos aspectos cruciais desse caminho é a destruição da morada atual da vida, e podemos ver isso em Wilfred quando que ele decide encontrá-la mesmo que isso signifique a sua morte.

Tiferet de Yesod: o templo e forte marítimo

Esse processo começa com Wilfred levando Vivien ao forte marítimo pela primeira vez. A descrição viva da jornada pelos pântanos de sal até Bell Head, com Bell Knowle atrás, proporciona, de maneira geral, o panorama do lugar sagrado no qual eles estão entrando e do forte marítimo. Vivien o leva até o mar, onde ele entra em uma espécie de transe e quase cai nele. Há um momento poderoso quando ela diz que não tem nenhum motivo para ter uma amizade com ele e Wilfred foge do local. Nesse ponto, o caminho nos leva até o estabelecimento do templo de Tiferet: Wilfred desperta como um artista e mestre de imagens ao criar o templo da sacerdotisa do mar.

O templo em si consiste em uma paisagem central em Bell Head, em formato de um leão com a sua cauda voltada para o mar. No interior está Bell Knowle, com a sua caverna marítima ligada à área ao redor de Bell Head por um rio: do lado terrestre, na base do topo, há um pequeno sítio; do lado marítimo, há um forte napoleônico em ruínas; e, mais adiante, há uma lápide de pedra no mar, que é a pedra do altar e a base do Fogo de Azrael.

O forte tem o formato de um quadrado, com um telhado plano e colocado ao redor de uma área central. As janelas têm o formato de arcos góticos, e o túnel levando para a área é selado por duas portas pesadas. Do lado do mar, Wilfred constrói uma pérgola de pedra gravada com animais e plantas marítimos. Dentro do forte há dormitórios e uma ampla sala com uma grande janela, que dá de frente para o mar. Essa é a sala do templo. Além dela, há uma escadaria decorada com cavalos-marinhos, levando para baixo, para um altar marítimo parcialmente submerso.

Enquanto Wilfred mostra o templo a Vivien, o filho do velho construtor que o criara cai ao mar e se afoga – um curioso episódio descrito sem sentimento. Logo após, Wilfred tem um forte ataque de asma e tem de permanecer no forte. Devemos considerar a consagração do templo e a necessidade do sacrifício – muitas vezes os sacrificados eram enterrados nas fundações dos locais sagrados para guardá-los e protegê-los. Devemos lembrar que, em uma visão maior, esse livro diz respeito à fundação da vida, e Wilfred é o sacrifício voluntário.

Nessa parte do livro, esse sacrifício está sendo explorado e explicado para todos, pois esse princípio é a chave para a experiência de Tiferet. Em sua forma mais simples, trata-se da rendição de alguns aspectos da vida e nós mesmos dedicando-nos a serviço de uma verdade mais profunda ou de uma necessidade maior de vida. A morte do filho do construtor e a ligação com o sacrifício voluntário de Wilfred são significativas: o filho do construtor é um artífice especializado em pedra e, de certa forma, representa o dom da habilidade de Wilfred e a vida dedicada à tarefa de possibilitar que a imagem mágica da sacerdotisa do mar venha a se materializar. Assim como o filho do construtor é ofertado às profundezas, Wilfred doa-se a Vivien.

O caminho do deserto

O movimento seguinte começa com Vivien descrevendo a topologia mais profunda da terra e da alma. Sentados do lado terrestre e notando a caverna marítima, ela demonstra que está alinhada com Bell Knowle e a sua caverna marítima, de maneira que qualquer um ali sentado em um dia mais longo teria a condição de ver o sol surgindo sobre o Knowle.

Simultaneamente, ela ensina a Wilfred a arte do Fogo de Azrael, uma chave importante nesse livro, referida várias vezes. Azrael é o anjo da morte e dos portais na tradição judaica, e o Fogo de Azrael é aqui descrito como o fogo que surge do mar. A estrutura mítica subjacente desse livro é a perda da Atlântida, o grande continente de sabedoria e de magia, no coração do qual, na cosmologia de Dion Fortune, está a Ilha de Ruta, e, no centro dela, está uma chama eterna vinda do centro da Terra. A chama do mar representa a imaginação inspirada e apoderada, a água em chamas ou o fogo líquido que nos conecta tanto com um lugar antigo quanto com um cataclismo que precisa ser corrigido. Azrael é a figura angélica que nos ensina essa arte e, assim, permite que nos movamos pelos mundos. A sacerdotisa do mar surge depois dessa visão do mundo submerso – de certa forma, do inconsciente profundo – para trazer algo de volta que fora perdido no cataclismo. Não podemos ver a plenitude desse retorno até *A Sacerdotisa da Lua*, mas essa é a fundação desse trabalho.

A prática do Fogo de Azrael apresenta-se em um conjunto de lenha no formato de uma cruz, sendo necessário que a madeira seja de três tipos de árvores: cedro-do-líbano, sândalo e zimbro. A maneira de Wilfred encontrar essas madeiras é digna de contemplação. O cedro, que havia sido trazido do Líbano, ele encontra em sua cidade natal; a madeira de sândalo, ele compra de um tibetano no porto de Bristol; enquanto o zimbro é fornecido por ciganos, um dos quais lê o tarô para ele, entregando-lhe a carta da Sacerdotisa e do Enforcado, dizendo que uma mulher estava se preparando para sacrificá-lo.

A prática de encontrar visão no Fogo de Azrael liga-os às tradições espirituais profundas do mundo, começando com os Himalaias, o lugar mais alto da terra, passando pelo Oriente Médio e as raízes da Suméria, e o Crescente Fértil, antes de nos voltarmos para o oeste, para a água e a terra da Grã-Bretanha, tudo levando de volta para a Atlântida inundada – o local mais antigo e profundo da Terra. Essa conexão com as raízes profundas da tradição leva ao estabelecimento do templo e à criação do Fogo de Azrael no ponto em que o mar se encontra com a terra. Também podemos ver a chegada do Sacerdote da Lua, o mestre interior de Vivien, que assume o trabalho e os leva mais profundamente a Atlântida. No processo, podemos ver Wilfred comungando com os arquétipos profundos e as energias primordiais da vida: há um momento marcante em que ele é levado em visão para a parte do Atlântico onde a Atlântida existira e é recebido por grandes figuras angélicas. Ali, é consagrado de tal forma que, dali para a frente, percebe a sacralidade da vida e da morte.

Daat de Yesod: o ritual de Ísis, a rocha no mar e a caverna marítima

A experiência de Daat de Yesod é o trabalho culminante no qual os dois participantes passam por uma experiência de morte e de renascimento. Essa experiência começa com Wilfred sentado na caverna marítima esperando pelo surgimento da lua e entrando em um transe por meio do qual ele se conecta com o início do Universo. À medida que surge a lua, ele sente o chamado da Deusa e, vagarosamente, encaminha-se para o templo onde ela o está esperando. Para ele, Vivien é a Deusa: em um momento-chave do ritual, ela apresenta-se como a Ísis Negra de véu, dizendo-lhe que aquele que retirar o seu véu deve morrer. Concordando, ele sente que sua vida flui para ela consagrando-a como a Deusa e doando-se completamente a ela. Wilfred se encontra dirigindo-se para a morte até que a energia muda e Vivien surge como a mãe fértil e devolve-lhe a vida. Nesse ponto, ela vai até o rochedo, tornando-se uma com o mar; ele nunca mais a vê. Ele é ensinado pelo Sacerdote da Lua, que o instrui nos mistérios, implantando nele imagens e pensamentos que, mais tarde, prosperarão. A caverna da vigília é dinamitada, e não sabemos se Vivien está dentro da caverna ou nas profundezas do mar.

Essa é uma imagem mágica poderosa, pois sugere que, se quisermos buscar a sacerdotisa do mar, deveremos encontrá-la nas profundezas da Terra ou nas profundezas do mar. Há uma forte tempestade depois da saída de Wilfred, e o forte marítimo colapsa, o templo tendo cumprido o seu propósito.

Coroação: de Daat a Kether

A experiência da coroação desse livro é a associação entre Molly e Wilfred; ela se transforma em uma sacerdotisa e o casal se torna um par de parceiros mágicos. Somos então apresentados a um regime de meditação pelo qual os mistérios do mar e da lua são incorporados em suas vidas. Eles vivem na fazenda, na base do Down, e o livro culmina com o Ritual de Ísis, realizado em sua casa.

5
THE WINGED BULL E A DANÇA DO RELACIONAMENTO

Ela estava olhando para ele como se nunca o tivesse visto antes; da mesma forma, ele havia olhado para ela quando ela vestia um traje verde, e Brangwyn olhava para ambos com satisfação interna. A experiência havia começado a progredir.[26]

Embora a história de *The Winged Bull* seja sobre uma transformação mágica, seu enredo assume uma posição de destaque. A conexão mágica poderosa entre Murchison e o touro alado é espontânea e ocorre logo nas primeiras páginas. Depois disso e do ritual do sol, em teoria ou prática, a magia está ausente até muito mais tarde, quando o ritual de magia negra de Astley provoca uma resposta transformadora em Ted e em Ursula.

Depois da fundamentação de *The Goat-Foot God*, *The Winged Bull* é da natureza do ar – no intelectualismo reservado de Brangwyn, na correspondência tradicional do elemento ar com o intelecto e maior clareza e na associação de Ursula com a lua. A história não está incorporada na Terra, mas se move para trás e para a frente entre Londres e o norte do País de Gales, entre terras com associações históricas apropriadas para o herói ou para a heroína. As duas residências principais

---

26. Fortune, *The Winged Bull*, p. 53.

direcionam a nossa atenção para cima – o jardim no terraço com vista para a Catedral de São Paulo em Londres e o local sagrado de Ursula em uma região alta e rarefeita de Snowdonia, no topo do mundo, com um ar claro e grandes panoramas. É apenas no final que Ted fundamenta a corrente em suas terras ancestrais, em uma fazenda que parece ter sido plantada organicamente com o passar do tempo.

Esse foi o primeiro livro publicado na tetralogia da Cabala. Trata-se de uma nova experiência de Dion Fortune no conjunto mágico, observando quais verdades podem ser expressas na ficção, e como; a sua maneira é pela psicologia dos personagens. Conhecendo a importância que Dion Fortune concedeu à "cabeça" e ao "coração" do centro da terra, trabalhando sempre com equilíbrio, o eixo central do pilar do meio é o ponto de partida evidente. Mas não é o lugar mais fácil de trabalhar, pois a questão de polaridades era, pelo padrão de seu tempo, um assunto arriscado para se falar a respeito. Trata-se de um equilíbrio delicado para uma autora relativamente sem experiência no gênero, que também sente o peso da responsabilidade como mestre de ocultismo.

Fizemos tamanha confusão da igualdade dos sexos que olhar para as atitudes passadas há mais de 70 anos é um desafio. A nossa tarefa é interpretar ideias de uma forma que seja relevante atualmente. Reconhecemos primeiramente o nosso gênero físico e como o expressamos em um mundo cheio de opções e, depois, a nossa realidade interna, que contém tanto componentes masculinos como femininos, que podem ser utilizados para a nossa saúde em todos os meios, o que inclui os aspectos físico, mental, emocional, espiritual e mágico. Exteriorizando as características "masculinas" e "femininas" nas histórias, Dion Fortune interpreta a magia à luz da psicologia, e interpreta a psicologia com uma perspectiva e compreensão mágica. A magia está presente na história, mas temos de lê-la cuidadosamente para poder acessá-la – e grande parte dela origina-se, de modo surpreendente, do caráter de Ursula.

A aparência externa de Ursula

Ursula é apresentada como passiva e infantil no mundo mundano, uma peça em um jogo de magos. Brangwyn, Murchison, Fouldes e Astley controlam seus movimentos e o seu destino: ambos os magos repetidamente se referem a ela como "criança".

A história é permeada pelas atitudes patriarcais dominantes da época, de maneira que Ted, o aprendiz, é consultado a respeito do tratamento de Ursula, enquanto ela, "a pitonisa de alto grau", não é, embora Brangwyn reconheça que, quando ela não está sob controle hipnótico/mágico, possui autopercepção psicológica. Ursula, como uma parceira plenamente consultada, em vez de um enigma reativo, poderia ter contribuído para um trabalho mágico de dois parceiros e um mentor, que enxergamos de várias formas em outros livros.

A psicologia de Murchison

A infantilização de Ursula, tão desconfortável à nossa maneira de pensar, é uma chave importante para a psicologia essencial de Murchison. As mulheres em geral o irritam, e especialmente a culta Ursula. Mas é apenas pelo seu aspecto infantil que a sua natureza protetora e misericordiosa – o atributo mais nobre do guerreiro – pode se abrir e se tornar generosa. Esse é o único estado em que ele se sente confortável no relacionamento até o final da história. Então, com a quebra do controle de Fouldes, Ursula assume o seu poder. Pela primeira vez, ela toma a iniciativa ativamente no mundo externo como sacerdotisa, começando a ensinar a Ted as verdades mágicas que apoiam e inspiram a intimidade adulta.

O estado costumeiro de Ursula, como uma sacerdotisa verdadeira, é a retirada e a quietude; ela aparece de repente na residência e desaparece para os seus aposentos silenciosamente depois de cada cena. Até os seus deveres domésticos, tais como fazer café, nos lembram mais da alquimia de cozinhar de Vivien/Lilith que dos esforços incompletos da cunhada de Ted ou da arte exuberante de Luigi, o chefe de Brangwyn. O seu local sagrado no País de Gales é isolado e principalmente privado: até mesmo depois do ataque de Fouldes, ela se recusa a sair dali para o mais aconchegado ambiente na casa da fazenda.

Esse espaço é necessário para uma pessoa tão ativa no interior: é pela mistura da sabedoria psicológica e mágica que ela assimilou de Brangwyn que estamos presos à realidade interna. Com isso em mente, podemos visualizar Brangwyn ordenando-a de um lugar para outro como um instrumento, para racionalizar o costume de aparecer e desaparecer que é uma necessidade de sua natureza interna: todas as vezes que ela aparece, provoca uma mudança em Murchison.

Revisando a história

Quando começamos a enxergar Ursula como uma completa sacerdotisa ativa, conseguimos reavaliar a história. Abertamente, o mago e o aprendiz salvam a donzela, mas, embaixo da superfície, a história diz respeito à salvação ativa de Murchison, que está verdadeiramente indefeso no mundo real, incapaz de suportar a si mesmo ou de progredir na vida de alguma forma. O papel ativo de Ted torna fácil ignorar as suas limitações, mas reconhecê-las faz com que a história fique mais rica e mais equilibrada.

Trata-se da jornada de duas almas que devem desenvolver um relacionamento a fim de se tornarem indivíduos realizados. Na estrada pedregosa de se chegar a um termo com a verdadeira natureza de um e de outro, aprendendo a valorizar e aceitar, eles refletem os nossos erros banais. Eles são como figuras de uma velha casa climática: um sai para ter um clima dos melhores e o outro sai para ter um clima tempestuoso, mas eles nunca estão no mesmo local juntos. Nessa história de desentendimentos, podemos notar quão frequentes são os complexos e as inseguranças de Murchison que cortam o que deveria ser, depois do primeiro ritual mágico, um fluxo de magnetismo pleno e sem dobras.

A dinâmica

Os desentendimentos, avanços e afastamentos do casal formam a dinâmica de seu relacionamento. Murchison ativa o fluxo magnético muito antes, por meio de uma dança emocional com Ursula. Então, o seu instinto protetor assume a parte mais pesada de um recrutamento mágico e abre um canal cujo embaraço – piorado pelo comentário de Brangwyn: "sua pequena exploradora" – faz com que Ursula tenha relutância em alimentá-lo. Ela apenas consegue reanimá-lo ao lembrar da guerra e reconhecer a nobreza do guerreiro. Então, ela compara Ted com o pacifista Fouldes, e instintivamente ela responde para o guerreiro. De nosso lugar atual privilegiado e seguro, devemos ler o texto com respeito pelo fato de que a autora viveu durante a Primeira Guerra Mundial e foi casada com um ex-soldado. Os nossos pontos de vista do século XX podem ser barreiras para os significados mais profundos que Dion Fortune pretende. Afinal, ela foi criada durante o auge do Império Britânico. Para equilibrar esse aspecto da história, precisamos apenas recorrer ao livro *The Magical Battle of Britain* (cartas para estudantes durante a Segunda Guerra Mundial), de Dion Fortune, para ficarmos impressionados com seu pensamento avançado, global e humanitário.

Efeitos do ritual

O efeito de um completo ritual mágico em Murchison é iniciatório: ele é renascido, com todas as suas partes alteradas. De desajeitado, torna-se altamente estável e ágil, um homem do norte. Murchison desempenhava um papel ativo como o sol, enquanto Ursula não era passiva, mas uma força da natureza complementar: ela ativamente recebe dele aquilo de que precisa. Depois disso, Ted tem um sonho libertador sobre montar o cavalo negro: a sua transformação faz com que Brangwyn fique ressentido pelo fato de que Ursula não poderá testemunhar isso. Ao dispensá-la imediatamente após o ritual, ele de modo artificial cortou seu contato físico, embora seguir adiante com isso pudesse ter aterrado a conexão forjada pelo ritual precocemente. Ele – surpreso pelo sucesso do ritual – deve treinar Murchison antes de ir adiante, a fim de não falhar em razão da inexperiência; e Murchison, readquirindo o seu poder e sentindo a mudança de equilíbrio, ressente-se da retirada de Ursula. O seu relacionamento com Brangwyn está se tornando maduro em oposição ao sentimento de veneração do herói do jovem soldado.

O trabalho do livro

A história subsequente mostra como Ted e Ursula sofrem alterações diametralmente opostas a fim de levá-los a um fluxo magnético.

O trabalho de Ted é o de integrar os seus egos interno e externo: para adquirir a sua personalidade mágica e realizá-la total e consistentemente no mundo, de uma forma que acontece naturalmente quando seus instintos melhores são provocados. Ele aprenderá a gerar um poder controlado para tornar-se efetivo na vida cotidiana e deve chegar a compreender o componente mágico por detrás dos relacionamentos humanos íntimos bem-sucedidos. Seu habitual mau jeito e falta de confiança são superados em momentos de grande drama – acusando-se do golpe que era intencionado contra Ursula; por tê-la ofendido duas vezes, sendo que, na segunda vez, ofendeu-a gravemente. Por tudo isso, ele teme que nunca será perdoado – um ponto de vista que podemos compartilhar –, no entanto, essas ações são necessárias em uma situação desequilibrada: trata-se de um livro de polaridades equilibradas, e Ursula reconhece o seu direito de assumir o controle.

Ursula passou a vida toda em um convento como uma pitonisa retirante.[27] Seu único contato com homens foi no nível mágico. Ela está passando por um processo de integrar e aplicar gradativamente esse conhecimento. No primeiro ritual, ela embarca pela primeira vez no que se tornará um relacionamento adulto normal. Os momentos de Murchison de pura misoginia durante o ritual mostram o pior lado do masculino dominante desequilibrado. À medida que o ritual progride, o instinto de bode é substituído por sua real natureza, e contemplar o touro alado recoloca-o no caminho. Seu instinto está correto quanto à necessidade de Ursula de entranhar-se na Mãe Terra para tornar-se uma pessoa mais sadia e normal. Porém, longe de isso acontecer a partir do seu instinto de sátiro de "aprendê-la", as oportunidades de ensinar--lhe as maneiras do mundo – ironicamente, ao salvá-la do perigo – são ativadas por sua verdadeira natureza. Ela chega a reconhecer a nobreza e o autossacrifício do instinto masculino que baseiam suas ações, e sua resposta autêntica é aceitá-las.

Ted, o touro, simboliza a força e a resistência; uma criatura da terra, mas com uma força fogosa e solar; e Fouldes, o veado, carrega as conexões – compartilhadas com o cão de caça e com o cavalo de corrida – no que diz respeito à ligeireza e à velocidade.

A natureza ágil e rápida deste último reflete a própria natureza de Ursula, e nela podemos ver um cavalo negro libertador, ou o gato, um elegante símbolo de individualidade suprema. Fouldes e Ursula são semelhantes demais sem suficiente terra complementar em sua composição, e ela reconhece isso, comparando a natureza forte de Ted com a natureza intelectual frágil de Fouldes, que não aguentou a pressão do trabalho mágico.

O que ela também verifica depois do ataque de Fouldes é a natureza doentia de sua atração por ela. O magnetismo de Fouldes é "epiceno" – tendo características de ambos os sexos –, o que permite a ela ser dominante, uma atração irresistível em um mundo que tinha essas expectativas estritas da posição das mulheres. Com Fouldes, ela sentiu a liberdade inebriante da igualdade intelectual.

---
27. Originalmente, uma pitonisa era uma sacerdotisa profética de Apolo, em Delfos, que mediava mensagens do deus para os seus solicitantes.

Ela havia comparado os dois homens em detrimento de Ted; no entanto, mais tarde verificou que pode conversar com ele "de homem para homem" – como Lilith e Rupert conversarão em *A Sacerdotisa da Lua*. Isso fere o orgulho de Ursula, mas ela derradeiramente volta para aquele sentimento de comunicação livre, de maneira totalmente feminina e íntima.

Ursula decide abrir-se com Ted completamente, explicando-lhe tudo; mas, como na vida real, tudo dá errado. Daquele momento em diante, há uma série de desentendimentos e de sincronicidades infelizes. Suas reações ditam a ação, que eventualmente permite a cada um mover-se cada vez mais profundamente em uma compreensão dos princípios subjacentes do relacionamento harmonioso. E, como acontece em geral, quer seja com um neófito, quer seja com um mago, ambos sofrem no processo.

Os efeitos do touro

Depois do seu primeiro aparecimento mágico, o touro se torna estranho e sutilmente presente: ausente e, no entanto, ativo no desenvolvimento da história. Havendo colocado em funcionamento as rodas esotéricas, ele está planando sem esforço, até a realização da conclusão. Murchison reconhece que a imagem do touro o manterá no caminho, pois ele é seu guardião particular dos mistérios, assim como Brangwyn o é no mundo físico. Significativamente, quando Ted relaxa no apartamento de Brangwyn, o rosto de seu anfitrião e o rosto do touro tornam-se intercambiáveis, assim também acontece com o seu braço em seda vermelha e o braço rosa-granito do poder. E foi-nos dada uma sugestão antecipada do papel de Ursula como mentora – seu primeiro aparecimento sobrecarrega Ted como se ele estivesse testemunhando o touro saindo de seu pedestal.

É quando o touro alado – no colar de Ursula – lhes aparece simultaneamente pela primeira vez que ela começa a explicar a experiência mágica para Murchison; o touro é o amigo mútuo deles. Como o touro é o guardião dos mistérios, não demora muito para Ted perceber que sempre que ele aparece algo extraordinário começa a acontecer.

Estudando a capa do livro, sua jornada começa com uma exploração da sociedade e do Cristianismo, e todos os males consequentes, seguidos pela sua primeira lição com Brangwyn. Sempre que Ted tem pensamentos depreciadores, a imagem do touro leva-o de volta para o seu estado apropriado. Ele está entusiasmado na esperança de que o touro levante voo e especula que tipo de aventura isso causará. O pensamento de perder o glorioso aumento de poder, a noção de possibilidade e o sentimento de ser um touro desafiado fazem, com que ele ataque e salve Ursula no café no País de Gales, perseguindo Fouldes como um inimigo em sua luta final.

As situações que Murchison mais teme – os aspectos de bode de perder o controle, despertando as paixões mais baixas – são transmutadas pela influência do touro alado: embora Astley tente despertar os seus instintos baixos ao recontar pornograficamente o mito do Minotauro, Murchison acredita que, ao andar por um labirinto com medo do Minotauro, ao contrário, ele chegará a encontrar a virgem. Temendo a paixão, ele encontra a paz suprema, que é o guia de Brangwyn para uma autêntica relação sexual espiritual.

Uma profunda parte de si reconhece isso – até mesmo antes do Ritual do Sol, quando, como o touro que é, ele usa o nome cristão de Ursula e comunica-se por meio do toque, segurando-lhe a mão. A paz que ele experimenta encobre o acasalamento final no encerramento do livro. No entanto, até mesmo quando ele gradativamente forma a personalidade mágica no decorrer do livro, a sua posição de serviçal no lar constantemente inibe a sua iniciativa; portanto, ele continua respondendo da mesma forma que sempre respondeu.

Com a nossa compreensão de uma subjacente e recíproca troca simbiótica entre Ursula e Murchison, sua jornada é uma onda flutuante de magnetismo, movendo-se e alterando-se constantemente. Ela carrega os protagonistas por países que apoiam suas próprias energias, permitindo aos protagonistas humanos responder não apenas a eventos, mas também às energias profundas do lugar.

País de Gales

Murchison enxerga fortemente o País de Gales como um país estrangeiro. Ele possui um idioma diferente; é primitivo e as alturas das montanhas são o local de deuses que lhe são estranhos. Nesse lugar, onde ele sofre a maior desvantagem, é o cão pastor Gwennie, um guardião casado com a terra, que protege Ursula. Murchison é desapoderado, estando longe de sua terra nativa. É o papel de Ursula, em seu santuário de calor e de luz branda, recebê-lo depois de ele se lançar ao seu lado. Ao contrário, ele ouve uma conversa que mais parece o som da morte de suas esperanças, deixando-o paralisado. Dali por diante, no País de Gales, as suas reações originam-se de suas inseguranças incorporadas.

Mas, no País de Gales, terra natural de Ursula, ela chega a termos com a experiência mágica e reconhece o merecimento de Ted. Sua profunda introspecção nos diz o que ocorreu embaixo da superfície: sua autoanálise reveladora explica muito sobre o *modus operandi* da magia do relacionamento. Astley explica precisamente a luta virginal com o boêmio na psicologia de Ursula, mas, no País de Gales, ela está confrontando seu próprio destino com a maturidade para desculpar os piores excessos de comportamento de Murchison. Ela alcançou um bom nível de compreensão e está pronta para progredir no nível físico – diferentemente de Ted, cujo medo de intimidade ainda precisa ser tratado.

Sua falta de desejo ou habilidade para reconhecê-lo e expressá-lo interromperá o circuito entre eles, pois a bondade imparcial do guerreiro não é suficiente. A visão anterior de Ted de ter uma esposa e filhos mostra a conclusão que ele deseja, mas está além de seu poder iniciar o processo que leva a esse fim.

A partir desse ponto, é Ursula quem assumirá o controle, tentando manter uma amizade e determinando que o próximo beijo terá reciprocidade, para o ritual poder começar. Infelizmente, Ted sente que o seu comportamento nunca será perdoado e retira-se de toda comunicação até Ursula ser sequestrada.

Londres

De volta a Londres e à região leste do país, com influência escandinava, Ted retorna à sua normalidade. Ele apoia a disputa mágica de Brangwyn com Astley e aproveita a dupla negociação, embora eventualmente resulte em Ursula cair nas garras de Astley. Trata-se de uma das descidas na escrita observacional comédica que pontua as obras de Dion Fortune, mas o perigo da situação que vem a ser desenvolvida permite a Ted responder a partir de suas profundezas mais uma vez. Ironicamente, o sabor das realidades da vida que Brangwyn e Ted concordaram anteriormente que seriam boas para Ursula é suprido não pelo alto drama, mas na casa de Astley, onde ela está lavando o degrau da soleira da porta.

A abnegação de Murchison ao lavar a escadaria depois que Ursula o dispensou é muito importante: ele é o único homem que ela conhece que teria a consideração de realizar uma ação parecida. Eles têm uma conversa altamente significativa naquela escadaria. Pela primeira vez no livro, uma opção é dada a Ursula, e Murchison é o homem que lhe dá essa alternativa. Trata-se de um reflexo da história medieval da Dama Abominável,[28] quando Gawain descobre que as mulheres na realidade querem a soberania, o direito de tomar suas próprias decisões. Murchison se oferece para ajudar, sem subjugá-la novamente. Ele reconhece os seus direitos: "Se você adiantar um passo, eu a levarei pelo resto do caminho, mas é você quem deve fazê-lo desta vez".[29]

Ela enxerga sua profunda bondade e autossacrifício de novo no ritual de magia negra, que é uma paródia de uma obra de Brangwyn de energias poderosas e equivalentes.

A casa de Astley simboliza a visão de Dion Fortune de que a magia negra está na retaguarda da evolução da humanidade, pois sua casa foi literalmente tomada pela evolução. A construção do aterro da ferrovia inundou os dois primeiros andares. O porão é sórdido, vulgar e cheira mal, um local miserável para uma audiência lasciva. É um ambiente incompleto dentro do qual Murchison toca as alturas da abnegação.

Pela primeira vez desde o ritual que causou a ligação entre ele e Ursula, Ted toca o mistério "da realidade por detrás da realidade". Suspenso como se fosse crucificado, ele assume o papel do Deus sacrificado por outro que o rejeita e odeia. Entretanto, depois dessa revelação, ele, que sempre foi um homem de ação, está indefeso na cruz.

É Ursula quem o liberta e o leva para um espaço onde eles podem planejar sua fuga; ela compartilha seu manto e pede desculpas soberanamente. Sua proximidade no escuro é seguida pela grande comédia do impasse que culmina com a influência de Fouldes sobre Ursula sendo rompida para sempre, enquanto ela o vê correndo como uma galinha apavorada da raiva de Ted. Nesse meio-tempo, Murchison danifica os pilares do porão, ameaçando significativamente a casa.

---

28. Uma história arturiana medieval de uma dama encantada em uma senhora de idade que é libertada ao ser-lhe dada a opção sobre seu próprio destino pelo cavaleiro Gawain.

29. Fortune, *The Winged Bull*, p. 204.

Depois dos sinceros agradecimentos, Ursula é mais uma vez retirada, talvez para deixar Murchison alcançar a conclusão à qual ela já chegara, ou seja, que a experiência foi um sucesso. Ursula escreve frequentemente, mantendo aberta a linha de comunicação à qual ele é incapaz de responder.

Encontrar uma casa para os Brangwyns é um remédio para a alma de Ted, mas ele perde o controle na fazenda abandonada. É quando o sol da tarde brilha sobre a velha fazenda, como também brilha na igreja em *A Sacerdotisa da Lua*, que ele percebe estar literalmente "em casa", em uma casa de sua infância e na terra de seus ancestrais.

O trabalho terapêutico de restaurar uma casa para Ursula é um período de perdão, um tempo encantado. Ted está totalmente absorvido com o que está fazendo naquele momento, e a expressão de seus sentimentos é aproveitada no plantio do jardim. Se Dion Fortune tinha ou não um conhecimento prático da linguagem vitoriana das flores, aquelas que Ted escolheu são notavelmente próprias para o momento. O absinto era a planta usada pelos homens que não conseguiam se expressar para iniciar um namoro e foi dedicado a Artemis, uma deusa que reúne os opostos – virgens e nascimento, a lua e a natureza. É a planta da natureza de Ted e de Ursula em seu poder. As prímulas que alinham o caminho simbolizam o amor silencioso, e as rosas trazem a promessa de uma vida futura juntos; pureza, agradecimento e graça das flores rosa e brancas, amor voluptuoso da onze-horas, e a rosa-mosqueta carregando a mensagem do relacionamento que estivemos acompanhando: "Eu firo para curar".

O último capítulo é o ponto culminante de sua história de amor, e, mais para o nosso ponto de vista, mostra Ursula assumindo as rédeas, iniciando uma conversa sobre o aspecto sexual do relacionamento que induz Ted nos aspectos mais profundos do casamento. Na conversa da época, ela começa "fazendo amor" como único meio de cortar as suas defesas, declarando-se abertamente para ele, exigindo uma resposta. O estilo é suave e humorístico ao mesmo tempo, à medida que eles se tornam cada vez mais íntimos: "Coloque mais água nisso. Brangwyn lhe deu uma overdose".[30] Esse é um verdadeiro relacionamento, e não uma relação idealizada. E, novamente, Murchison aceita o seu direito de liderar ao dizer-lhe para definir o passo – e ele não está apenas se referindo ao nível físico. A conversa varia muito, desde planejar o curso

---

30. Fortune, *The Winged Bull*, p. 238.

de seu relacionamento, como fazem todos os amantes, até o início do ensinamento de Ursula.

Ela explica totalmente os princípios que baseiam o Ritual do Touro Alado, a interpretação esotérica do sexo e a adoração do Deus que se manifesta na natureza. A "naturalidade do aspecto físico e a tremenda importância do aspecto sutil e magnético"[31] por trás disso farão de seu casamento um verdadeiro acasalamento espiritual, abençoado pelos deuses, e a concordância de Ted permite que haja paz entre eles. Ursula se realizou como a portadora dos dons do sagrado feminino para o masculino. O touro alado, com seu aspecto sexual, sua inteligência humana e suas aspirações espirituais, voa sem esforços: o ritual é bem-sucedido e suas bênçãos permeiam seus sonhos.

---

31. Fortune, *The Winged Bull*, p. 240.

6

TIFERET E
THE WINGED BULL

Eu sou Hórus, deus da manhã; eu ascendo ao céu nas asas da águia. Eu sou Rá no meio do céu; eu sou o sol em esplendor. Eu sou Toum do crepúsculo. Também sou Kephra à meia-noite. Assim falou o sacerdote com a máscara de Osíris.[32]

The Winged Bull diz respeito a Tiferet na Árvore da Vida: a esfera central que equilibra os pilares, o interno e o externo. Trata-se da esfera proeminente da cura, da redenção, do ensinamento e da orientação. Entretanto, algo inusitado para um livro de Dion Fortune, podemos ver uma clara ligação aqui entre esse romance e o de outro escritor – o livro é *O Arco-íris*, de D. H. Lawrence. Uma das figuras principais na obra de Lawrence, publicada em 1915, é Ursula Brangwyn. O livro baseia-se em relacionamentos entre homens e mulheres, e conclui com uma descrição poderosa de Ursula visualizando uma nova criação, enquanto um arco-íris se manifesta sobre uma triste paisagem da Grã-Bretanha urbana.

Essa imagem de um novo mundo e de um novo relacionamento entre homens e mulheres é a chave para grande parte da obra de Dion

---
32. Fortune, *The Winged Bull*, p. 12.

Fortune. No centro de *The Winged Bull* estão um irmão e uma irmã, respectivamente: Alick Brangwyn e Ursula. Brangwyn é a figura do mestre no livro, porém, por trás das cenas, Ursula é a mestre oculta. Ela é, de certa forma, a ponte do arco-íris para o mundo novo.

Existem quatro níveis para essa obra de Tiferet:

- **Malkut de Tiferet** é Murchison vagando por Londres, sem casa e sem direção.
- **Yesod de Tiferet** é o Museu Britânico.
- **Tiferet de Tiferet** é a casa de Brangwyn.
- **Daat de Tiferet** é a casa de Hugo Astley.

Malkut de Tiferet

Nesse livro, o ponto de vista da história é do personagem Ted Murchison, um oficial aposentado que não foi capaz de encontrar o seu caminho depois de ter deixado o exército. Ele está desempregado, morando com seu irmão e sua cunhada em Acton. Há um sentido de desespero e de falta de propósito ao seu redor; ele acabou por não conseguir um emprego.

A situação de Ted é assunto de Malkut – ele pode ser visto como o touro sem asas, sem qualquer lugar para colocar a sua energia. Nós o encontramos andando incansavelmente.

O caminho do submundo

Ted está no caminho do submundo, andando na neblina de Londres; tal como Hugh Paston, deixando seu corpo e seu instinto ditarem o seu caminho. As suas pernas o levam à entrada do Museu Britânico. Como o foco principal desse livro é Tiferet, o caminho do submundo não foi detalhado extensivamente; no entanto, o seu aspecto-chave é apresentado – a jornada durante a noite nas partes desconhecidas de sua psique.

Yesod de Tiferet: o Museu Britânico

O Museu Britânico é Yesod, a casa do tesouro de imagens – de uma forma estranha, aberta para a parte ao ar livre, com a neblina enchendo as galerias; e Ted, entrando no museu em meio à neblina e sendo confrontado com a figura do touro alado, comunica-se com ele. Para Ted, esse é um momento de iniciação: ele anda pela parte interna e acessa a casa do tesouro de imagens, contemplando as imagens de cura e de salvação e as imagens de transtornos. Mais tarde, descobre-se que ele tem a capacidade para transes extáticos e que, durante os anos da guerra, aproveitou-se da energia coletiva da raça para que ele e seus homens se mantivessem a salvo de situações muito perigosas. De certa forma, a guerra lhe deu um propósito e ele foi capaz de se render a essas suas energias mais profundas. Nesse momento, Ted se dirige para o reino com a permissão do touro alado como guardião e encontra as imagens em seu próprio terreno.

O touro alado é um símbolo central e o portal para os mistérios expressos nesse livro. O nome da antiga Babilônia é o Portal dos Deuses, e o touro alado com cabeça humana é uma clara imagem do iniciado iluminado de Tiferet – o humano, o animal e o espiritual ao mesmo tempo, e a capacidade de intermediar a profundeza e a altura.

O caminho alquímico

Ao sair do museu na neblina, encontramos Ted no caminho alquímico, buscando penetrar o véu. Junto a ele está a energia do touro e o poder natural da criação, que Ted usou durante a guerra para se proteger. Ele está em silêncio e total escuridão e abre-se para o potencial da vida. No momento de fazer a invocação "*Evoe, Iacchus! Io Pã, Pã! Io Pã!*",[33] Murchison penetra o véu e encontra Brangwyn, o primeiro de suas figuras educativas.

Tiferet de Tiferet: a casa de Brangwyn

Brangwyn, o velho coronel de Ted, leva-o por uma série de ruelas até a sua casa: esses são os alcances mais profundos do caminho alquímico e a entrada em Tiferet. Uma característica desse caminho é que, à medida que se aprofunda nele, você precisa penetrar o véu de Paroketh[34] e trabalhar com a experiência dos opostos.

---

33. Fortune, *The Winged Bull*, p. 12.
34. O "véu" entre o triângulo do meio da alma (Tiferet, Geburah e Chesed) e o triângulo inferior da personalidade (Yesod, Hod e Netzach).

Esse sentido dos opostos e dos mistérios encontra-se na casa de Alick Brangwyn, a qual, olhando do lado de fora, se enquadraria propriamente na rua de uma favela. Porém, ao cruzar a soleira de duas portas trancadas, ela se revela um palácio que, embora pareça compacto, é maior internamente. Uma vez admitido no local sagrado, um aperitivo é oferecido a Ted, um coquetel de sabor de sândalo, e ele é solicitado a remover suas roupas externas e vestir uma túnica. Esse é o início do processo de ensinamento: ele dá um pequeno passo à frente, dentro do que poderia ser chamado de sua personalidade mágica, refletindo que agora seria fácil invocar Pã em sua túnica verde/azul. Está sendo-lhe mostrado o caminho do camaleão, o uso da cor, do aroma e do sabor como entradas em partes mais profundas de nós mesmos.

Há um momento importante quando, cochilando em sua poltrona, Ted sente como se a face do touro alado estivesse sobreposta àquela de Alick Brangwyn. Ele presencia os dois se tornarem um só; seu braço na túnica vermelha representando o braço de poder de um deus egípcio ao qual ele havia sido atraído no Museu Britânico. O episódio é concluído com sua aceitação de um emprego como motorista, sendo-lhe oferecida uma cama em uma parte da casa de Ursula Brangwyn.

Aqui, inicia-se o ensinamento interno, pois, ao olhar um dos livros dela, *Psicologia do Inconsciente*, de Jung, Ted encontra a imagem do touro alado novamente, em uma das figuras do livro com o nome de Ursula Brangwyn. Isso é seguido por um sonho da guerra com música celestial e luzes coloridas. Tudo isso se junta em um momento de clareza durante o qual ele vê a cabeça de uma pequena mulher flutuando aos pés de sua cama, observando-o atentamente.

Esse é o início de todo um processo de desenvolvimento e interação entre ele e Ursula, no qual ela o leva mais profundamente aos mundos internos, enquanto precisa de sua energia e seu poder nos níveis externos. Quando ele volta para a casa a fim de assumir a sua função, é ela quem o recebe, acompanhando-o ao andar superior, para o seu quarto, e mostrando-lhe o jardim no telhado e a cúpula da Catedral de São Paulo. Ele também observa que Ursula está portando um pingente do touro alado, e a sua reação a esse fato o leva a contar-lhe a história toda, até o aparecimento dela em seus sonhos na noite anterior. Como resposta, ela pressente o trabalho que está por vir. O tom emocional dos relacionamentos é interessante de se notar. Ted e Brangwyn estão confortáveis um com o outro, mas Ted e Ursula não estão – um encontro de opostos no qual a antipatia tem uma parte tão importante quanto a simpatia.

O ensinamento então dá uma virada: Alick observa que precisa de uma túnica diferente para a manhã, em cores da terra, e explica mais concretamente o que precisa que Murchison faça: ele deve trabalhar com Ursula e, honestamente, recontar seus sonhos e suas experiências. Ted recorda um sonho no qual ele espanta um gato preto de seu quarto, o que Alick reconhece como sendo a imagem de Ursula, e pede-lhe para ler e contemplar vários trabalhos sobre a mitologia e a psicologia junguiana. Ele leva Ted de volta para a imagem do touro alado, convidando-o a considerar com qual ser o touro alado poderia parecer: Ted se lembra do sentimento quando invocara Pã.

O trabalho continua à medida que Brangwyn veste Ted e Ursula de verde para dançarem juntos e então mostra para Murchison aquarelas do antigo Egito e templos amazônicos, introduzindo a ideia da Atlântida e o conceito do acasalamento sacramental. Isso leva Ursula a encontrar Frank Fouldes, o seu amante anterior, mas agora um acólito negro. Ted a salva e a defende dele e de Hugo Astley, o mago negro mestre de Frank, quando eles tentam forçar a entrada do apartamento. Ted então descobre que a operação mágica na qual está engajado com Ursula havia sido tentada anteriormente por Ursula e Frank, com resultados desastrosos.

Há vários níveis pelos quais podemos compreender a história. Em seus níveis mais simples, trata-se de uma história de recuperação de perda – Ursula se recupera do trauma do trabalho mágico fracassado, e Ted, da perda de propósito e direção depois da guerra. Em um nível interpessoal, a história ensina como homens e mulheres podem trabalhar juntos magicamente, mas, talvez de forma mais profunda, revela o relacionamento entre níveis diferentes de nossa psique.

A esfera de Tiferet é a ponte da Árvore da Vida – ela é a intermediária entre a coroa e o reino, e equilibra os pilares. Ted representa o nosso aspecto externo, com nossa energia e dinamismo como um touro ferido, sem nenhuma direção.

Brangwyn e Ursula são aspectos do ego mais profundo agindo como pontes e mediadores; Alick é o aspecto cognitivo mais formado dessa ponte que nos ensina acerca da natureza do sentido da personalidade e a respeito das imagens profundas que nos levam adiante, que nos mostra a tradição interna e suas raízes no Egito e na Atlântida. Ursula é a sacerdotisa oculta, uma figura como Beatriz,[35] que constantemente nos impulsiona adiante por meio de sugestões, visões e anseio. Ela forma essa ponte entre os opostos, entre o adepto branco Brangwyn e o adepto negro Hugo; entre o homem do fogo e da terra, Ted, e o homem do ar e da água, Frank. Sua passividade aparente faz parte do ensinamento – ela é a voz do mistério, calma, pequena, generosa em sua atividade, mas potente quando despertada.

Ao se apresentar como o protetor de Ursula, podemos ver um potencial entrando em Ted, substituindo a depressão e o ressentimento que até agora tinham sido uma parte forte de sua personalidade. Brangwyn lhe ensina como conectar-se com a alma grupal da raça e a ideia da inebriação divina. A fase seguinte do trabalho começa quando Hugo Astley chama Ursula telepaticamente. Ela responde e acaba sendo contida por Murchison, que contra-ataca projetando a força psíquica de volta para Astley em uma fúria impressionante, libertando-a por enquanto de sua influência. Murchison perde a sua energia e, no dia seguinte, é visitado por Ursula, que coloca as suas palmas contra as dele e o restaura.

Na sessão seguinte do ensinamento, Alick explica o que está pedindo, para o desconforto de Murchison; e ele concorda em ser um amante, mas não um noivo. Observamos sua raiva e seu ressentimento surgindo novamente na superfície. Em níveis mais profundos, ele reconta o sonho de um zoológico e de uma pantera-negra sendo libertada, o que pode ser interpretado como a sua mais profunda ligação com Ursula e um sentimento de medo de seu poder.

Em um ritual poderoso encenado na parte mais profunda da casa, o porão interno – um templo dourado – é iluminado por seis grandes velas (Tiferet é a sexta esfera da Árvore). Ursula representa a terra durante a primavera, e Murchison, o sol que retorna, com Alick como o sacerdote que os une. Murchison passa pela experiência de ser o sol, e eles realizam a Missa do Sol, que possui considerável ressonância com o Ritual de Pã, encontrado em *The Goat-Foot God*. Naquela noite, Murchison sonha que está cavalgando um cavalo negro pelas dunas de areia e experimenta uma sensação profunda de liberdade. Ao ser perguntado, ele diz que o negro lembra o cabelo de Ursula – mostrando que, externamente, parece ser Ted que protege Ursula, mas, na realidade, é ela quem o carrega.

---

35. Beatriz di Folco Portinari (1266-1290), a principal inspiração da obra de Dante Alighieri, que leva Dante às profundezas do mundo da visão.

O caminho do deserto

O caminho do deserto manifesta-se primeiro com Ursula voltando para o País de Gales e Ted sentindo saudade dela, embora não seja capaz de admiti-lo para si mesmo (aqui, Dion Fortune faz uma referência a Aquiles, que está deprimido em sua tenda). Isso continua com uma tentativa de Fouldes para convencer Ursula a sair da pequena casa no País de Gales, guardada por um cão de fazenda, a fim de ir com ele, e Murchison dirigindo pelo País de Gales com Brangwyn para buscá-la. No processo que se segue entre Ted e Ursula, os dois experimentam seus lados mais obscuros e os encenam um para o outro. Aqui podemos ver o despojamento, uma característica própria do caminho do deserto, e o intercâmbio entre polaridades – atração e repulsão, amor e ódio, profundidade e superficialidade. Esse processo é concluído com Ursula entrando na Casa da Escuridão, o templo de Hugo Astley, e Ted seguindo-a até lá. Nesse lugar, Ursula é uma espécie de Sofia, sem nada a excluir. Em sua passividade aparente está um grande mistério. Há um intercâmbio poderoso entre ela e Murchison, que a encontra limpando o degrau da soleira da casa de Astley. Nesse momento, ele reconhece que ela deve seguir o seu caminho e ele não pode simplesmente tirá-la de lá. Ele rende-se à vontade da dama, aceitando limpar o degrau em seu lugar.

Daat de Tiferet: a casa de Hugo Astley

Aqui, o lugar de Daat, de profunda transformação, está na experiência da Missa Negra na casa de Astley. Encontramo-nos agora no Abismo, em que um ritual é realizado com Ted sendo o salvador crucificado e Ursula, o altar vivente. Há um interessante eco aqui sobre o início de *The Goat-Foot God*, quando Hugh Paston quer realizar a Missa Negra. Da mesma forma que *A Sacerdotisa do Mar* e *A Sacerdotisa da Lua* formam um par, podemos dizer o mesmo de *The Goat-Foot God* e *The Winged Bull*. *The Winged Bull* assume os assuntos mais profundos de *The Goat-Foot God*.

Somos confrontados com um quadro muito estranho e poderoso: Murchison como o sol crucificado na cruz negra de sacrifício, Ursula encapuzada com uma capa branca sobre uma túnica prateada deitada a seus pés. Somente ele pode ver o seu rosto (existe um eco aqui do encontro de Wilfred com Vivien). Conforme a Missa Negra do Touro prossegue, Ted tem uma experiência redentora, poderosa e surreal de entrega e santidade, pendurado na cruz e olhando para o rosto de Ursula. Há um momento quando toda a luz é extinta, e nesse instante Ursula o liberta da cruz, e, em um pequeno mas significativo detalhe, eles se dirigem para trás do palco e encontram o seu caminho para uma pequena sala embaixo do buraco do carvão. Não há como fugir daquele lugar, e, a fim de se aquecerem, eles se abrigam juntos embaixo da capa de Murchison. Ali então ocorre uma experiência de muita intimidade entre eles, no decorrer da qual se torna óbvio que Astley e os seus acólitos não podem tocá-los – eles foram além do Abismo ao realizar isso.

Coroação: de Daat a Kether

O caminho do deserto ainda não acabou com eles. Entretanto, ao voltar, Ursula dirige-se para uma casa de repouso, retirando-se novamente e deixando Murchison para completar a sua parte do caminho. Podemos ver o ressurgimento de seu ressentimento e raiva, e uma vontade de deixar Ursula e Brangwyn para um trabalho em Alexandria. É possível que, aqui, Dion Fortune esteja indicando que, em certo ponto, não há como fugir dos mistérios, pois Alexandria é o grande e antigo centro dos mistérios.

Murchison realiza um último trabalho para Brangwyn, que é o de encontrar um novo lar para Ursula na costa leste de Yorkshire, a sua terra nativa. Ele encontra uma fazenda em ruínas que havia sido um dos primeiros refúgios em sua infância. Em um momento de desespero por encontrá-la em ruínas, ele é tocado pelos raios do sol e percebe que esse é o lugar em que Ursula deve morar. Em um eco de Hugh Paston, ele restaura a fazenda, embora aqui esteja trabalhando não para si, mas simplesmente para ela, nada esperando em troca. Ele não apenas a restaura, mas também compra móveis e roupas, deixando o lugar pronto para Ursula. Há mais do que um eco aqui do caminho do namoro, e, nesse processo, o seu ressentimento finalmente se desfaz. Ursula vai até ele e se revela como sacerdotisa, dizendo-lhe que queria ser uma freira, e então começa a lhe ensinar o caminho do touro alado. O livro termina à medida que o ritual está sendo realizado exteriormente, de alguma forma configurando o palco para *A Sacerdotisa da Lua*.

7
A Sacerdotisa da Lua:
Profundezas e Alturas

E, enquanto ela observava, o espelho pareceu se abrir, e um novo mundo apareceu. Ela e o sacerdote que trabalhava à sua frente eram formas vastas de luz, seus pés nas escuras profundezas caóticas, suas cabeças no espaço estrelado, entre eles a terra como um altar, e as suas mãos ligadas por meio dela.[36]

A Sacerdotisa da Lua é uma realização extraordinária. Juntas, a história e as mudanças de perspectiva dentro dela produzem um veículo puro para a experiência iniciatória – de Rupert e do leitor. Examinaremos como os temas profundos são relevantes para o nosso estudo mágico.

À medida que progredimos na prática da magia, percebemos a ressonância do fluxo e refluxo na natureza orgânica do nosso trabalho. Dion Fortune estabelece o personagem principal e a sua situação e, em seguida, volta para uma aula ministrada por Lilith sobre a criação da personalidade mágica por intermédio de técnicas da psicologia. Mas essa psicologia é inspirada por uma fonte superior – as ferramentas para quebrar as correntes dos costumes da sociedade, a fim de permitir a transformação para uma vida mais ampla.

---
36. Dion Fortune, *Moon Magic* (York Beach: Red Wheel/Weiser LLC, 2003), p. 223.

Movemo-nos do tempo linear dos três primeiros livros para um passado, um presente e um futuro sinuosos, espiralados, tocando-se e retrocedendo. Visitamos e revisitamos cenas de diferentes pontos de vista, e a ação aumenta e diminui como a lua; ela flui e reflui como a maré do Rio Tâmisa e o mar em *A Sacerdotisa do Mar*.

Rupert Malcolm

Com Rupert Malcolm, o início do treinamento psicológico de Dion Fortune culminou com a criação de uma personalidade conflitada cuja jornada para uma expressão plena é mesmerizadora. Em *A Sacerdotisa da Lua*, os ressentimentos de Ted, a busca de Hugh por uma conexão íntima e a necessidade de Wilfred de se colocar a serviço do sagrado feminino são aprofundados excruciantemente, de uma forma que nos faz sentir, conforme afirma Lilith, como se estivéssemos olhando "dentro da alma de um homem". A psicologia de Rupert é dominada por sua vida anterior mais significativa: ele é o único personagem cuja encarnação passada surgiu na puberdade com histórias terríveis, carregando consigo o horror do sangue desde épocas antigas. Ele também tem um legado: embora seja um renegado, teve um papel sacerdotal e, portanto, chega à presente encarnação equipado com esse treinamento. O trabalho que ele faz com Lilith lhe permite se lembrar totalmente de suas memórias da vida passada.

O tema da morte por tortura não é novidade nos livros. Em *The Goat-Foot God*, Hugh trabalha nisso entrando imaginativamente em sua encarnação passada, mas a sua experiência visionária do sufocamento de Ambrosius logo abre caminho para a liberdade da Grécia Antiga. Em *A Sacerdotisa do Mar*, a morte faz parte da experiência de reencarnação de Wilfred; a morte por afogamento em sua vida passada parece um sonho, a culminação de uma experiência espiritual extática que transcende o seu horror. É depois da visão que o resultante ataque de asma torna-se o portal para a sua visão dos deuses do mar. Em *A Sacerdotisa da Lua*, entretanto, a morte passada de Rupert não é deixada aos elementos – água e ar. Como um deliberado sacrílego, a sua morte é lenta e agonizante nas mãos dos homens. Nesse processo, ele é confrontado pela sacerdotisa violada. Isso é deliberadamente equiparado com a sondagem forense de Lilith durante o seu primeiro encontro nas salas de consulta. Mais tarde, ela observa pontos importantes a respeito da interpretação moderna de "sacrifício" por meio dessa justaposição.

As agonias da vida passada de Rupert são refletidas em suas contínuas humilhações, as quais são exacerbadas por serem testemunhadas por Lilith. Pela primeira vez na ficção de Fortune, temos a percepção de um homem genuinamente perigoso. Rupert foi levado até o limite; ele poderia facilmente se vingar do mundo e das mulheres por meio de Lilith, por causa das maldades que ele experimentou.

Cada resposta emocional – o combustível do trabalho mágico – é poderosa, porque Rupert é mental, ética e fisicamente mais forte do que os personagens anteriores. Ele tem uma grande reserva de energia e é mais frustrado e, portanto, mais perigoso. Derradeiramente, muito mais depende do resultado dos rituais entre Lilith e Rupert, pois o foco mágico do livro é conscientemente alinhar e injetar energia nova na alma coletiva da humanidade.

A história exterioriza as técnicas da magia. Rupert consegue andar sobre as águas durante suas viagens no astral; ele infiltra as profundezas do templo interno guardado magicamente por Lilith e consegue uma manifestação parcial. Em segurança dentro do templo dela, sua mente treinada rapidamente o leva para as profundezas astrais e o espelho mágico lhe permite direcionar a comunhão com a deusa Ísis.

O nosso envolvimento emocional com Rupert estimula-nos a pensar quais partes de nossa personalidade foram deformadas em seu crescimento. Haverá muitos passos incrementados que nos afastaram do caminho do chamado de nossa alma. A maioria será feita de nossa passividade como a de Hugh, tomando a linha de menor resistência e realizando as expectativas dos outros; ou da falta de oportunidades de Ted e seus subsequentes ressentimentos; ou Wilfred tendo que arcar com responsabilidades injustas logo no início da vida; e alguns poderiam ser responsabilizados pela crueldade de nossos companheiros humanos. Porém, podemos manter todo esse conhecimento gentilmente, pois também temos dentro de nós a Sacerdotisa da Mãe Negra, que pode nos apoiar pelo processo de reexpressar essas energias de forma criativa. Com disciplina e distância, não nos identificaremos pessoalmente com o nosso passado de uma maneira que revisita o desespero; ao contrário, a parte de nós que é Lilith nos protegerá até emergirmos, assim como Rupert, em transformação mágica.

Ética e modos de praticar

Trabalhando para a corrente evolucionária, não estamos nos preocupando com os fenômenos psíquicos vívidos que colocam em perigo a sanidade de Rupert. Tal como Hugh diz no livro *The Goat-Foot God*: "Espera-se que os fenômenos psíquicos sejam razoavelmente tangíveis e tenham algo de milagroso a seu respeito... Não temos nada que possa ser uma evidência... Mas mesmo assim tivemos, ou pelo menos eu tive, algumas experiências bem drásticas. Eu não pude prová-las para quem quer que seja, e não sou idiota o suficiente de tentá-lo, mas estou bem satisfeito a esse respeito na minha mente".[37]

Existe uma diretriz aprendida bem no passado no lugar de Malkut, a terra. Desejar e trabalhar para "efeitos" e considerá-los como algum tipo de prova quando aparecem é deixar de enxergar o ponto. Eles virão, como experiências genuínas, e os manteremos ligeiramente em seu próprio plano – nos reinos imaginários que são tanto subjetivos quanto um elo para uma realidade invisível mais ampla. Aprendemos a viver e a respeitar os paradoxos. Quando estamos verdadeiramente em casa, em nosso espaço interno, isso se torna parte de nossa compreensão profunda, uma aceitação e liberação no mistério que não pode ser compreendido racionalmente. A intensa emoção na história indica a profundeza da experiência que podemos realizar nos planos internos, e o estado mental de Rupert simboliza o nosso profundo desejo por conexão. O corolário é, conforme Rupert descobre, que o resultado de trabalhar será uma experiência da paz que ultrapassa toda a compreensão. Entramos em nosso lugar de direito como conectores valiosos e válidos para os trabalhos mais amplos do Universo. Viver com esse conhecimento é o nosso lugar de derradeiro repouso.

Vidas passadas

A jornada de Rupert está enraizada em uma vida passada seminal – portanto, a nossa história de vidas passadas é relevante? Sentir que precisamos investigá-las pode igualar-se à interferência de Rupert em seu processo consultando o pensador da Nova Era: não ajuda e pode bloquear o processo para nós. Todo o impulso desse trabalho é o de

---
37. Fortune, *The Goat-Foot God*, p. 366.

liberar os tentáculos de uma cultura auto-obsessiva de nossa psique, para nos colocarmos em uma arena mais ampla; analisando dessa forma, é possível comprovar uma ilusão centrada na personalidade, que pode facilmente nos encantar.

A nossa realidade presente é que, por algum motivo, nascemos com um instinto para conscientemente tentarmos nos unir aos processos mais elevados do Universo, para avançar em nosso desenvolvimento espiritual e beneficiar a humanidade. Parece grandioso colocá-lo por escrito, mas trata-se de um instinto sincero que precisamos satisfazer para nos sentirmos completos. Faremos isso no melhor de nossas habilidades desenvolvidas nesta vida ou em vidas passadas. Talvez sejamos almas antigas afortunadas que aqui estiveram muitas vezes antes, ou talvez sejamos almas muito jovens. Apenas a escrita que convida à especulação – mas isso seria em áreas que ninguém pode saber a verdade. Qualquer que ela seja, a nossa única preocupação seria a de assumirmos o nosso lugar de direito. E, se qualquer informação se tornar relevante de outras vidas, dos planos mais altos ou de alguma outra fonte misteriosa, podemos estar certos de que conseguiremos obter a mensagem. O mais claro é a prática disciplinada, não focalizando a nossa linha pessoal, mas o bem maior. Quando continuamos o trabalho, as ferramentas de que precisamos se tornam disponíveis.

O alojamento mágico

A descrição de Lilith da construção do templo nos mostra como preparar um espaço mágico, tanto na intenção e na atitude como na própria imagem específica – pilares, mobiliário, espelho, lâmpada, altar, símbolos planetários, etc. Ela nos diz que isso é um modelo de uma loja mágica e trata-se de algo mais simples do que os templos da Golden Dawn que Dion Fortune teria presenciado durante o início de sua carreira no ocultismo.

Cada geração possui seus próprios requisitos: com receitas limitadas e casas pequenas, a maioria de nós se compromete, e, sem um treinamento formal aplicado por uma loja mágica, os instrumentos tradicionais podem não ser considerados relevantes. Porém, *A Sacerdotisa da Lua* está sempre disponível para nós como uma ferramenta de referência para muitos tipos de trabalhos mágicos.

Não precisamos de um espaço reservado para usar a psicologia da cor e do aroma para efeito de transformação; por mais simples que sejam as ferramentas disponíveis, tal como Brangwyn, Wilfred e Mona, nós mesmos escolhemos e criamos com discernimento. Como Lilith, progredimos vagarosamente, preferindo a clareza e a escassez do ideal clássico até encontrarmos os implementos perfeitos. Uma vez escolhidos, podemos manter os nossos artefatos do templo em uma caixa ou em um armário, salvo quando estamos trabalhando. Sem a ajuda inestimável do sr. Meatyard, somos responsáveis pela limpeza simbólica e física essencial do espaço antes de começarmos, e por devolvê-lo à sua ocupação cotidiana ao terminar o trabalho. E nós manteremos em perfeitas condições o nosso equipamento do templo, ou seja, uma lanterna, uma toalha para o altar e utensílios.

Para estabelecer um espaço do templo, olhamos para o dormitório, o estúdio e o espaço debaixo das escadas com novos olhos. As alterações que fazemos, mesmo que sejam temporárias, o estabelecerão como "estando no mundo, mas não sendo do mundo". Tal como o templo de *A Sacerdotisa da Lua*, ele será totalmente camuflado do mundo rotineiro, um local sagrado para nos conectarmos quando, como Lilith, estamos aguardando em fé para que se apresente o próximo estágio do trabalho. O livro nos avisa sobre percorrer essa incerteza, fundamentando-nos na ação prática: assim como Lilith costura e cozinha, anda e recolhe, nós também podemos fazê-lo – ou podemos fazer jardinagem, andar na natureza e observar a Terra, o céu e a lua.

As propriedades das marés do rio

As profundezas do mar (representadas pela maré do Rio Tâmisa) são vitais para *A Sacerdotisa da Lua*, tornando-nos cada vez mais conscientes da natureza essencial das conexões elementais. A água das marés do Tâmisa e a quase queda surpreendente de Lilith no rio trazem alegria, lembrando-nos dos semelhantes surgimentos de sentimentos – vento forte no topo da colina, ondas invadindo a praia, a descoberta de uma profunda caverna e a resposta extática de cada poro para um sol de verão brilhante. Em *A Sacerdotisa da Lua*, o elo elemental é da água e da terra profunda, mas, para nós, os quatro elementos estão todos igualmente disponíveis. O fato de nos envolvermos emocionalmente com eles não apenas nos dá poder, mas também reflete a nossa compreensão das marés e da natureza orgânica de nosso trabalho: as correntes profundas da terra, do mar e do céu e os movimentos do cosmo.

Contratos e relacionamentos

Parte do trabalho de Rupert é se livrar dos relacionamentos passados que o minam. Sua lealdade para com Lilith surpreende-a – enquanto assume as responsabilidades atuais, ele se oferece a ela incondicionalmente. Mas, por causa de um traço de sua natureza, ele também deve se oferecer para sua esposa. Essa foi uma escolha tola, e, olhando para trás em nossos próprios contratos anteriores, descobrimos quantas vezes fizemos isso. Temos de desembaraçar gentilmente nossas expectativas iniciais de relacionamento no nível humano e ter certeza de que nossas lealdades atuais ainda sejam apropriadas e alimentem nosso crescimento.

Para Rupert, existem três estágios para compreender essa ligação primária de sua alma. A primeira instrução vem da parte externa do mundo, quando o médico lhe dá permissão para se afastar de sua esposa. Essa liberação, ironicamente, coloca-o fora do caminho, pois até mesmo uma ligação que pouco nos ajuda proporciona uma estrutura às nossas vidas. Mas, à medida que começamos a priorizar o trabalho oculto sobre relacionamentos incompassivos, utilizamos a disciplina de Lilith para parar o desvio. Em segundo lugar, Rupert finalmente percebe a sua irrelevância à vida de sua mulher e a perda do seu longo sofrimento, que lhe permite reavaliar o seu código rígido. Em terceiro lugar, a liberação é quando ele salva a vida dela em sua mente, pagando-lhe qualquer dívida residual. Esse pagamento final é rapidamente seguido de sua morte e sua liberação do contrato. Mas, tipicamente, o luto leva-o a voltar para trás, para atitudes e eventos passados. Se experimentarmos circunstâncias, respostas e reações semelhantes, devemos simplesmente ser pacientes, permitindo e observando o processo. Estamos conscientes de que o tempo virá quando um raio repentino, ou apenas um empurrão nas costas, nos levarão de volta para a disciplina do caminho – mantendo os nossos sentidos em alerta para qualquer mensagem.

Pelo nosso trabalho, desenvolvemos um relacionamento produtivo com os nossos egos interiores, nosso sacerdote e nossa sacerdotisa internos, a fim de nos juntarmos ao trabalho da humanidade maior e da evolução. Esses são relacionamentos que não nos afastam do mundo, mas, ao contrário, nos permitem voltar de estados meditativos renovados e prontos para os desafios maravilhosos da vida. Como resultado, abrimos conexões que farão com que o nosso cotidiano seja permeado pela consciência maior. Isso parece muito simples, mas trata-se de um trabalho de toda uma vida.

Ísis e Osíris

Nos primeiros livros, os personagens estavam sob os auspícios dos deuses e das deusas. Em *A Sacerdotisa da Lua*, o mito de Osíris inspira a ação e explica a redenção de Rupert. Aqui, o grande rei Osíris é morto por seu irmão, o ruivo Set, e então é ressuscitado por obra de sua irmã-esposa, a deusa Ísis.

Em sua vida passada, o ruivo Rupert é o sacerdote de sacrifícios. Depois de sua violação e assassinato da sacerdotisa, ele se apossou de alguns elementos do terrível e ciumento deus Set, o provocador da destruição. Na antiga encarnação, ele se apossou do que não tinha treinamento para entender ou avaliar, e o sacrilégio foi o de trabalhar a partir do seu desejo humano egoísta, e não de uma função sacerdotal superior.

Nessa encarnação presente, entretanto, a sua principal correspondência é com Osíris, assassinado, esquartejado e espalhado pelas vicissitudes da vida. O treinamento calvinista inicial de Rupert, a profissão perdida de capitão do mar, um casamento sem amor e seu desconfortável relacionamento no atendimento médico, que ele praticava como reparação por seus erros, todos eles causaram uma completa fragmentação da sua psique.

No início do livro, Lilith reflete a incansável busca da deusa Ísis por seu parceiro perdido pelos mundos, e a sacerdotisa, sombria companheira, que a visita periodicamente proporciona a ajuda oferecida pela irmã da deusa, Néftis. Durante esse período de espera e de costura das partes espalhadas pelo mundo, o brilho do diamante negro e o da pérola negra de Lilith lembram-na das duas deusas: é então que, pela primeira vez, ela experimenta a presença de Rupert por meio da projeção astral. Uma vez encontrado, ela emula o seu divino patrono, gentilmente reunindo as partes espalhadas da psique de Rupert, ensinando-lhe a arte da conexão mágica.

Rupert, tal como Osíris, foi emasculado por seu não casamento e sua moralidade puritana: sua necessidade natural de satisfação sexual não pôde ser realizada. No entanto, Lilith, novamente seguindo Ísis, cria uma função viril substituta para ele – nesse caso, os rituais da magia evolutiva superior. Esses rituais avançados lhe permitem conectar-se diretamente com a essência que é contatada durante o sexo, resultando em uma união espiritual. Tal como nos outros livros, a prova de seu sucesso está na paz perfeita proporcionada aos seus expoentes.

A falta de casamento físico nos permite investigar o esforço mítico tão bem entrelaçado, levando-nos para além do dar e receber no relacionamento humano constante dos outros livros. Fortune nos diz, por intermédio de Lilith, que o ato sexual não é mais apropriado entre sacerdote e sacerdotisa: "Essa época já passou. A evolução progrediu. Estamos hoje em Aquário, signo do ar. Os trabalhos são astrais... É por isso que existe o ideal do celibato na vida religiosa em vez do antigo ideal da fecundidade. A sacerdotisa está instalada no astral".[38] Ela também nos diz a respeito da prática atual que "o uso da mulher atual como a deusa é alta magia tântrica, e raro".[39] Ela está se referindo de maneira específica ao ritual no qual Rupert naturalmente convoca Lilith e Ísis para o início do trabalho com o espelho, mas não houve qualquer separação entre as duas, como ele havia pensado anteriormente, apenas uma compreensão gradativa de suas qualidades e seu potencial.

Há um movimento dimensional sutil para a frente e para trás no livro todo que insiste em Lilith ser tanto Ísis quanto a sua antiga sacerdotisa. Em um reflexo das formas de Ísis – a Deusa da Natureza sem véu e a Mãe Profunda do céu estrelado com véu –, Rupert a enxerga constantemente como a forma sombreada que se torna a invisível desafiadora para o espírito regenerador da vida.

Podemos ver a jornada do adepto e a maneira como cresceu o estado mítico da empobrecida Vivien, que se torna adepta da magia em *A Sacerdotisa do Mar*, convertendo-se na presente Lilith. Em *A Sacerdotisa do Mar*, Wilfred fala do potencial de compartilhar o pensamento em silêncio a fim de dar-lhe poder em uma dimensão diferente;

---

38. Fortune, *Moon Magic*, p. 127.
39. Ibid., p. 175.

em *A Sacerdotisa da Lua*, a experiência viva disso, "a experiência em telepatia", é o real motivo.

O Rio Tâmisa também é o Nilo; a busca ao longo da margem também é a procura por um sacerdote renegado. A longa espera de Lilith por seu sacerdote é a busca de Ísis por Osíris, e Rupert é o sacerdote despojador do passado com a natureza ciumenta de Set. Quando ele, o macho impotente, tenta dominar o ritual, Lilith o controla arqueando o poder de volta do nível pessoal para os níveis superiores. Em *The Winged Bull*, o perigo dos impulsos subconscientes de Hugh causa preocupação a Jelkes pela segurança de Mona. Hugh aprende a fundamentá-los por meio de seu trabalho solitário na abadia Monks Farm, mas os níveis arquetípicos primitivos de Rupert vêm à tona no ritual, e os seus processos civilizados estão em aguardo. Lilith sabia que "os níveis de consciência estavam coalescendo – o subliminar e o superliminar".[40] É um estado tenso, mas, com Lilith firmando o poder, os níveis se juntam na compreensão de Rupert.

Finalmente Rupert adquiriu o direito de entrar no ritual como sacerdote reconhecido, e não como um ladrão na noite. Seu papel está definido: ele deve descer ao Inferno para soltar as forças elementais para a sacerdotisa. Aqui temos a única cena da vida passada do sacrifício real de outro ser humano, imediatamente se movendo para a morte agonizante de Rupert, e a cena de sua desagregação na sala de consultas – cenas apreensivas que são colocadas juntas deliberadamente. Elas apresentam a progressão do pensamento mágico e ético nos dias de hoje: que o único sacrifício relevante é o do próprio ego. Isso pode vir a ocorrer por meio de uma variedade de formas, mais frequentemente com o tempo, o esforço e o comprometimento. Mas Lilith é inequívoca quanto à responsabilidade no trabalho de ocultismo: "Já desmaiei tantas vezes no caminho do medo... Não me importo [com o perigo] quando estou sozinha. Mas sou o sacrifício! E é a esse pensamento que me agarro. Se alguma coisa der errada, sou a primeira na linha de fogo".[41]

Na cena da tortura e morte de Rupert, há um sacerdote que possui uma visão de longo alcance e é mais sábio do que os outros. Isso pode equiparar-se à voz profunda do nosso autêntico ego, livre dos costumes e das leis do tempo e do espaço, mas atada aos costumes e às leis da

---

40. Fortune, *Moon Magic*, p. 220.
41. Ibid., p. 143.

evolução cósmica: a promessa é que o tempo virá para aqueles que agiram cedo demais e sofreram por causa disso. Por meio de sua experiência ritualizada, o próprio impulso de Rupert torna-se um com o da força primordial, o que leva ao casamento cósmico.

Rupert sofre uma morte simbólica; Lilith arruma os seus membros como se fossem para um enterro, velando o corpo, tal como fez Ísis com Osíris, e sentindo a vida fluir nele de volta. Depois da vigília, ele a compara com a sua própria múmia, que se transforma em uma linda e jovem mulher, magicamente se revivificando diante de seus olhos. Na interpretação do mito por Dion Fortune, a Ísis mumificada fez isso para seus adoradores – significando que a Deusa se mantém estática até o momento certo para o retorno de seu culto. Rupert diz que eles pagaram o preço por trazer algo de novo ao mundo. Tal como Ísis e Osíris, que trouxeram à luz a nova era, seu relacionamento mudará, mas continuará sendo uma parceria mágica.

Lilith promete que, como o ritual lhe proporcionou paz – a paz que supera toda a compreensão –, o ritual seguinte lhe proporcionará força, pois ele passará a "aprender a amar como amam aqueles que estão livres da Roda do Nascimento e da Morte",[42] que é a próxima fase. Essa fase leva à sua verdadeira compreensão de si mesmo como uma parte da natureza, a um nível que nunca foi desconectado da alma da terra. Ela proporciona a liberdade da personalidade e uma aceitação do que é uma verdadeira conexão com todo o cosmo. O conhecimento é fornecido em um lampejo – não canalizado pela mente racional, mas com um entendimento profundo que vai além das palavras. Isso se equipara à jornada mítica pela qual Osíris se move nas profundezas para governar o submundo depois de sua ressurreição e do acasalamento mágico.

Enquanto Ísis e Lilith continuam ajudando a orquestrar um mundo em mudança, tanto Osíris quanto Rupert providenciarão o poder das profundezas. Tal como Ísis e Osíris juntos levaram alimento ao mundo antigo – cevada e milho, vinhas e uvas e o conhecimento de como plantar ao longo das férteis margens do Nilo –, Lilith e Rupert, trabalhando sua magia às margens do Rio Tâmisa, continuarão a alimentar a sociedade estéril na qual eles vivem. Da união de Ísis e Osíris vem Hórus, o governador de uma nova era, enquanto Lilith e Rupert continuam progredindo no trabalho de trazer à luz um novo paradigma para a era vindoura.

---

42. Fortune, *Moon Magic*, p. 228.

8
DAAT E *A SACERDOTISA DA LUA*

Ele sabia que, em seu íntimo mais profundo, havia um nível que nunca se separara da alma da terra... e sabia que, ao nível espinhal, ele também pertencia à Natureza, e que, através do canal desse tubo oco, a Natureza o usaria.[43]

A Sacerdotisa da Lua é o livro culminante e trata dos temas dos outros três livros de uma forma mais profunda. Nele, segredos são revelados e aprendemos a respeito do mistério do sacerdócio: o que significa ser um adepto e o caminho que leva para esse lugar. Há muito mais nesse livro do que ele aparenta a princípio; portanto, repetir e prestar atenção à leitura proporcionarão bons frutos. Nele, Dion Fortune reprisa os temas dos outros três livros. Há Rupert, que é introduzido nos mistérios em razão da um casamento sem amor; podemos vê-lo aprendendo a arte de trabalhar com as imagens internas e participando de um ritual de renovação. A diferença nesse livro é que os mistérios são revelados, o que nos leva adiante para as profundezas. Dizem que esse livro foi terminado mediunicamente, depois da morte de Fortune, e, de certa forma, é o que trata dos mistérios da morte. A história concentra-se ao redor das esferas, conforme segue:

- **Malkut** é Rupert Malcolm, que fez o máximo que pôde em seu infeliz casamento com sua esposa doente e em sua vida frustrada, e Lilith Le Fay, que procura manifestar os mistérios maiores.

---

43. Fortune, *Moon Magic*, p. 223.

- **Yesod** é o aterro e o rio, que tanto é o Tâmisa quanto o Nilo.
- **Tiferet** é a casa de Lilith – a igreja convertida.
- **Daat** é o quarto superior da igreja, onde os mistérios são celebrados.

O processo principal considerado nesse livro é a consagração de um homem e de uma mulher como sacerdote e sacerdotisa e seu encontro em um ato de união e bênção. Esse é o sagrado matrimônio de *The Goat-Foot God* em um arco muito mais alto, a realização das imagens de *A Sacerdotisa do Mar* e a cura de *The Winged Bull*. Todo o processo nos é mostrado passo a passo, assim como as figuras que nele representam aspectos de nós mesmos, então devemos tomar em consideração até os mínimos detalhes.

A sephira Daat representa a fusão dos opostos, a queda no Abismo – a experiência de estar perdido no labirinto do raciocínio discursivo e, ao mesmo tempo, o movimento de transformação para o não dual. Todo o trabalho é reprisado, explicado e estudado nas mais poderosas profundezas. De certa forma, Daat detém o mistério da imaginação criativa incorporada, e, à medida que acompanhamos a história do livro, somos instruídos em como trabalhar com ele, como desenvolvê-lo e, finalmente, o mistério da morte, da união e da ressurreição.

A narrativa do livro ocorre em Londres, mas talvez não na Londres que nós conhecemos. Essa é a Londres arquetípica de Arthur Machen e Charles Williams:[44] a pólis (cidade-estado) como os bizantinos a teriam conhecido – ou seja, como ícone e partícipe do universo maior. Começamos pelo centro da cidade no aterro, logo abaixo do rio, no obelisco Agulha de Cleópatra. Diferentemente, esse livro tem o ponto de vista de dois personagens: dr. Rupert Malcolm, um médico especialista em sistema nervoso, e Lilith Le Fay, uma adepta de magia que procura trabalhar com os mistérios superiores. Em *A Sacerdotisa do Mar*, ela trabalha com Wilfred a fim de incorporar o seu ego mágico, e, em *A Sacerdotisa da Lua*, encontramos esse ego em expressão e continuando o seu trabalho no mundo.

---

44. Novelistas de fantasia influentes do início do século XX, cujos trabalhos tratam da fusão do cotidiano com a realidade mítica.

Ela é significativamente renomeada da obra *A Sacerdotisa do Mar* para Lilith, a primeira esposa sombria e misteriosa de Adão. Portanto, no plano de fundo do livro, os mitos do Éden e de Ísis foram entrelaçados pela adepta, que porta o nome de Lilith e que trabalha os mistérios da Ísis Negra. À medida que exploramos a história, vemos como os dois mistérios se completam no trabalho final de Lilith e de Rupert no quarto de cima da igreja. Os mistérios das duas tradições tratam das questões de fragmentação e perda de perfeição, e neles o sagrado feminino sombrio é a força que salva. Existem ressonâncias do Cântico dos Cânticos[45] nesse livro, assim como o desenrolar das formas e práticas do templo da Ísis Negra.

Rupert Malcolm e a sua mulher inválida são de fato o moderno casal Adão e Eva vivendo no mundo de separação e fragmentação; ele é incapaz de realizar um casamento verdadeiro, ou seja, com Lilith, a primeira esposa de Adão e servidora de Ísis.

Entretanto, no início tanto Rupert Malcolm como Lilith estão lutando com as dificuldades de Malkut. No caso de Rupert, além de um casamento infeliz e da frustração sexual, ele foi muito longe em sua profissão e não conhece mais o caminho adiante – de fato, trata-se de uma crise de meia-idade. No caso de Lilith, ela está tentando encontrar um lugar e um parceiro para trabalhar os mistérios maiores a fim de poder trazer de volta a energia da Ísis Negra ao mundo.

Existem nesse livro três importantes seções:

- **Um Estudo em Telepatia:** contada a partir da perspectiva de Rupert e na qual aprendemos formas de sonhar na vida interior e exterior. Nesta seção, a jornada é descrita a partir do mundo exterior, por meio do caminho do submundo para Yesod, e adiante, por intermédio do caminho alquímico para o templo em Tiferet.

- **A Senhora da Lua:** contada do ponto de vista de Lilith. Nesta seção, somos treinados nos mistérios. O processo pelo qual Rupert está passando é descrito a partir de outra perspectiva. Nós testemunhamos os estágios da encarnação da sacerdotisa: encontrando e criando o templo, penetrando os sonhos do sacerdote e atraindo-o para ela.

---

45. Também chamado de *Cânticos de Salomão*, do Antigo Testamento; em certo nível, trata-se de um diálogo entre amantes.

- **A Porta sem Chave:** contada por ambos os pontos de vista, por meio dos quais entramos nos mistérios de Ísis e voltamos com Lilith para o jardim primordial.

Essas frases em negrito podem ser usadas para contemplação a fim de ajudar a nos lembrar da estrutura profunda do livro.

Um Estudo em Telepatia

Somos encorajados a sentir com Rupert sua profunda frustração e o seu bloqueio. Nós o encontramos em uma cerimônia de graduação com os seus colegas, trocando de roupa, deixando os estudantes e saindo da faculdade para caminhar por Londres e para os seus aposentos em Pimlico, perto do aterro. Se não formos cuidadosos, poderemos não perceber o limiar que aqui é cruzado, à medida que ele abandona a sua roupa acadêmica e interrompe a sua rotina normal. Pela primeira vez, ele se dirige para longe da margem do rio e começa a pensar em "um estudo em telepatia".

Quando Rupert troca de roupa e sai, dirigindo-se para o rio, ele está se afastando da rotina cotidiana e penetrando nas profundezas. Começa a realizar a sua jornada pelo submundo, e move-se do mundo exterior de Malkut para as profundezas fluidas e reflexas de Yesod por meio do aterro do Rio Tâmisa e da mulher de capa que anda à sua frente na neblina. Ao trocar seus trajes e sair sem nenhuma carteira no bolso, ele está se dirigindo nu para esse lugar: Rupert é abandonado aos seus próprios recursos físicos e deve voltar para casa andando.

Descobrimos que o único refúgio em sua vida cheia de deveres é um sonho recorrente que surge durante o sono e quando está desperto, com panoramas enevoados e a figura de uma mulher vestindo uma capa e um chapéu de abas largas. Dion Fortune reprisa algumas das partes iniciais de *A Sacerdotisa do Mar* à medida que Rupert se comunica com o rio e deixa que ele carregue sua consciência para o mar. A experiência de andar no crepúsculo e realmente encontrar a mulher de capa de seus sonhos à sua frente catalisa-o externa e internamente: ela se torna o seu guia espiritual no mesmo momento em que a sua mulher, por intermédio de seu médico, pede-lhe para não mais visitá-la.

Rupert é largado com seus recursos interiores e passa seu tempo revisitando os sonhos e as experiências no despertar, de maneira que a mulher das brumas torna-se cada vez mais real. Ele descobre que não pode ordenar o seu aparecimento, mas deve preparar o lugar para visualizar vivamente a margem do rio, suas árvores, a bruma e o rio. Todas as noites antes de dormir ele começa a imaginar-se andando ao longo da margem do Rio Tâmisa – uma ressonância de Lilith, que aproveita o seu passeio noturno ao templo antes de dormir. Depois de algum tempo, há um momento-chave quando ele sai do hospital para ver o surgimento de Vênus, a estrela vespertina. Ele sai para acompanhar a estrela, esperando ver a mulher de capa. Embora não a veja, percebe a igreja do outro lado do rio. Depois disso, segue a mulher no crepúsculo, perdendo-a em duas outras ocasiões, até a terceira vez, quando ele a segue de volta para dentro da escuridão da igreja. Ela então o desafia e pede que se retire.

Esse é o momento quando as realidades interna e externa se juntam. Rupert volta para o seu quarto e contempla a igreja: em um instante, ele se encontra dentro da igreja, olhando para o quarto da misteriosa senhora da lua. Isso é seguido por uma visão direta de sua face, quando ela lhe diz que tudo está bem, abrindo um novo estágio no qual ele começa a se comunicar diretamente com ela, e que culmina com sua aparição física em seu escritório.

Essa primeira parte do livro nos apresenta um processo interno poderoso em comunhão entre a nossa parte interna e os aspectos mais profundos. Aqui, em uma forma concentrada, estão todos os processos dos livros anteriores. Tratamos do sentido da fragmentação e da perda que representam a morte e a dispersão de Ísis e de Osíris, além da perda do Jardim do Éden.

Para começar o processo de reparo, a dor e a frustração da situação devem ser sentidas e deve ser permitido que sejam impactadas. Então, a parte de nós que é Adão, infelizmente fundida em nós, deve tirar sua roupa e se conectar com o rio profundo que flui pelo centro da cidade eterna; ele junta a margem leste dos vivos com a margem oeste dos mortos. O trecho do Rio Tâmisa que eles percorrem faz uma curva a fim de separar o leste do oeste, com a residência de Rupert do lado oeste e o templo de Lilith do lado leste. O processo de conexão envolve adentrar e, em sonho e visão, tentar alcançar o feminino sombrio; precisamos estar prontos e persistir a fim de, eventualmente, encontrar o caminho para cruzar a terra dos mortos para a terra dos vivos e descobrir o nosso caminho para o templo da mulher sombria que nos incentiva a ir em frente. Esse é o mesmo processo que Jung defende quando usa a imaginação ativa a fim de guiá-lo para a experiência viva de sua alma.

Rupert está vivendo no templo de Yesod enquanto está explorando o lado escuro da mente; o momento de observar Vênus é quando ele começa sua jornada ao longo do caminho de Yesod para Tiferet. Eventualmente, ele é levado, pela mulher sombria, a cruzar a ponte até o limiar do templo, mas é rechaçado e volta atrás. De qualquer forma, ele espera no limiar, aprofundando a sua percepção da mulher sombria e cada vez mais rendendo-se, até ela levá-lo a cruzar a soleira.

Quando Rupert retira seu traje acadêmico, Dion Fortune está descrevendo simbolicamente um processo psicoespiritual de mover-se do mundo das conchas e dos fragmentos para um novo estilo de vida. Esse é o processo que precisamos seguir, movendo nossa atenção para o nosso interior, a partir do nosso lado do rio.

O outro lado da moeda – o lado mais fácil de ser ignorado – é a atenção vinda em nossa direção a partir do aspecto mais profundo de nós mesmos em Tiferet. Essa é a presença da senhora da lua, primeiro se manifestando pelo caminho do submundo, entre Malkut e Yesod, e depois de modo mais dinâmico no caminho alquímico, entre Yesod e Tiferet. As imagens aqui são cabalisticamente interessantes: temos o homem de vermelho flamejante sentado a oeste, na Casa da Lua, enquanto a senhora da lua está sentada em Tiferet, a Casa do Sol, juntos fazendo alquimia.

O livro descreve o estudo em telepatia como a comunhão entre as nossas partes conscientes, inconscientes e supraconscientes. O encontro do fogo e da água, da lua e do sol, do homem e da mulher, no escritório de Rupert, cria uma catarse de transição. Podemos entender o que está sendo descrito aqui como uma morte e ressurreição, que também ressoa no Cântico dos Cânticos – o casamento do homem com a mulher –, a união da lua subconsciente com o sol supraconsciente.

Nesse ponto, passamos para dentro do templo, na presença da senhora da lua; e, como leitores, sentamos no lugar de Rupert no momento em que ela retira o véu de Ísis.

A Senhora da Lua

Agora a figura de Lilith Le Fay nos é revelada, percorrendo a mesma jornada de Rupert, porém a partir de outra direção. Começamos no lugar de mistério onde a forma da sacerdotisa interna nos é revelada – um paralelo interessante com *The Winged Bull*, que conclui com a revelação de Ursula Brangwyn como sendo a sacerdotisa e a mestre do ritual. *A Sacerdotisa da Lua* continua essa história, mostrando-nos a figura de Lilith como a sacerdotisa sem idade. Dizem que ela tem aproximadamente 120 anos e que foi, certa vez, considerada a sacerdotisa de todo o mal. No futuro, ela espera ser identificada e venerada como a Deusa. Ela diz que é de sangue bretão e atlantiano, uma adepta menor na história de Wilfred Maxwell, mas agora uma adepta plena e sacerdotisa da Ísis Negra. A Ísis Negra é Binah na Árvore da Vida. O que estamos vendo é a aparência da sacerdotisa por meio do portal de Daat, e, à medida que a seguimos, ela se torna cada vez mais vívida para nós. Essa é a descida pelo caminho do deserto, de Daat para Tiferet, onde encontramos o templo. Na história, essa é a igreja desafortunada e sinistra cuidada pelo sr. Meatyard, o templo e o guardião manifestos. Assim que ela está para encontrar a igreja, seu caminho literalmente cruza com o caminho de Rupert.

Observamos a arte de construir o templo, primeiro nos níveis externos, como a triste igreja apocalíptica reformada sob a direção da sacerdotisa. Há uma viva descrição de seu banheiro, lugar de limpeza e purificação, e da grande sala com a sua lareira. A sacerdotisa toma posse do templo e, assim que ela passa a viver ali, percebe Rupert do outro lado do rio, e o caminho de Tiferet para Yesod começa a se formar. Há um momento muito significativo depois de um passeio, quando ela considera Rupert e a vida frustrada que ela sente, o que a leva a uma contemplação mais intensa a respeito do bloqueio das raízes profundas da vida. Ao voltar para a sua sala, é isso que ela encontra:

> Pela alta janela sem cortinas do lado leste, a lua cheia estava brilhando... Um velho tapete persa cobria o piso escuro polido e, no seu centro, havia uma mesa mourisca com um grande vaso raso de vidro dentro do qual havia lírios flutuando. A luz do luar brilhava sobre o vaso e um raio de luz estava focado sobre a curva do vidro. Os lírios estavam sem cor na superfície prateada da água, mas embaixo havia estranhos reflexos de fogo dourado. Eu fiquei ali admirando esse vaso brilhante na ampla sala, sendo levantado pelos degraus

do altar até o nível dos meus olhos. Além disso, parecia que uma névoa estava surgindo da superfície da água, flutuando para cima como fumaça no ar parado, e dentro dessa névoa havia uma Luz. Eu soube então que tudo estava bem, pois o poder estava no ambiente; Ísis estava preenchendo o templo que eu lhe havia preparado, e, na linguagem dos iniciados, eu estava fazendo contato.[46]

O momento de conexão para Rupert e Yesod é análogo à abertura dos aspectos mais profundos do templo. Nos níveis externos, essa é a descoberta do quarto secreto dentro do qual é realizada a magia profunda, e, nos níveis internos, a construção do templo interno. As duas atividades são a incorporação de Daat dentro de Yesod, pois é agora que o trabalho se torna centrado, à medida que Lilith descobre a presença de Rupert dentro do templo e agita as energias que os atrai nessa comunhão. Nesse processo, o aspecto mais profundo de Rupert como sacerdote de sacrifícios começa a ser visto.

Essa fase do trabalho acontece com uma reunião física de Rupert e Lilith. Eles começam a trabalhar juntos com três rituais por meio dos quais Rupert se torna iniciado e ascende na Árvore da Vida. Ao mesmo tempo, as energias internas, buscando se expressar por meio de Lilith, descem em expressão na alma coletiva.

No primeiro ritual, Rupert entra nos aspectos externos do templo interno – a Sala das Esfinges – e reza à Deusa na forma de sua sacerdotisa, recapitulando o caminho do submundo para o templo de Yesod. Em resposta, a Deusa, por intermédio de sua serva, recebe-o e, por meio dele, recebe também todos os homens perdidos e solitários.

No segundo ritual, Rupert vai além disso para o templo sagrado e rende-se à Ísis Negra, que, por sua vez, abençoa a ele e a todos os homens com nova vida – a jornada do caminho alquímico para Tiferet.

No terceiro ritual, Rupert se oferece para Ísis como seu sacerdote e servo, levando consigo todos os esforços e frustrações de sua vida e da vida de todos os homens. Lilith, por sua vez, recebe-o e leva-o com todos os seus esforços em um sono profundo, velando sobre ele durante toda a noite e levando-o para uma nova vida. Essa é a entrada em Daat pelo caminho do deserto.

---

46. Fortune, *Moon Magic*, p. 64.

A Porta sem Chave

A culminação do livro e da história é essencialmente o Ritual de Daat. Ele começa logo após a morte da esposa de Rupert e é, de certa forma, seu casamento com Lilith. Nesse livro, o seu casamento terreno representa a nossa fusão com as coisas da superfície que não nos satisfazem, e a conexão com Lilith é a conexão da alma que nos alinha à fonte da vida. A morte da esposa de Rupert segue a sua oferenda de si mesmo a Ísis e representa a liberdade encontrada ao nos comprometermos com uma vida mais profunda. O estilo do livro muda nesse ponto, pois agora nós o experimentamos do ponto de vista dos dois personagens, e existem partes do ritual nas quais seus nomes são perdidos e eles são chamados simplesmente de Homem e de Mulher, na evocação do Cântico dos Cânticos.

O ritual é diferente dos três anteriores, visto que nele Rupert passa a se equiparar com Lilith; ele se torna o sacerdote de sacrifícios, tanto na função como na aspiração. Nesse processo, todas as suas questões pessoais são incluídas – nada é deixado de lado. Há um momento-chave no qual todos os níveis do seu ser são reunidos – o sacerdote de sacrifícios renegado do passado e o grande adepto que ele se tornará; e Dion Fortune nos diz que o adepto é edificado sobre o renegado.

Outro momento-chave é quando o ritual se torna realidade, à medida que temas arquetípicos e pessoais se juntam e o poder elemental e a raiva pessoal são colocados sobre o altar. O homem e a mulher encontram-se em um templo-caverna, e um ato alquímico de morte e ressurreição é realizado, durante o qual a raiva e o poder do homem são oferecidos à deusa por meio da mulher e eles se tornam um só.

Isso é seguido por um ritual complementar no qual ela se torna passiva e ele alinha a sua natureza com a Grande Natureza. Ele a enxerga plenamente como Ísis e a si mesmo como o desejo e o fogo da profundeza da Terra – tal como em *The Goat-Foot God*, mas em um nível mais cósmico.

Essa é a culminação não apenas desse livro, mas de toda a série de quatro livros: na frustração de Rupert estão a sensação de estar perdido e de traição de Hugh Paston, o sufocamento of Wilfred Maxwell e a raiva de Ted Murchison; e em Lilith estão Mona, Morgan e Ursula.

As cenas finais do livro merecem muita contemplação. Encontramos Rupert consciente de que o poder eliminou as obstruções de sua natureza; ele encontra-se olhando para o rosto de Lilith e vendo-a como uma nova Eva em uma nova criação, ele está pronto para cantar com as estrelas matutinas. Ele enxerga Lilith sem véu e sente suas almas como dois centros de radiação interpenetrando-se.

O livro termina com uma cena indicando as profundezas ocultas ainda a serem descobertas, enquanto Lilith e Rupert estão de mãos dadas olhando no espelho: "Nada havia para ser visto agora na escuridão cristalina de suas profundezas, afastando-as no espaço profundo em outra dimensão; entretanto, pareceu ao homem que eles se abriram a outro mundo e que, continuamente, pela mesma magia, eles podiam ser abertos e reabertos. O mundo dos sonhos e o mundo desperto encontraram-se naquele limiar, e agora ele conhecia o segredo de morrer".[47]

Esse é um livro particularmente concentrado, e estaremos mais bem equipados para usá-lo em nosso proveito se trabalharmos corretamente lendo com atenção os livros anteriores. *The Goat-Foot God* pode conectar-nos com a terra viva e com a carne viva; *A Sacerdotisa do Mar* facilita o trabalho com a imaginação profunda e permite que criemos e vivamos dentro da imagem viva; *The Winged Bull* permite que trabalhemos com os opostos e sigamos os ensinamentos da sacerdotisa oculta no novo mundo.

Nesse livro, então, tudo se junta à medida que trabalhamos com o masculino e o feminino conforme a nossa natureza, tratando o desequilíbrio dentro de nós mesmos e no mundo mais amplo e levando o todo à presença da Ísis Negra.

---

47. Fortune, *Moon Magic*, p. 235.

Seção 2
PROSSEGUINDO

Tal como os heróis dos quatro livros, saímos de casa deixando para trás tudo o que nos era habitual, a fim de explorar as conexões antigas da Árvore da Vida e conseguir uma compreensão da harmonia mais ampla do cosmo para as nossas vidas. Agora, acompanharemos as histórias tematicamente, com base nas estruturas de edificação de nossas vidas, e, durante o trajeto, aplicaremos os princípios que estamos aprendendo sobre o trabalho oculto. Assim como Rupert, seguiremos a nossa *anima* durante o percurso para a ponte que leva à vida em abundância.

9
O TRABALHO DE MUDANÇA

E com a mudança surgiu um sentimento repentino de algo dinâmico; de uma autoconfiança e obstinação que ele nunca sentira antes.[48]

O trabalho de mudança aplica-se tanto aos personagens de ficção quanto ao leitor. Lendo as histórias para encontrar conexão, verificamos que as nossas circunstâncias podem espelhar as deles. Com essa possibilidade de uma experiência iniciatória, podemos expandir o pensamento mágico por meio de estudos dos textos.

Podemos pegar cada um dos personagens em um ponto de suas vidas quando mais precisam mudar. Até esse ponto eles mantiveram as suas vidas de uma forma tolerada pela sociedade, mas isso foi feito em detrimento de sua saúde psicológica e espiritual. Agora, suas situações foram alteradas de maneira que o seu presente modo de vida se tornou insuportável.

Todos nós temos um desejo interno originado por nossa necessidade de congruência entre os nossos mundos interno e externo: sentimos que eles devem ser harmoniosos e se apoiarem. Essa necessidade é fundamental nos personagens de Dion Fortune, e, lendo a sua ficção, ela parece prometer que esses desejos podem encontrar solução em um mundo externo. Seus dois objetivos são investigar os processos psicológicos de seus personagens e promover respostas psicológicas de seus

---

48. Fortune, *The Goat-Foot God*, p. 288.

leitores, *de uma forma particularmente mágica*. Portanto, toda a leitura nos dá a oportunidade de começar uma jornada iniciatória.

Dion Fortune adverte o estudante de que a vida oculta requer força e saúde. Ela recomenda ter a estâmina do ferreiro, então podemos nos sentir intimidados e nunca tentar o estudo esotérico; no entanto, algumas das histórias possuem personagens fisicamente fracos que assumem papéis mágicos importantes.

Há uma boa razão para essa aparente discrepância que diz respeito à ética do professor de ocultismo. Qualquer pessoa que dissemina ideias, teorias e práticas em textos de não ficção tem a responsabilidade para com o estudante em potencial, e, dessa maneira, Dion Fortune favoreceu uma abordagem cautelosa. Escrever ficção permitiu-lhe uma liberdade de expressão e explanação sem a necessidade de advertências, e as histórias aparentam ser mais verdadeiras para a posição atual de Dion Fortune. Ao longo de sua vida, ela tornou os mistérios tão acessíveis quanto possível, dependendo das limitações e dos talentos do indivíduo.

Encontramos os principais protagonistas de *The Winged Bull*, *The Goat-Foot God*, *A Sacerdotisa do Mar* e *A Sacerdotisa da Lua* em seus pontos vulneráveis quando uma série de pequenos incidentes contribuiu para uma revolta interna contra as suas vidas. Aprendemos que as posições daqueles que servem os poderes superiores podem e às vezes devem ser atraídas pelos fracos, pelos profundamente doentes, pelos feridos, por aqueles que não têm voz e por aqueles que aparentemente não têm forças para lidar com as demandas da vida moderna.

É uma leitura reconfortante para os estudantes, e observar os heróis dos quatro livros "cabalísticos" mostra quão diferentes são suas psicologias, limitações e talentos.

Hugh Paston * Wilfred Maxwell * Ted Murchison * Rupert Malcolm

The Goat-Foot God apresenta Hugh Paston. Nascido em um ambiente abastado, casou-se e, aparentemente, é bem-sucedido, no entanto leva uma vida que lhe é insatisfatória. Sua mãe, suas irmãs e seus familiares não param de lhe pedir dinheiro: seu casamento financiou o caso amoroso de sua esposa com o seu melhor amigo. Depois de uma fútil tentativa de conectar seus sentidos por intermédio de uma garota de programa parisiense, acabou enveredando pelo caminho de menor resistência. Como um peixe fora d'água, ele sente um leve desgosto pelas maneiras sofisticadas do bairro de Mayfair, em Londres, e precisa de situações extremas, tal como uma grande caçada e dirigir em alta velocidade, para poder se sentir vivo. Ele não precisa ganhar dinheiro para sua sobrevivência, porém a sua situação financeira foi decaindo cada vez mais, até a crise depois do funeral de sua esposa e do amante dela, momento em que o conhecemos.

É difícil encontrar um homem menos "másculo" do que Wilfred Maxwell, herói do livro *A Sacerdotisa do Mar*: ele é magro, acovardado e tem asma crônica. Está firmemente assentado em uma sociedade de classe média, em uma pequena cidade, assumindo o papel calmo de agente imobiliário. Tal como Murchison, ele foi roubado de sua juventude e de sua liberdade com a morte de seu pai – ele teve de salvar a empresa familiar. Vivendo em sua imaginação, permite que sua mãe e sua irmã o dominem, como Hugh no livro *The Goat-Foot God*. A fim de manter as aparências em suas relações, e amplamente por meio da chantagem emocional, elas mantêm o controle.

Por intermédio do diário de Wilfred, descobrimos que ele é um verdadeiro igualitário em uma pequena sociedade de classe média. Sentindo-se fora de lugar por um instinto natural em sua própria sociedade, ele fez amizade com garçons de pequenos bares, com o médico local e com Scottie, o sócio minoritário da empresa. Ele é pragmático, silenciosamente subversivo e malandro. Ironiza os pomposos e as pessoas de pouca inteligência.

O herói de *The Winged Bull*, Ted Murchison, é um verdadeiro homem, um guerreiro que estava em seu elemento nas trincheiras da Primeira Guerra Mundial. Suas circunstâncias excluem casamento, e o forçado celibato não favorece a sua constituição. Profundamente consciente de sua classe e sentindo-se desconfortável perto de mulheres, ele fica desconcertado perto da sofisticada heroína, Ursula. Ele não gosta da ideia do Cristianismo e do casamento depois de ter convivido com um irmão clérigo e com sua insuportável esposa. Não recebeu treinamento após a dispensa do exército e, consequentemente, sofreu com uma série de péssimos empregos. Ele está frustrado e magoado, e possui enormes recursos de força, resiliência e uma obstinação.

Rupert Malcolm, de *A Sacerdotisa da Lua*, é um sucesso: um homem eminente, um neurologista de confiança cuja palavra é lei. Entretanto, não está satisfeito e desenvolvido nas outras áreas. Ele parece um executor, grisalho e com um comportamento muito sério e impassivo. Possui uma grande força e disposição física e um excesso de energia vital.

Rupert se comporta excentricamente, sem qualquer atenção ou consideração pelos outros ou pelas convenções. No entanto, a sua *persona* esconde uma simplicidade e integridade infantil. Ele não consegue se conectar emocionalmente nem entende a veneração de seus estudantes ou as admoestações humilhantes das autoridades do hospital. Sua esposa, semi-inválida e de rígido código moral, obriga-o ao celibato. Tudo isso ele suportou criando uma casca dura e um comportamento que denota força, uma *persona* que ninguém consegue atingir, e seus nervos estão a ponto de sofrer um colapso.

Resumindo: Hugh é um homem de meios independentes, Wilfred tem uma posição mediana em um ambiente burguês, Ted faz parte da classe trabalhadora sem especialização e Rupert é um profissional respeitado no ápice de sua árvore. Isso logo nos ensina que a magia não tem qualquer restrição social: ela está disponível, independentemente da classe social das pessoas.

Também observamos que há dois homens solteiros (Ted e Wilfred), um viúvo (Hugh) e um homem contra o casamento (Rupert): todos estão solteiros, frustrados a ponto de estarem se retirando mental e emocionalmente da interação social e da própria vida. Eles estão perdidos e isolados, como peixes fora d'água, excluídos da sociedade.

Mas, apesar dessa semelhança, eles são personagens muito diferentes. Em termos mágicos, significa que possuem qualidades energéticas distintas, o que explica como sobreviveram até agora. Rupert e Ted, que são positivos, com vitalidade e energia, restringiram seus instintos e libido, valendo-se de seus próprios recursos. Os homens receptivos e sensíveis, Wilfred e Hugh, que parecem impotentes diante de uma sociedade antipática, retraem-se do mundo, Wilfred na doença e Hugh em um estado que, mais tarde, ele autodiagnosticou como a gradativa desintegração da personalidade.

A necessidade da magia

Então, por que esses personagens não tomaram a iniciativa por meios mais convencionais? Por que recorrer à magia? Para poder responder a essas questões, vale a pena olhar um pouco para as primeiras experiências de Dion Fortune com psicologia e psicoterapia.

Com pouco mais de 20 anos, Dion Fortune estava à frente na prática da psicoterapêutica: ela era uma analista estagiária em um estabelecimento médico-psicológico conhecido como Brunswick Square Clinic. Essa clínica desenvolveu o primeiro programa de treinamento psicanalítico da Inglaterra e foi fundada por duas mulheres: Jessie Murray e Julia Turner. A clínica funcionou de 1913 a 1922, o que significa que muitos de seus pacientes eram soldados sofrendo das terríveis consequências da Primeira Guerra Mundial.

Alguns dos líderes do início da Sociedade Psicanalítica da Inglaterra tiveram seus primeiros treinamentos nessa clínica, e Dion Fortune não era a única mulher analista a escrever ficção com significativo conteúdo psicológico. Naquela época, a "cura falante" era dirigida e praticada na clínica em uma variedade de formas. Nos dias das primeiras experiências, o analista individual determinava o tipo de tratamento. Essa abordagem livre foi, mais tarde, reduzida para conformar-se à restrita abordagem freudiana, e Dion Fortune expressa sua clara opinião quando Hugh Paston comenta em *The Goat-Foot God* que o sistema de Freud seria melhor se ele tivesse se lembrado da estatura dos deuses priápicos em vez de tratá-los como crianças sujas brincando na lama. Podemos aprender mais dos pontos de vista contemporâneos sobre psicologia lendo as conversas entre Mona e Jelkes em *The Goat-Foot God*.

Os estudos ocultos da própria Dion Fortune, realizados quase que simultaneamente com o seu trabalho psicológico, abriram possibilidades mais amplas do que aquelas oferecidas pela psicanálise. Influências subjacentes em saúde mental e espiritual, tal como reencarnação, entidades não humanas, parentesco misturado com raças não humanas e a importância de contatos elementais, são exploradas em seus primeiros contos, *The Secrets of Doctor Taverner*,[49] que ela dedicou ao seu mestre, o dr. Theodore Moriarty.

---

49. Uma coleção de histórias curtas sobre um médico psicólogo, publicada em 1926. Ver bibliografia.

Ela chegou a conclusões significativas ao comparar abordagens psicológicas e mágicas, sugerindo mudanças. Fortune era uma pensadora de vanguarda, e a primeira a reconhecer que ideias e teorias poderiam ser desenvolvidas para o melhor. Suas histórias parecem quase antecipar a direção que a psicologia tomaria em áreas que agora podem ser descritas como psicoterapia espiritual. À luz desses desenvolvimentos, é provável que, se estivesse viva hoje, ela mudaria a opinião que havia formado, na época, sobre psicologia e psicoterapia:

- Que somente a análise não realiza curas.
- Que há muito mais coisas no céu e na terra do que as que são sonhadas na filosofia do psicólogo.

As histórias mostram claramente que o tratamento deve ser realizado lidando com as subjacentes causas ocultas para curar as pessoas.

A psicologia em sua época estava apenas nascendo, e a intenção era buscar as suas credenciais por meio da estrita aderência ao método científico: é dentro desse modelo que Fortune fez seus pronunciamentos. Ao anunciar a possível harmonização de métodos mágicos e psicológicos, podemos presumir que ela teria preferido a progressão da psicologia a favor das abordagens fluidas e intuitivas afinadas com preceitos mágicos, e sua crescente eficiência no tratamento da mente, da psique e da alma, como resultado.

Portanto, embora cada personagem esteja passando por um despertar psicológico dramático, a mensagem de Fortune é que o componente mágico também é necessário para efetuar uma transformação. O aspecto mágico de suas curas, incluindo uma boa medida de encanto, é o que faz com que os personagens parem à medida que cambaleiam à beira da catástrofe para então redirecionar suas jornadas para a cura.

Nos espaços liminares da mente, trata-se da abertura para a incerteza que permite a entrada da magia, ativa uma resposta do Universo e aumenta a sincronicidade em nossas vidas. No mundo cotidiano, cada jornada do herói é determinada pelo seguinte:

- A total remoção da normalidade e dos problemas cotidianos.
- O encantamento do não familiar.
- Ser introduzido a uma forma mais profunda de pensar a respeito da vida.

- Uma percepção aflorada das interconexões da vida e de possibilidades em desenvolvimento.
- Obsessão por novos projetos.

Todos esses aspectos aceleram cada herói para a conclusão dessa parte de sua história de vida.

O personagem essencial e nosso lugar na magia

Em seus escritos, Dion Fortune promove uma diferença sutil na forma de pensar dos personagens. Wilfred e Hugh, fracos e ineficazes no mundo aparente, são referidos pelos seus primeiros nomes, enquanto os heróis varonis são citados pelos seus sobrenomes, Murchison e Malcolm, reforçados pelo texto. Mas, tanto do ponto de vista psicológico quanto do ponto de vista oculto, sua importância não é determinada na forma como se parecem no mundo cotidiano. O ingrediente essencial é a qualidade de cada uma de suas naturezas: positivas, prestativas e energéticas ou negativas e receptivas.

Esses são seus elos com o Universo, as qualidades que os colocam em sua própria esfera na Árvore da Vida. Elas ditam como se desenvolve sua compreensão por meio do trabalho mágico. Trata-se de qualidades, não relacionadas ao gênero, com as quais todos podemos nos identificar e que nos ligam à sociedade maior de vida.

Ao nos colocar no lugar de cada personagem, Dion Fortune pretendia que nós devêssemos empreender a jornada mágica com eles. Por meio do trabalho com suas habilidades únicas, eles estarão reunidos dentro de si mesmos para a sociedade e para a grande vida cósmica do Universo. De um ponto de partida sem conexão, forçando-se até esvaziarem suas energias, podemos vê-los desenvolvendo relacionamentos no mundo externo e interno. E eles adquirem uma compreensão da natureza energética e interativa do Universo, a "realidade por detrás da realidade".

Trabalhar com a Cabala pode levar ao equilíbrio e à integração da personalidade, que são acompanhados por uma compreensão da interação harmoniosa do microcosmo e do macrocosmo. Ao reler os livros, estaremos respondendo instintivamente à subjacente mensagem que direciona a história. A mensagem é que a nossa tarefa espiritual é a de trabalhar para conseguir um estado de congruência, interna e externamente. Nossa tarefa é permanecermos conscientes das possibilidades mágicas da vida em abundância. Dion Fortune planejou meticulosa e deliberadamente para um efeito psicológico – tanto nos personagens como no leitor –, e esse é o motivo pelo qual os livros cativaram gerações de leitores em mais de sete décadas.

Apesar de o contraste entre o ego interno e o externo ser mais marcante em Rupert Malcolm, todos os homens possuem uma simplicidade infantil. Cada um tem uma natureza que não pode ser afinada com os ditames de uma sociedade que Fortune declara abertamente possuir uma moralidade superficial e que não é natural. Portanto, eles estão em constantes dificuldades e são iscas de companheiros desagradáveis – frustrações que todos nós conhecemos muito bem. A conexão essencial com a vida que os completará, al[em da jornada psicológica e mágica nesse sentido de integração, é o anseio que compartilhamos, tornando-nos profundamente envolvidos na jornada.

Do microcosmo ao macrocosmo: os males da sociedade e a "questão do sexo"

Fortune introduz a ideia de encontrar uma forma de viver a vida em abundância em um mundo artificial por meio de uma ficção romântica. Ela usa os exemplos de trabalhar magicamente com um membro do sexo oposto, ou "magia da polaridade", para ilustrar como todos nós podemos fazer conexões com os nossos egos internos e externos e o nosso relacionamento com o mundo.

Mediante a história romântica, ela pode claramente permitir aos seus personagens individuais que incorporem e expressem as insatisfações da sociedade como um todo. Para a época em que ela escrevia, essa é uma abordagem de pensamento de vanguarda, e o seu comentarista principal, Gareth Knight, postulou que o trabalho mágico de Dion Fortune e de sua sociedade entre as décadas de 1920 e 1930 foi responsável pela revolução sexual dos anos 1960.

A leitura dos livros nos estimula a examinar os costumes de nossa sociedade e a lembrar que suas regras não deveriam conflitar com a nossa própria posição instintiva e naturalmente moral.

Mas é importante não interpretar as mensagens dos livros literalmente. A ênfase sobre o trabalho mágico masculino/feminino, necessária para uma boa história, não é a única forma de trabalhar a magia, tampouco a única expressão válida de um relacionamento íntimo. Os romances não devem nos encorajar a permanecer "em espera" até que as nossas almas gêmeas ocultas apareçam magicamente no mundo – essa é uma má compreensão da sua mensagem.

Por meio dos vários artifícios de cada enredo, as mudanças psicológicas, em todas as histórias, estão *dentro da pessoa*, e isso pode acontecer conosco. Independentemente de gênero ou de orientação, as mudanças em nosso ponto de vista do mundo e o nosso relacionamento com ele devem ocorrer internamente. Perderemos a oportunidade da mudança mágica se apenas esperarmos por uma reencenação literal dos romances para agir como um catalisador. Isso não quer dizer que seja impossível; quem sabe o que pode acontecer em um instante em nosso mundo extraordinário? Mas, se esperarmos, estaremos usando os livros como uma ajuda para os sonhos diurnos – ferramentas para nos isolarmos da realidade.

Ao contrário, devemos lê-los de um modo que ativará o processo, independentemente das circunstâncias físicas; pararemos de procrastinar e começaremos a nos ajudar. E, na forma mágica que o mundo tem, eventos sincronizados parecem indicar quando fizemos uma conexão interna e estamos na trilha certa. Um pequeno exemplo: em *The Goat-Foot God*, Mona encontra a estatueta de Pã ao iniciar a reforma da abadia Monks Farm como lugar de sua veneração.

Lembrando as restrições de Dion Fortune a respeito do difícil trabalho envolvido em magia, precisamos não apenas ler e sonhar, mas também assumir um compromisso para um trabalho disciplinado. O nosso compromisso com os romances deve progredir para ativar o trabalho interno, a fim de preparar nossa própria jornada para uma vida mágica. Os deuses adoram o cheiro do suor humano, e nós não conseguimos suar sentados e esperando que nossa alma gêmea se materialize.

As histórias exploram a polaridade de uma atitude tradicional, mas até as leituras mais superficiais nos mostram que pode haver conexões iguais e complementares entre pessoas com vários graus de qualidades "masculinas" e "femininas". Os fortes personagens femininos sozinhos podem fazer com que essas designações pareçam fora de moda e redundantes. A leitura concentrada nos indica que as qualidades de atividade e de receptividade dentro de todos nós não se baseiam necessariamente no gênero – um ponto conclusivamente ilustrado pelas designações da Árvore da Vida.

Nossa conexão pessoal com as histórias está focada em nosso desejo de realização. Mas, como parte desse desenvolvimento espiritual, Dion Fortune tem uma mensagem mais importante, implicada em toda a sua ficção, e um tema maior em *A Sacerdotisa do Mar* e em *A Sacerdotisa da Lua*: que o efeito de satisfação pessoal da magia é um subproduto do trabalho maior, realizado para beneficiar toda a sociedade.

Se preferirmos ser cocriadores do nosso próprio mundo, devemos pensar sobre o que queremos realizar. E o motivo principal para o trabalho mágico é assumir uma parte da jornada da humanidade em progresso. O principal preceito da visão de Dion Fortune era: "Eu desejo saber a fim de servir". Ao reivindicar a sua ficção como um material válido de ensino, o que faz bem a todos nós, seus atuais alunos, cabe a nós trilharmos o caminho no mesmo espírito.

Nosso primeiro estágio é acompanhar os personagens em cada história, ao longo do pilar do meio da Árvore da Vida. Esse diagrama é desenhado como um modelo fixo, mas não trabalhamos com ele como ferramenta estática; descobriremos que a Árvore da Vida é infinitamente fluida e relacional, ao compararmos as quatro histórias. Relê-las com esse entendimento nos ajudará a integrar a teoria e a prática, tal como Dion Fortune prometera.

10
Primeiros Passos no Caminho

Na mente de todo homem existe uma parte parecida com o lado escuro da lua que ele nunca pode ver, mas eu tive o privilégio de ter acesso a esse lado. Era como se fosse um espaço interestelar na Noite dos Deuses, e nesse espaço havia as raízes do meu ser.[50]

Os heróis dos quatro livros, de maneira introspectiva e profunda, analisam o que ocorreu para levá-los a esse lugar em suas vidas. Ao assim fazê-lo, eles abrem para nós os aspectos mais profundos de suas naturezas. Esse processo de revisão revela seus estados emocionais subjacentes e é essencial para a clareza que precisam para seguir adiante; aprendemos muito a respeito de seus caracteres em curto espaço de tempo. Examinaremos isso rapidamente e os colocaremos no contexto de suas vidas presentes. Pois, depois de deslizar sobre a superfície da vida, os personagens começarão a se sentir conectados a um propósito mais profundo, e poderemos nos juntar a eles durante a sua jornada.

Em termos cabalísticos, essa é a nossa entrada na última sephira da Árvore da Vida: Malkut, também chamado de "o reino". Isso acontece prestando atenção ao nosso corpo e às mensagens dos nossos sentidos, um processo aparentemente simples e que, no entanto, é a nossa primeira ferramenta mágica vital.

Dion Fortune divide seus heróis por suas qualidades energéticas – dois positivos e dois negativos –, mas todos estão em circunstâncias hostis. Os personagens positivos – Ted Murchison e Rupert Malcolm

---

50. Fortune, *The Sea Priestess*, p. 4.

– ressentem-se e atuam de forma obstinada. Rupert trabalha demais para reprimir os seus demônios, e Ted afasta-se deliberadamente de seu mundo conhecido ao alcançar o fim da linha. Os homens negativos – Wilfred Maxwell e Hugh Paston – têm seus sentidos de si mesmos gradativamente erodidos. Wilfred desiste da vida em favor de sonhos induzidos por remédios, e Hugh retira-se antes de entrar em uma crise. Eles estão a ponto de desistir da vida como se ela fosse um mau emprego; cada um fez de tudo que pudesse ser esperado pela sociedade e, no entanto, não tiveram nenhuma recompensa da vida.

As tramas rapidamente os colocam em ação: os positivos Ted e Rupert em *The Winged Bull* e *A Sacerdotisa da Lua* permanecem na cidade, enquanto Wilfred e Hugh em *A Sacerdotisa do Mar* e *The Goat-Foot God* são rapidamente removidos e transferidos para o interior.

Aqui estão as mais úteis mensagens. Em primeiro lugar, não precisamos esperar por circunstâncias ideais para começarmos o nosso trabalho interno. O trabalho criará as circunstâncias. Em segundo lugar, enquanto um local isolado pode ser ideal para um trabalho oculto, as demonstrações de magia em ação mostram quão diferentes esses lugares podem ser na prática. Eles nos convidam a ser criativos, a buscar e desenvolver nossos próprios espaços de trabalhos na magia. A importância do espaço, independentemente de onde seja, está na dedicação.

Os requisitos mais importantes para alcançar uma conexão profunda com o mundo são sentir-se em casa e estar incorporado. Devemos experimentar plenamente a noção de espaço e lugar nas histórias para a interação sutil do trabalho, como as impressões sensuais em camadas de Dion Fortune, a fim de seduzir todos os nossos sentidos, construindo lugares mágicos que residem profundamente dentro da nossa imaginação.

O herói em casa

Em comparação com o local mágico ideal, nossos heróis sentem que não existe qualquer lugar que possa ser chamado de lar. Eles estão emocional e espiritualmente à deriva e passam por uma série de movimentos físicos significativos que espelham a sua jornada psicológica. Todos estão em circunstâncias penosamente restritivas, buscando "uma rota de fuga – um vislumbre de fogo do coração da pedra –, os portais da vida entreabertos",[51] o que sugere um mundo com possibilidades maiores e mágicas. Ele não é acessível pelos canais normais da sociedade, mas trata-se daquilo que os nossos heróis desejam. É um desejo que muitos de nós compartilhamos com eles.

No início dos livros, os quatro homens vivem em ambientes urbanos, que valem a pena ser comparados.

Acton e Dickford:
The Winged Bull e *A Sacerdotisa do Mar*

Ted Murchison mora em Acton, onde regras insignificantes refletem o pensamento estreito e a maldade do espírito que espelha Dickford, a pequena cidade na qual Wilfred Maxwell (*A Sacerdotisa do Mar*) comercializa suas propriedades. O vigário (irmão de Ted Murchison) e Wilfred, o agente imobiliário, ocupam uma área cinzenta acima da classe média trabalhadora, mas, certamente, não estão no topo: uma divisão da estrutura da classe deveria ter sido compreendida instantaneamente pelos leitores originais de Fortune. Acton e Dickford são sociedades restritivas que encorajam uma aspiração esnobe, uma apurada descrição dos parentes dos dois homens.

Londres – Mayfair e Gloucester Road:
The Goat-Foot God e *A Sacerdotisa da Lua*

Hugh Paston, o homem abastado, gosta de andar por Mayfair, um bairro privilegiado, aborrecido e de uma classe descompromissada. Seus modos e sua moralidade não são apreciados pelos educados e artísticos Jelkes e Mona, e a amizade floresce quando se torna claro que Hugh concorda com os seus julgamentos. A salvação de Hugh é escapar da artificialidade de Mayfair para a loja de Jelkes, de aspecto mais doméstico e de natureza orgânica.

Rupert Maxwell, o profissional bem-sucedido, tem duas moradias: uma em Londres e outra na praia, mas não se sente bem em nenhuma delas. Suas descobertas ao longo do Rio Tâmisa são desprovidas de

---

51. Fortune, *The Goat-Foot God*, p. 10.

conforto ou companheirismo; sua casa na praia é o lar de sua esposa inválida e de seu companheiro, para o qual ele é um visitante pouco tolerado. Sua maneira brusca aliena-o de amizades até mesmo entre seus colegas de profissão.

Para resumir, tanto Ted quanto Wilfred têm sua impotência e desconexão apontadas pelos maliciosos serviçais, assim como pelas mulheres da casa. Hugh não está ciente da infidelidade de sua esposa, embora o mordomo já estivesse a par; Rupert não trata diretamente com aqueles que o servem e resiste a qualquer esforço para mudar ou melhorar suas infelizes condições. A falta da influência simpática de mulheres em sua vida é um desequilíbrio muito sério.

A resposta ao mundo

Ted Murchison é o touro do título do livro, mas ele é pastoreado e amarrado, impassível e indefeso. Impossibilitado de ganhar o suficiente para fazer com que sua vida valha a pena, ele mora na casa superlotada de seu irmão com uma família insuportável e uma cunhada que acredita que chutar um homem quando ele está caído ao chão seria a melhor forma de ajudá-lo a se levantar.

Hugh Paston é valorizado apenas por seu dinheiro e, inicialmente, acha que isso é apropriado. Sofre com sua mãe e suas irmãs ambiciosas, que exercem uma espécie de chantagem moral sobre ele. Hugh quase se excluiu da própria sociedade, apenas participando com os movimentos absolutamente necessários. Ele não quer nada, e o seu mordomo o vê cada vez pior e sujeito a um problema mental.

A posição de Wilfred Maxwell no ambiente doméstico é solapada pela aliança dos serviçais com a baixa moralidade de sua irmã. Altamente imaginativo, ele se torna cada vez mais subversivo. Ele faz pouco da pomposidade da sociedade, subverte os esquemas de caridade de sua irmã e os seus sonhos diurnos.

Rupert Malcolm vive em uma redoma de muito trabalho, inconsciente de seu efeito no rígido estabelecimento médico: ele ofende as regras e abre seu caminho pela vida inconscientemente. Segue os ditames da sociedade à letra, cumprindo com seu compromisso junto à sua esposa e à sua carreira, e torna-se um viciado em trabalho para fugir da necessidade de se comprometer de qualquer forma com a interação empática humana.

Todos eles estiveram nessas situações durante muito tempo, de maneira que a estase está causando septicemia. Em cada caso, uma vida envenenada pelas circunstâncias alcançou um ponto de crise, e alguma coisa deve ocorrer.

A primeira jornada do herói

No mundo exterior e no mundo interior, todos esses heróis viajam para encontrar seu destino – até mesmo o doente crônico Wilfred, cuja jornada física é uma caminhada de poucos passos.

Cruzar uma grande área em meio à neblina, perambular pelas ruas da cidade, descobrir seu próprio quintal ou apenas caminhar junto ao rio podem até parecer ações insignificantes, mas cada uma é catártica. A jornada interna da descoberta é refletida no mundo real, e cada passeio tem um profundo efeito. E Dion Fortune afirma que essas caminhadas são significativas porque cada herói age *de acordo com seu próprio caráter*, estimulado por um instinto profundo que não pode ser explicado racionalmente. Esse instinto penetra na realidade maior, vagamente percebida, por trás do mundo real.

Caminhar é uma ferramenta psicológica muito valiosa; sua natureza repetitiva induz à reflexão. Durante os passeios, os heróis examinam suas vidas passadas.

Os pensamentos de Ted nos dizem que ele foi bravo, corajoso, carismático e um líder de homens, e ainda ele tem um bom porte físico, um homem de disciplina militar com sua integridade intacta; ele chegou a recusar trabalho criminoso, embora seus empregos tenham sido uma série de trabalhos pouco rentáveis. Absorto, ele está em um estado altamente sensível quando chega ao Museu Britânico.

A jornada de Wilfred ocorre nos reinos da imaginação, quando ele é obrigado a permanecer na cama por causa de um grave ataque de asma depois de um desentendimento familiar. Ele está exposto à lua, e a sua fraqueza e o seu estado induzido fortemente por remédios levam a uma conexão profunda com uma realidade cósmica em seu cotidiano. Para fugir de seu quarto que mais parece uma prisão, a sua caminhada é para o fundo do jardim, a fim de visitar os velhos estábulos onde residirá.

Hugh Paston possui os limites mais claros entre sua vida presente e sua vida futura, depois do funeral de sua esposa. Altamente sensibilizado, conflitado com sua condição de luto e seu sentimento de traição, não consegue ficar dentro de uma casa que parece morta e vazia.

Rupert Malcolm, tal como Hugh, sai precipitadamente – em seu caso, depois de uma cerimônia de graduação –, sem chapéu e sem dinheiro, em sua pressa para encontrar-se com seu destino. Sua inflexibilidade torna-o irritável e ele mal consegue dormir, e suas reservas estão baixando cada vez mais.

Pela primeira vez, Rupert anda ao longo do aterro deserto, dirigindo-se para seus aposentos: o encanto das águas faz com que ele recorde sua ambição anterior, a de trabalhar em navios. Ao explorar o mundo de seus sonhos internos de paisagens marítimas ao lado do Rio Tâmisa, ele se recorda da mulher misteriosa de seus sonhos e fica louco de vontade de vê-la, na realidade andando ao longo do aterro, bem à sua frente.

E então temos a bruma...

O uso do tempo e o das condições atmosféricas não como fios percorrendo todos os livros – ambos frequentemente liminares –, e eles têm um profundo efeito sobre os personagens e o leitor. O lugar é definitivamente uma característica dos livros, e cada um possui um limite de espaço para ajudar o processo de iniciação. Na leitura, somos estimulados a nos abrir para o Universo e reconhecer as forças de influência de nossas cercanias, assim realizando uma parte da esperança de Dion Fortune no sentido de que os romances darão início a uma mudança interna.

As condições atmosféricas são frequentemente referidas como "os elementos", que são os blocos de construção do mundo natural e da prática da magia. E, de todos os estados naturais, a bruma indica liminaridade, o estado intermediário que permite possibilidades de o mundo conhecido poder mudar e transmutar, a partir das quais é possível emergir transformado em um mundo novo.

A bruma é endêmica nas Ilhas Britânicas, e os romanos registraram a sabedoria das condições atmosféricas dos antigos druidas e suas habilidades para conjurar brumas mágicas. Apesar da ênfase das histórias sobre nomes dos deuses do Egito e da Grécia, elas contêm um número notável de tradições arcanas das Ilhas Britânicas. É possível sentir que "o mar de maravilhas" – o mar de bruma que cobre a terra descrita no livro *Avalon of the Heart*,[52] de Dion Fortune – e as condições atmosféricas que a autora experimentou ao redor de Glastonbury Tor, na década de 1920, causaram uma grande impressão. Vale a pena recordar que, ao final de sua vida, o seu foco – inclusive o das meditações magníficas dos anos de guerra – dizia respeito a assuntos da Grã-Bretanha.

Hoje, graças ao transporte particular, aos edifícios sofisticados e ao estilo de vida em locais fechados, estamos acostumados aos efeitos das condições atmosféricas. É difícil imaginar o *smog* de Londres, que nada mais é do que neblina misturada à fumaça de carvão, quando as pessoas não podiam enxergar suas próprias mãos na frente do rosto. O índice de mortes diretamente causadas pelo *smog* levou à Lei do Ar Puro na década de 1950, e Dion Fortune, que residiu em Londres desde 1906, deve ter conhecido muito bem essa condição atmosférica. Basta apenas dirigir sozinho à noite, com um pouco de bruma cruzando as luzes do carro, para estar consciente de que o nosso mundo não é tão seguro quanto havíamos pensado que fosse; um novo elemento de incerteza introduziu-se nele. Entramos no espaço liminar: o local tanto de perigo quanto de novas possibilidades. É um lugar que a autora explora de maneira eficiente.

Em cada livro, a incrível necessidade de mudança é incentivada ainda mais pelas condições atmosféricas: os temas liminares e os estados do crepúsculo, da escuridão, da chuva, da neblina e da bruma. A maioria daqueles que trabalham com magia hoje reconhece esse aparente reflexo dos estados internos e externos na mudança mágica: trata-se do início da harmonização do ego com os trabalhos maiores do Universo. Uma vez experimentado, ele muda o nosso ponto de vista para sempre: o mundo é visto de uma perspectiva mais ampla e torna-se um cenário de fundo que impacta todas as áreas da vida. Esse entendimento e sentimento de conexão tornarão a vida digna de ser vivida, movendo tanto os indivíduos como o leitor do empobrecimento espiritual para a abundância.

---

52. Um livro sobre Glastonbury, antes publicado como artigos na revista da Sociedade da Luz Interior. Ver bibliografia.

Talento natural, circunstância não natural, consequência perigosa

Os personagens são todos iniciantes nos estudos ocultos, mas parecem ter um talento natural para entrar em contato com o que não pode ser visto. Entretanto, estaríamos errados em invejar os personagens por suas habilidades de terem acesso a dons especiais como consequência de circunstâncias emocionais extremas. A gradativa desintegração da manutenção da vida permite que seus processos subconscientes se ergam e se tornem ativos, mas isso – perder o controle da vida mundana – é um estado muito perigoso.

O fato de eles formarem um grupo tão distinto, todos muito bem "no mundo", mas de formas diferentes, mostra-nos que Dion Fortune viu essas capacidades em todas as pessoas, aguardando ser desenvolvidas. Mas a maneira extrema como isso acontece nos livros é algo que ela adverte expressamente em suas obras de não ficção.

Em uma leitura comum, é fácil passar por cima da fragilidade perigosa dos personagens principais. Mas seus mundos viraram de cabeça para baixo, e as descrições, embora breves, não apontam ninguém. Não devemos subestimar o estado prejudicado dos heróis – um estado que Dion Fortune considerou muito perigoso para o trabalho oculto no mundo real, mas que lhe permite acelerar, sob supervisão, o desenvolvimento de cada herói.

Ted afasta-se do caminho do centro do pátio do museu para dentro da "sopa primordial" com um espírito tão brusco e decidido a ponto de Brangwyn, mais tarde, demandar explicações: "Você pediu para o mal ser o seu bem?".[53] O resultado do aparecimento repentino de Brangwyn em resposta à sua invocação de Pã era que "seus pensamentos estavam perdidos na quarta dimensão... Sua mente deu uma reviravolta com o choque e a reação... e, momentaneamente, o subconsciente substituiu a razão".[54]

Sob fortes efeitos de remédios, Wilfred comenta a respeito do "curioso sentido inverso da realidade. Coisas normais estavam longe e remotas e não importavam: mas no reino interior... meus desejos eram

---

53. Fortune, *The Winged Bull*, p. 46.
54. Ibid., p. 14.

lei".⁵⁵ Pairando entre a vida e a morte, ele não tem qualquer apego à vida e experimenta "um profundo sentimento de libertação; pois eu sabia que as barras de minha alma nunca mais se fechariam por completo novamente".⁵⁶

Hugh está desaparecendo, retirado do estilo de vida decadente das coisas jovens e brilhantes; ele observa o seu próprio estado caprichoso, instável e febril, e reconhece os sinais do surgimento de uma crise. Havendo seguido a tendência do momento e lido a literatura psicanalítica, "ele ficou curioso ao verificar que... estava chegando perto de uma desintegração da personalidade".⁵⁷ Mas o desinteresse muda para a preocupação no final de seu passeio; confrontando o vendedor de livros, "por um momento, Hugh Paston não sabia o que tinha ido fazer. A sua mente estava falhando, e isso o apavorava".⁵⁸ Ele verifica quão tênue a sua manutenção vital havia se tornado e não consegue ver qualquer saída para o futuro.

Rupert procura de modo deliberado a sua visão obsessiva até que ela o apavora com pequenas manifestações. Em razão do seu treinamento médico, diferentemente dos outros heróis, ele sabe muito bem o que está fazendo. No entanto, continua de propósito a cortejar Lilith, que, evocada das profundezas do desejo de sua alma, se tornou indispensável para ele. Tal como Wilfred, Rupert não sente qualquer vínculo com a vida; olhando para o rio, ele confessa para Lilith que é apenas porque é um bom nadador que ainda não tentou mergulhar para a sua morte no Rio Tâmisa.

É por isso que Dion Fortune recomenda tentar os métodos de expansão da mente apenas com um mentor de confiança. Como exemplo dos perigos inerentes, ela incentiva a ter controle sobre o sistema nervoso autônomo – evidentemente essencial se continuarmos a respirar *sem* o nosso controle consciente. É óbvio o perigo de permitir ao subconsciente total liberdade no mundo cotidiano sem a influência controladora da mente consciente.

A onda na exploração dos mistérios já foi modificada desde a sua época, assim como a moda de ser completamente passiva – como eram os transes mediúnicos da época, já ultrapassados. Como estudantes,

---

55. Fortune, *The Sea Priestess*, p. 13.
56. Ibid., p. 4.
57. Fortune, *The Goat-Foot God*, p. 13.
58. Ibid., p. 14.

encontraremos um equilíbrio entre os mundos interno e externo, um lugar sustentável como é demonstrado na conclusão de cada um dos livros.

Percepção e aplicação podem ser formas seguras de induzir-nos à vida de abundância. Isso se torna uma dança dinâmica, na qual descobrimos que viver com perspectivas ampliadas, de fato, *aumenta* nossa habilidade de viver plena e efetivamente no mundo. O trauma e o luto que todos podemos esperar da vida irão nos desafiar e desenvolver, por bem ou por mal, e esses não são tempos para experimentação oculta: o caminho da percepção e da persistência é uma forma gentil, enriquecedora e sustentável aberta para todos.

Alcançar um ponto final dentro dos limites seguros da ficção permite que esses lugares na mente abram os seus portais, e a reação positiva de cada personagem ajuda na aceleração do que, de outra forma, seria um processo lento de desenvolvimento psíquico. Dion Fortune nos adverte em sua não ficção: ao confrontar essas experiências, você pode abraçá-las e fazer um contato ou fugir delas como um coelho dentro de uma toca, mas não demore em um estado de incerteza nesse território estranho. Todos os nossos heróis abraçam o desafio e todos, subsequentemente, encontram seu mentor nos mundos interno e externo.

Ted Murchison dirige-se a Pã por intermédio do touro alado, o guardião dos deuses, conjurando Brangwyn para transformar sua vida; a busca desesperada de Hugh por experiências profundas a fim de que sua vida tenha um significado é conduzida sob a proteção de Pã, e isso o leva para Jelkes. Por meio de sua íntima comunhão com os processos do Universo, Wilfred foi assumido sob os auspícios da lua; encontra Vivien e, mais tarde, o Sacerdote da Lua. E Rupert Malcolm, com a sinergização de sua dama dos sonhos com a Deusa, é resgatado por Lilith e aceito a serviço de Ísis. Tudo isso foge às convenções da sociedade.

A mensagem encorajadora é que uma combinação de tempo, espaço e circunstâncias se manifestará para ampliar o nosso verdadeiro trabalho, se tomarmos parte do nosso tempo cotidiano para nos dedicarmos ao caminho e nos abrirmos à conexão. Brodie-Innes, um dos primeiros anciãos espirituais de Dion Fortune, era da opinião de que não importa se os deuses, os reinos invisíveis e as entidades desencarnadas existam ou não: a única coisa que precisamos observar é que, quando agimos como se a grande realidade invisível fosse real, o Universo parece responder como se isso fosse correto.

Nossos heróis fizeram sua primeira jornada no desconhecido mágico. Eles revisaram o passado e reconheceram a realidade de sua conexão interna e, assim, encetaram aventuras para transformar suas vidas no plano físico.

11
A Conexão Emocional

As vidas de um homem estão expostas como pérolas no fio do seu espírito, e nunca, em toda a sua jornada, ele esteve sozinho, pois aquele que é solitário é infértil.[59]

Dion Fortune disse-nos que ela visualizou sua ficção como se fosse em uma tela. As imagens surgiram e ela transcreveu o que viu – tal como a psicologia dos personagens abriu-se gradualmente para ela, ditando a ação da trama. E cada um dos personagens era simultaneamente "Todos os Homens" – o típico humano nessa jornada – e também de estatura heroica: uma representação das possibilidades dentro de todos nós.

Ressonância arquetípica

É fácil caracterizar três de seus personagens: Ted é o Guerreiro, Wilfred é o Artista e Rupert é o Sacerdote. Hugh é o mais difícil, não havendo realizado qualquer marco independente neste mundo. Concentrado em sua jornada de integração, ele é inicialmente dirigido por Mona e Jelkes. Mas como seu *alter ego*, Ambrosius, torna-se integrado em sua psique de maneira sadia e logo começa a fazer as coisas acontecerem: ele se torna o arquetípico Homem Ativo da Terra, que engendra o trabalho de mudança.

A ressonância arquetípica de cada personagem é intermediada por sua criação e experiência, e, em histórias nas quais até os

---
59. Fortune, *The Sea Priestess*, p. 163.

serviçais estão bem definidos, esses personagens principais têm uma presença autêntica que provoca a nossa empatia.

Ted
Ted precisa lutar para atingir seus objetivos, para ser honrado e para realizar – tudo o que lhe foi negado em tempos de paz. Altruísmo é uma parte essencial da sua psique: ele precisa ser leal a uma causa, servir e proteger. Podemos sentir as frustrações de uma pessoa forte, confiável e presa pelas circunstâncias. Seu poder transformador é a raiva – contra a injustiça e contra o abuso dos fracos –, e, embora essa energia de guerreiro possa ser utilizada produtivamente, tanto nos tempos de paz quanto nos tempos de guerra, requer as oportunidades certas.

Ted já experimentou a energia do guerreiro na inebriação da batalha ao proteger Ursula: então, ele perde as suas dúvidas e inibições e torna-se completamente efetivo. O único momento em que ele faz essa transição sem o catalisador da raiva ou da emergência é nos rituais iniciais, nos quais sua conexão emocional para um nível primordial de consciência torna-o um Sacerdote digno. Pela primeira vez, com percepção, ele se submete e experimenta a inebriação divina tornando-se um com a vida maior. Ele se torna o veículo para Hórus, e tudo o que era Ted Murchison desaparece. Sente-se renascido no conhecimento do ritual dos tempos antigos.

Wilfred
É o dinamismo de Wilfred, o artista, que o torna tão útil para a magia. A sua sacerdotisa, Vivien, verifica que, apesar de sua doença, ele tem uma incrível reserva desse mesmo dinamismo. Sua vitalidade magnética aumenta em relação à deterioração do seu corpo. Pela natureza libertadora de sua doença para a psique e sua imaginação, ele pode reaver memórias de sua vida passada; porém, como artista, precisa trabalhar sob a direção de uma musa, e sua conexão emocional com ela respalda o seu desenvolvimento. Render-se à sua influência abre um caminho criativo: suas realizações são reconhecidas pelo mundo artístico, assim como pela sacerdotisa no forte marítimo. Suas outras qualidades latentes paulatinamente começam a emergir, junto ao seu desenvolvimento artístico e ritualístico, de maneira que, ao final do livro, ele é transformado em um conselheiro e pai da cidade. O mais importante é que ele desenvolve a capacidade e a profundidade para adotar princípios mágicos em seu casamento, tornando-o a mais alta e mais completa união.

A natureza passiva de Wilfred é importante para o relacionamento musa/artista, que é essencialmente mágico e o reverso dos papéis de gênero tradicionais. No relacionamento de Wilfred e Vivien, ela o inspira, e ele entra em gestação e dá à luz a expressão artística. Seu temperamento negativo cabe-lhe perfeitamente para esse papel, apesar de sua raiva pela insistência de Vivien sobre as diversas qualidades femininas dele. Havendo perdido a sua ligação com a vida, ele, tal como Ted e Rupert, torna-se ciente de seu papel de sacrifício, e o seu temperamento lhe permite submeter-se voluntariamente a ele.

Hugh

Hugh é o mais profundamente negativo dos personagens, tanto no temperamento quanto em circunstâncias, dependendo do estímulo externo, tal como grandes caçadas e corridas de carros, para começar a ter algum sentimento. Ele não pode acessar os seus níveis mais profundos; o que geralmente apresenta como sua personalidade, o seu nervosismo e inibição é o resultado da inquisição que sofreu antes de sua última morte. Hugh é alto e curvado, com movimentos diferentes e estranhos. Tudo é descoordenado e ele não tem qualquer estâmina, subsistindo de energia nervosa que se apaga rapidamente. Sua mestria em carros velozes é o resultado de sua *persona* da vida passada, Ambrosius, que aparece no calor da excitação. Mais tarde, ele encontrará uma conexão com aquelas profundidades por meio de processos internos. A memória da vida passada de Hugh desenvolve-se ao longo do livro, e a sua personalidade se transforma à medida que ele absorve Ambrosius em sua psique. Tal como os outros personagens masculinos, é por intermédio de sua sacerdotisa que ele pode definir a profundidade da emoção de que precisa, pela raiva contra a sua vida frustrada – nas duas encarnações – e com o pensamento de ela poder ser tirada dele. Para acessar essa parte subconsciente de sua personalidade, ele chega à conclusão de que precisa de perigo ou de uma ameaça ao seu relacionamento com Mona.

Rupert

Externamente dominante, Rupert tem uma queda para o martírio: ele não quer mais lutar para proteger os fracos, mas para se colocar nas mãos de uma mulher que dele fará exigências. Depois de uma vida emocionalmente perdida, está farto de doar onde os seus presentes não são mais apreciados. Ele quer saber o que é necessário, mas é muito generoso em suas doações: a força de Lilith provoca uma voluntariedade nele para "despejar a sua vida como vinho"[60] – tal como Wilfred, a fim de render-se completamente. Lilith o encanta porque ele nunca consegue conquistá-la.

Influenciado por uma criação rígida, Rupert nunca suportaria um caso amoroso, e isso, combinado com uma grande reserva de força de vida que precisa ter uma via de escape, torna-o ideal para o trabalho com magia. Ele está intelectualmente no mesmo nível que Lilith, e o seu treinamento médico espelha a dedicação de seu caminho oculto: ele absorve o seu ensinamento. Quando Rupert se submete completamente a ela em um perfeito sacrifício, envolvendo até mesmo o risco de morte, alcança a sua magnitude e torna-se o sacerdote poderoso de que Lilith precisa.

Até aqui, vimos que uma virada espontânea de perspectiva, tempo e espaço combina para permitir aos personagens progredir. Uma reação muito natural para essas experiências inusitadas seria acender as luzes e o rádio e voltar ao normal o mais rapidamente possível: todos estão conscientes do potencial perigo de seus estados frágeis. Rupert, em particular, esforça-se para voltar ao seu estado costumeiro concentrando-se em seu trabalho. Porém, como não há nada digno para o qual voltar, todos são impelidos pela necessidade extrema. O próximo estágio será ter tempo e espaço para uma exploração mais considerável daquilo que eles experimentaram. E, se a voz de nossa necessidade interna diz para não nos sobrecarregarmos de preocupações cotidianas, precisamos encontrar sugestões nos textos a fim de manter a nossa própria prática.

O principal componente em seu e em nosso desenvolvimento é acessar a imaginação e casá-la com as emoções. Uma forte ligação emotiva é essencial se quisermos que a magia funcione. A ficção nos diz que o nível deve ser ajustado; os personagens devem estar no estado correto se quiserem ter as respostas certas, assim como nós, leitores.

Respostas emocionais

Em todos os livros, há um ritmo para a prosa e uma repetição como um mantra de palavras, a fim de preparar uma atmosfera. Palavras como *tranquilo*, *calmo*, *sonolento*, *aromático*, *doce*, *sombreado* e *brilhante*

---

60. Fortune, *Moon Magic*, p. 28.

compõem uma corrente de ricos sons vocálicos que poderíamos repetir para formar um exercício de relaxamento eficiente.

Ler parágrafos importantes em voz alta de qualquer um dos livros pode ter um profundo efeito nos ouvintes; foram usados, frequentemente, trechos das histórias de Dion Fortune para esse propósito. Somos atraídos para as respostas emocionais dos personagens, e a forma como reagimos depende do que a autora nos apresenta por meio dos textos.

Assim como o estilo de prosa de Wilfred ecoa o ritmo do mar, a jornada de Rupert entre os seus mundos interno e externo é rítmica, fluindo e refluindo, mas ganhando cada vez mais força. Podemos nos lembrar do estado liminar e de como podemos progredir enquanto estivermos nele, e o que é possível para nós, à medida que lemos esses textos. Também verificamos, por contraste, os efeitos em nosso pensamento costumeiro e rígido. O espaço liminar é fluido – um processo orgânico de fluxo e refluxo, e não apenas um processo linear para a frente. Considerar isso por meio da leitura nos ajuda no desenvolvimento de uma compreensão do relacionamento entre nossos estados interno e externo, e os parâmetros apropriados para cada um.

Esse efeito fluido de água e lua é reforçado em *A Sacerdotisa da Lua*, quando regularmente voltamos a revisitar cenas da perspectiva da sacerdotisa, e a conexão da linhagem passada é muito importante.

No primeiro desses livros escritos por Dion Fortune, *The Winged Bull*, o componente mágico, depois do primeiro ritual profundo, só é mencionado bem mais tarde no texto. A jornada de Ted é literal, e as imagens recorrentes são veiculares. O estado de Ursula é descrito como uma batida de carro; os poderes coloquiais de Ted são como um automóvel de pouca velocidade, e assim por diante. Cruzar o país de carro é uma longa jornada, de leste a oeste, ida e volta, e Dion Fortune torna claro que a resposta de Ted para a terra afeta o seu comportamento.

Esse é um alimento valioso para o pensamento de todos nós no mundo moderno, no qual tantos se sentem desenraizados e o fato de viajar constantemente é percebido como necessário. Para Ted se sentir seguro no seu estado liminar, ele precisa se sentir em casa fisicamente, um espaço que pode encontrar apenas ao final do livro. Com ele, somos convidados a considerar essas questões: Quais são as condições ótimas, os lugares certos, para a nossa própria prática? Onde estamos realmente em casa e apoderados?

Com Hugh, temos o exemplo satisfatório de um sacerdote adormecido e o relacionamento necessário para realizar o seu potencial. *The Goat-Foot God* explica o princípio de fecundação feminina que o transformará, e somos levados para dentro do mistério de seu trabalho interno, que é o de incorporar Ambrosius, cuja natureza é deixada em aberto. Será ele uma personalidade dissociada, um espírito de controle ou uma encarnação anterior? "O que é Ambrosius?" é a pergunta feita por Mona e Jelkes: eles decidem, com a voz da pragmática analista Dion Fortune – ou srta. Firth, como era conhecida naquele estágio inicial de sua carreira –, que, independentemente de qualquer teoria que escolhessem, para todos os propósitos práticos, o resultado seria sempre o mesmo. Embarcamos em nossa própria busca pessoal para encontrar os nossos sacerdote e sacerdotisa internos. Não estamos tentando encontrar respostas, pois não estamos lidando com o mundo dos absolutos, e o literalismo interromperá definitivamente a magia. A nossa tarefa é simplesmente trabalhar a fim de abraçar o mistério e encontrar o lugar certo dentro dele.

A primeira conexão profunda

Com referência à Cabala, a primeira conexão que cada um dos personagens realiza é ao longo do caminho que os leva para a esfera chamada Yesod. Isso também é frequentemente chamado de jornada do submundo, lembrando-nos de que a jornada ao longo dos caminhos da Árvore da Vida pode ser considerada não apenas *para cima* da Árvore, mas também, ao mesmo tempo, *dentro* das partes mais profundas de nós mesmos. Existem duas formas de se relacionar à Árvore que o estudante detém simultaneamente.

Não importa como a visualizamos, os heróis alcançam um lugar especial, a experiência de Yesod, que significa "fundação". Para Ted Murchison, essa jornada é o Museu Britânico; para Hugh, a livraria de Jelkes; para Wilfred, o apartamento de solteiro; e, para Rupert, o aterro do Rio Tâmisa.

Aqui, à medida que seguimos o caminho com os personagens, encontramos diretamente o nosso próprio inconsciente, as nossas imagens e as imagens do mundo. Yesod tem o título de "a casa do tesouro de imagens", pois se trata do repositório das nossas experiências de vida. Também é o lugar onde começamos a aprender a respeito da profunda imaginação e do mundo arquetípico, trabalhando com eles. Ao nos estabelecermos em Yesod, desenvolvemos uma profundidade de conexão com a nossa vida interna, de maneira que os pensamentos, os sentimentos e a base intuitiva de nosso ser se tornam mais tangíveis e vívidos.

Hugh

Hugh começa a emergir de sua anestesia emocional com emoções naturais. Ele procura por diversão além de sua experiência da vida cotidiana e a encontra na livraria pouco iluminada de Jelkes, na forma de livros que estavam disponíveis naquela época: *O Prisioneiro da Opala*, descrevendo o sentimento de estar aprisionado e a necessidade de escapar para uma realidade mais ampla e desconhecida; *The Corn King and the Spring Queen*, a respeito da magia da antiga Esparta; *The Devil's Mistress*, a respeito de magia escocesa, e a magia negra do livro *Là-Bas*, de Huysmans. Essas obras inundam a sua imaginação com imagens ocultas e prosa rítmica. Suas influências, em um lugar tão diferente de seus ambientes normais, são chamados poderosos para revisar o seu mundo, ao qual ele responde com toda boa vontade. Ler essa cena também é um chamado poderoso para o leitor.

A profusão de encorajamento age como um espelho de ressonância psíquica. A livraria é misteriosa e exala o cheiro de livros velhos e de incenso; Hugh sente que a "casca do mundo pode craquelar e alguns raios de luz podem transparecer".[61] Isso corresponde exatamente à sua mudança para o local cabalístico da imaginação: Yesod. A sua alma está vibrando depois de toda uma vida dormente, e os livros literalmente cercam Hugh com novos locais para exploração. O modesto espaço interno representa o máximo em conforto e calor, e sua aparente desorganização é gradativamente revelada como um simples sistema para viver. Hugh julga o vazio de Mayfair comparando-a com o arranjo de vida de Jelkes, com suas prioridades, leitura e pensamentos. A livraria é o oposto polar da casa moderna de Hugh, cuja claridade, linhas bem definidas e mobiliário e tecidos incomodam os seus sentidos. Na livraria, alimento e companheirismo simples sustentam a sua alma; ele redescobre o seu apetite.

Encorajados, os sentidos de Hugh querem sensacionalismo: a Missa Negra. Como um pêndulo, ele precisa encontrar o seu equilíbrio entre apatia e ousadia. Ele é conduzido pela mão pelo vendedor de

---
61. Fortune, *The Winged Bull*, p. 6.

livros por simples humanidade e levado gentilmente para uma conexão profunda com a vida – que até então lhe foi negada.

Na nobreza evidente de uma cama com quatro colunas que ele visualiza, um contato é feito e o seu verdadeiro trabalho interno começa.

Wilfred
Wilfred constrói um lugar de privacidade e desenvolvimento, onde ele fica e aprende a investigar apropriadamente de acordo com a sua conexão espontânea com a lua. A maneira como ele faz isso, explorando sem qualquer ajuda ou direcionamento, proporciona sugestões práticas de como podemos proceder.

Suas "jornadas" têm sido de diálogos internos com a lua: em razão da sua doença e do efeito dos seus remédios, ele é o único personagem a fazer uma conexão com a profunda imaginação antes de encontrar o seu santuário.

Wilfred sente que conquistou um relacionamento com a lua, aprendendo a respeito das leis secretas de seu reino e das influências desconhecidas das marés cósmicas. Isolado de todos os heróis, Wilfred é também um autor, e ele nos conta que os seus escritos ressoam o ritmo profundo das marés. Nós o acompanhamos em suas visões, compartilhando o seu fascínio e suas experiências. E a lição que aprendemos é que, ao permitir simplesmente espaço e tempo, podemos acessar uma resposta emotivamente profunda. Isso pode nos dar uma experiência genuína de conexão e iniciar a degradação de nosso sentido habitual de separação do mundo.

Por meio do desenvolvimento de Wilfred, aprendemos o que esperar quando estudamos: não será uma progressão fácil, mas um padrão de avanço seguido por um período de consolidação até o próximo ímpeto de crescimento. O treinamento solitário de Wilfred é eclético e nos lembra da declaração de Dion Fortune de que deve haver um componente intelectual no caminho do adepto. Wilfred responde à literatura magnífica do Antigo Testamento e flerta com a teosofia, com a qual acaba se desiludindo. A esse material, acrescenta as comunicações da lua; ele tem sonhos durante o dia e engendra histórias de reencarnação quando está quase dormindo e despertando. Observa especialmente sonhos vívidos quando passa dali para o sono verdadeiro, assim como faz Hugh Paston.

Wilfred desenvolve especialmente o que ele chama de "meu poder ao sentir-me com as forças da natureza".[62] O seu corpo está afinado com as marés por meio da natureza do rio que flui embaixo de sua janela. Ele é puxado pela imaginação para as terras inundadas dos mitos de sua região, em seu apartamento de solteiro, seu próprio lugar de Yesod.

Por meio de sua imaginação e conectando um lugar em si mesmo que não esteja limitado a espaço e tempo, Wilfred visualiza as práticas dos povos mais antigos no território inundado. Após a visão de uma pira flamejante na beira do mar, ele inicia a sua mais significativa jornada, o sonho de uma reencarnação totalmente realizada, pouco antes de encontrar Vivien, sua mentora e sacerdotisa.

Ted

Podemos passear por um museu muitas vezes com apenas a nossa mente ocupada em olhar o que se apresenta, mas Ted Murchison está prestes a sofrer uma experiência emotiva profunda no Museu Britânico. O calor e a pouca luz estimulam os seus sentidos para a busca. A neblina que circula pelos corredores alimenta a sua e a nossa imaginação. Em outro mundo exótico e não familiar, o lado lógico de seu cérebro está suspenso, permitindo uma comunicação instantânea com a enorme escultura do touro alado que guarda a porta de entrada – uma personalidade bem-humorada e incisiva que possui lições de vida essenciais para ele. Ted sente que tem mais em comum com essa antiga estátua do que com os humanos em sua vida. Em seu estado alterado, o material em exposição no museu começa a criar vida: a enorme "mão de poder" em granito vermelho transmite divindade benigna, os deuses egípcios observam em silêncio e os pequenos deuses aborígines cheiram a sangue.

Recuando, Ted gostaria de ter uma vida digna de ser vivida ao lembrar-se de seus dias gloriosos no exército. Uma parte muito tempo reprimida de sua psique está despertando, e ele assume a responsabilidade: Ted sente um portal de oportunidade e deliberadamente mergulha no caminho sem trilha.

Tal como Wilfred, Ted adquire uma percepção do início da criação. Mas, diferentemente da visão de Wilfred influenciada pela lua, sobre a mecânica dos céus estrelados, a espessa neblina alimenta a imaginação de Ted para o vazio antes da criação e a glória de grandes seres parecidos com touros alados a se manifestarem. Ted está desorientado

---

62. Fortune, *The Sea Priestess*, p. 14.

e, sem saber qual espírito poderá aparecer, ele toma a iniciativa, escolhendo o que seria um poderoso braço limpando a escuridão. Livre de suas inibições e encantado com a emoção do momento, Ted clama pela plenitude da vida que ele deseja em uma invocação a Pã. E o chamado, por certo, é respondido instantaneamente.

Rupert

Com Rupert Malcolm, Dion Fortune intensifica as experiências de seus heróis anteriores; portanto, vale a pena usar a sua experiência para colocar todos em contexto, ativando a pressão emocional de maneira quase insuportável. Rupert é a culminação, o sacerdote evoluído que não existe para a felicidade pessoal, mas para realizar o trabalho esotérico da era. A sua história tem ainda mais ênfase repetindo a sua leitura: primeiro, a partir de seu ponto de vista e, depois, do ponto de vista de Lilith Le Fay. E, embora sendo uma adepta, Lilith não é infalível. Sua preocupação a respeito de seu afeto pessoal por Rupert não está correta: ao final do livro, ela percebe que, para que a magia funcione, suas emoções devem estar envolvidas.

Rupert tem um forte sentido visual, o costume de uma concentração intensa e o rígido controle de sua mente para domar as "bestas de Éfeso" – a sua libido –, que ele desenvolveu ainda mais. Aliada a uma necessidade emocional intensa, a sua situação mental é potencialmente muito perigosa. Assim, "Um Estudo em Telepatia" é iniciado. Nesse estudo, os limites naturais entre os mundos irão desmoronar, pois as crenças estáveis de Rupert nas responsabilidades de trabalho e casamento começam a ruir.

Rupert sofre uma profunda agonia para alcançar um estado que fará com que o trabalho de magia funcione com uma sacerdotisa da classe de Lilith. Tal como Hugh, Rupert está febril e vacilante, mas em um extremo ainda maior. Na primeira vez que ele a vê, fica entusiasmado e intrigado, o que elimina a sua apatia. Logo depois, o médico de sua esposa o isenta de sua responsabilidade emocional para com ela. Ele está livre, porém sem âncora e à mercê de todas as possíveis ventanias. Perseguir a mulher dos seus sonhos provoca obsessão, agitação, êxtase e pesadelos. Decidindo sacrificar sua fantasia, percebe que ela já está "enraizada intensamente em seu ser".[63] A profundidade de seu alcance

---

63. Fortune, *Moon Magic*, p. 24.

emocional exige uma grande capacidade para realizar grandes trabalhos de magia.

O pensamento de Dion Fortune considera que o sacrifício é necessário para o trabalho com magia, e em nenhum outro momento de sua ficção isso está tão claramente especificado. Alimentado pela força de vontade e capacidade de resistência extraordinária de Rupert, o seu volume de sofrimento é uma parte integrante do processo de apresentar a força que Lilith precisa e um indicativo de quanto isso é poderoso.

Rupert Malcolm luta para obter visão e o sonho recorrente que ele tem nesse momento misterioso entre o despertar e o dormir, até que, eventualmente, ele ultrapassa os limites da realidade e receba sensações manifestas. Essas manifestações levam ao segundo estágio de sua compreensão, o mais valioso para o trabalho que está prestes a se apresentar, e para nós também. Ele descobre que pode experimentar a presença de sua sacerdotisa, mas não pode possuí-la. Isso faz parte de uma reflexão do preceito de que o adepto pode fazer uso de tudo, mas não pode possuir nada. É claramente afirmado que, embora o trabalho seja alimentado por emoções intensas, devemos transmutar isso em uma experiência de serviço dedicada se quisermos realizar algo de valor.

Depois da experiência profunda de Rupert "de bênção e paz" – a sensação de dormir sobre o seio de uma mulher –, sua consciência procura obrigá-lo a abandonar sua vida interna. Isso leva a uma confusão da alma, um chamado compulsivo por socorro ao seu mentor para que o salve. Após meses de visita ao mundo intermediário onde eles podem se encontrar, ela determina criar coragem e apresentar-se no mundo real.

Os quatro personagens
Rupert compartilha muitas ressonâncias com os personagens dos livros anteriores. Tal como Hugh, ele não é valorizado pela pessoa que é, pelo mundo profissional, tampouco é respeitado por sua esposa. Como Ted, os sonhos perdidos da juventude ativam a sua imaginação, e observar a maré do Rio Tâmisa traz de volta a sua fantasia de vida como um oficial de navio. Em um reflexo de *A Sacerdotisa do Mar*, o motivo marítimo agrega-se a Rupert tal como com Wilfred, antes de os dois encontrarem suas sacerdotisas fisicamente. Rupert compartilha as frustrações de Ted, mas, como ele é bem-sucedido no mundo, elas são focadas em sua vida privada. E o seu mentor, assim como o mentor de Ted, está

trabalhando com magia, que é um catalisador energético. A invocação de Ted é simultânea e uma resposta para a magia de Brangwyn a fim de encontrá-lo, a razão pela qual Brangwyn estava no Museu Britânico. Da mesma forma, enquanto Rupert é transportado por sua imaginação, ele está sendo convocado pelo trabalho de Lilith nos planos internos. Rupert compartilha com Wilfred uma memória de tortura da reencarnação, mas é somente em *A Sacerdotisa da Lua* que esse sofrimento físico é enfatizado. Os outros personagens têm uma resposta direta para o sofrimento: Ted tem a reação egoísta de um homem em desvantagem de nascimento, criação e dinheiro na presença de uma mulher culta. Seu desejo é responder da mesma forma para denegrir Ursula de maneira chauvinista, provando o seu domínio, assim como Wilfred inferioriza Vivien ao fantasiar a respeito de um caso amoroso com ela. Rupert, imune a essas mesquinharias, visualiza a possível perda de seu sonho com desespero e a vontade premente de matar.

A fuga de Hugh tem sido das emoções mais profundas. Ele foi marcado como um marido traído pela imprensa nacional, no entanto é Rupert quem passa pelo purgatório da humilhação e da autorrepreensão, por causa de seus esforços com a sua restritiva criação presbiteriana.

Lilith verifica que Rupert e Wilfred sofrem as restrições impostas à alma de um homem por influências precoces – no caso de Rupert, a rígida moralidade de seu pai –, assim como uma árvore fica torta de acordo com a tendência prevalecente do vento durante o seu crescimento. Precisamos ficar atentos às restrições causadas por nossa própria criação, e isso é o motivo pelo dito popular "conhece-te a ti mesmo" como um requisito para o treinamento oculto.

O estado imaginativo necessário para o trabalho com magia

Para reiterar alguns pontos muito importantes do capítulo anterior, esses exemplos não estão sugerindo que precisamos experimentar uma confusão psíquica da mesma forma que aconteceu com os personagens; longe disso. Dion Fortune escreveu em outras ocasiões sobre os perigos de um colapso por meio do tipo de experimentação de Rupert. Tanto Ted como Hugh estão desesperados e tentando cegamente qualquer tipo de ajuda oculta; mas, na vida, nossa integridade não significa que as influências corretas corresponderão, e não existe qualquer garantia de que nós, se tentarmos algum trabalho com magia nesse estado, teremos tanta sorte. As restrições de Dion Fortune sobre drogas em trabalho oculto também são rígidas, e podemos ver como até as drogas medicinais afetaram Wilfred no limiar de vida e morte.

Podemos abordar aspectos da esfera de Yesod, a imaginação, por intermédio de histórias, mitos e arquétipos. Alcançando-a por meio dos sentidos e do mundo interior, precisamos fundamentá-la na experiência concreta. Yesod carrega consigo o perigo de que possamos nos perder em fantasia, causando uma divisão entre a experiência interna e a experiência externa, e todos os personagens correm esse risco. É importante que todos os exercícios sugeridos na terceira seção do livro devam ser encerrados com a experiência da ancoragem e da integração do nosso interior e exterior.

A magia precisa de uma fonte de energia emocional para funcionar, e, com as salvaguardas do ritual, podemos deliberadamente construir a mentalidade correta por meio de várias técnicas. Somos antes inflamados por um desejo que compartilhamos com os personagens para a plenitude da vida. A melhor rota, depois de estabelecer nossa intenção, é empreender todos os sentidos. Isso aconteceu sensacionalmente para Rupert Malcolm, com suas sensações visual e tátil do toque de uma mulher. Até o simplório Ted responde às experiências sensuais de cor e textura, e desperta para uma visão do rosto de Ursula, enquanto o trabalho interno de Wilfred e Hugh é "real" o suficiente para manifestar o cheiro de lenha queimando a partir de uma pira de lenha úmida e de brasas de lenha de cedro, respectivamente. Essas experiências se baseiam na experiência real de Dion Fortune e de seus colegas, e tudo isso está documentado.

Conforme os quatro homens entrarem em uma fase de desenvolvimento de maior orientação, seus sentidos serão requisitados cada vez mais. Temos de trabalhar muito nos dias de hoje para fazer a mesma coisa, pois os nossos sentidos estão cansados e superestimulados por cores, espetáculos, sons e pelo amplo exotismo do mundo atual.

Vale a pena tentar olhar na mente do leitor da década de 1930 quando lemos as histórias. Imagine por um momento, naquela época convencional, quão estranhos e exóticos eram os lugares e os trajes mencionados nos livros, e que efeito revelador teriam nos homens dessa sociedade. A saturação da experiência dos sentidos dos personagens, minados pelos cheiros, pois o sentido do olfato está conectado próximo ao centro emocional do cérebro. O uso de perfumes e de incensos por Brangwyn e, especialmente, por Lilith é uma dica útil, e, lendo todos esses trechos evocativos, podemos planejar mentalmente de que forma o nosso estímulo sensorial poderia apoiar nossos exercícios.

O hábito de conectar-se pelos sentidos a fim de sentir uma forma autêntica é conseguido à medida que aprendemos a relaxar e a notar as nossas respostas para o mundo real. E acessar regularmente um relacionamento emocional com o nosso estado interno não nos tirará da vida real. Ao contrário, isso nos ajudará a nos relacionarmos com o mundo *tal como ele é*, e não como geralmente o enxergamos, ou seja, por meio da roda giratória do melodrama, do juízo e de afirmações passadas, assumidas pelo mundo externo como a única maneira de responder. Voltamos de cada experiência de nosso estado interior prontos e com capacidade de progredir, tal como os personagens de Dion Fortune, com uma visão mais clara e uma atitude mais fundamentada e preparada.

12
Limiares, Guardiões e Obstáculos

O que realmente o interessou e fez com que ele comprasse o livro – foi o seu título, "O Prisioneiro da Opala"; a pista da fuga – um vislumbre do fogo do coração da pedra –, os portais da vida entreabertos.[64]

É muito importante ter um bom lugar para trabalhar, pois isso permitirá que nossas mentes se expandam em uma consciência maior da realidade por detrás da realidade. Quando chega o momento de escolher o espaço físico, achamos que as necessidades dos personagens espelham as nossas. Uma das coisas que tornam os livros tão satisfatórios é o tempo utilizado para preparar a cena, com cada detalhe escolhido por sua ressonância. Os personagens e os leitores respondem em um nível profundo ao conceito de "lar". Porém, para cada um dos personagens existem obstáculos iniciais a serem superados, caso eles cruzem o limiar para dentro da magia.

Guardiões e obstáculos

Em livros de ocultismo, assim como na realidade mágica, existem limiares a serem cruzados, e o simples desejo de ultrapassá-los não garante a admissão: devemos provar o nosso merecimento aos guardiões de qualquer caminho. Há uma tradição de guardiões que guardam os portais dos planos internos, mas antes vale a pena considerar que à nossa frente estão os demônios do nosso subconsciente, apesar de um sincero desejo de progredir. São projeções de nossas personalidades,

---
64. Fortune, *The Goat-Foot God*, p. 10.

procurando desesperadamente manter o *status quo*, adeptos de impedir o nosso progresso.

Longe de mitificar os estados psicológicos de seus personagens – com dragões nos portais tal como na ficção fantástica popular –, Dion Fortune escreve claramente a esse respeito. Precisamos de clareza mental para trabalhar com magia e de capacidade para identificar nossas fraquezas; ao ler a respeito das dificuldades dos personagens, somos convidados a analisar as nossas.

Notamos nas histórias quantas vezes, depois de um avanço, os personagens revertem para a maneira como eles pensavam anteriormente. Isso faz parte da natureza gradativa da mudança mágica que nos lembra de nossos próprios padrões psicológicos. Não podemos descartar nossas formas rígidas de pensar de uma só vez; são necessários um esforço e uma percepção contínuos para o progresso, pois eles procuram constantemente se reafirmar.

O instinto profundo de Hugh o leva à loja de Jelkes, mas ele é rechaçado logo na entrada. Quando Hugh pergunta a respeito da Missa Negra, Jelkes torna-se o guardião dos mistérios: seu rosto se fecha e ele repete que não há nada escrito sobre o assunto. Hugh sai da loja abrindo o seu caminho na escuridão e na chuva para o hotel. Enquanto ele folheia o livro que havia comprado antes, podemos ver sua facilidade de abordagem; ele está intrigado com a Missa Negra, mas a considera simplesmente "sala de concertos". Ele não consegue compreender esse tipo de psicologia – e, por implicação, as conexões mágicas forjadas, quer o ritual seja considerado branco ou negro.

Hugh havia sido rechaçado da loja por causa da sua falta de compreensão e da busca por sensacionalismo. Mas o seu instinto mais profundo o instiga a voltar, em um estado mental mais apropriado e a pé, uma forma tradicional e humilde de aproximar-se de algo sagrado.

A caminhada de volta mergulha-o em uma análise de seu ego interior negligenciado, e, no momento em que ele verifica que o problema verdadeiro não é o seu casamento, mas a sua vida, ele já está de volta à loja. Tanto a sua saída quanto a volta parecem um caminho predestinado – ele voltou sem saber como ali chegou. Em seu estado alterado, percebeu que a sua mente estava perdendo consciência, mas, apesar disso, ele ainda achou uma resposta. Ele encontrou a porta destrancada e Jelkes dando-lhe as boas-vindas. Hugh literalmente tem permissão para entrar no local sagrado nos fundos da loja: ele finalmente conseguira.

Hugh reconhece esse relacionamento como sendo íntimo, algo em um nível profundo que lhe havia sido negado na vida adulta. Ele começa a experiência de tratar a sua vida interna seriamente e a enxergar o que é autêntico, sonhando e permitindo que sua intuição o leve adiante. Ele começa a obedecer aos seus sonhos e pensamentos não provocados. O processo de tratar seriamente a sua vida interna cria uma base de integridade que é o fundamento para Hugh, assim como o será para nós. A disposição da loja é profundamente terapêutica e o coloca em um caminho que o havia esquivado até então. Isso carregou Hugh em toda a sua crise, removendo-o de um ambiente estéril para outro rico e orgânico. Suas novas possibilidades são simbolizadas pelos livros, que são repositórios do conhecimento e da sabedoria antigos. Jelkes representa o mentor realista, puritano e são: seu relacionamento com Hugh é de pai e filho. Ele orienta a leitura e a experiência de Hugh, firma seus pés em seu novo caminho e o apresenta a Mona, que será sua parceira mágica.

Hugh deixa Jelkes e Mona para colocar em ação sua mudança e vender sua casa em Mayfair. Ele está livre para seguir a sua nova vida.

A partir de agora, a limitação principal ou o obstáculo de Hugh será a falta de autovalorização. Ele não pode imaginar qualquer pessoa que possa precisar dele, com exceção de aproveitar-se de seu dinheiro. A sua jornada é orientada para o seu ego profundo – de poder e potencial. E descobrimos, tal como em *The Winged Bull* com Ted, Ursula e Brangwyn, que, uma vez que uma conexão é realizada com um parceiro mágico, o mentor ficará cada vez mais no segundo plano, deixando ao estudante o pleno desabrochar de suas habilidades. E assim Jelkes silenciosamente desaparece de volta para a sua loja, a fim de deixar o caminho livre para a conclusão da história.

Wilfred parece satisfeito com a sua história quando, a partir das insistências de seu subconsciente profundo, ele estabelece os passos práticos que lhe dão independência. Seu refúgio escondido no fundo do jardim está completo com o guardião de que a sua natureza sensitiva necessita – a senhora Sally, que guarda a porta de sua família. Na morte dela, o apoio de que ele precisa é alterado de puramente físico para a barreira empática e emocional que o amor de sua secretária e futura esposa, Molly, supre. Como todos os personagens principais de Dion Fortune, Wilfred atrai a ajuda de que precisa.

O principal obstáculo de Wilfred para o relacionamento com a srta. Morgan, que se tornará sua sacerdotisa, Vivien, é a mentalidade dele de agente imobiliário de pequena cidade. Antes de conhecê-la, sua vida de fantasia estava focada em uma fuga para Londres e a cena literária – realização artística, aventuras e mulheres fascinantes. Vivien é justamente uma delas, e ele não está preparado para a colisão de seus sonhos e sua realidade cotidiana.

Em seus encontros iniciais, o seu lado pragmático muitas vezes está em alta, misturado com o seu conhecimento limitado de "mulheres do mundo". Wilfred suspeita de que Vivien esteja tentando explorá-lo e que tenha mudado bruscamente de tática ao perceber que suas artimanhas não estavam funcionando. Ele recua frequentemente em um estado de agente imobiliário, ignorando sua abordagem amistosa. Pensa: "Teoricamente, sou completamente não convencional, mas nunca tive nada com mulheres não convencionais; eu estava completamente despreparado para esse encontro... Isso era exatamente o que eu queria quando planejei minha ida a Londres, e, no entanto, não pude sair de minha concha e me comprometer".[65] A palavra "concha" nos lembra novamente do mundo da ilusão e da dispersão antes de começarmos a nossa exploração da Árvore. Logo depois, os remédios no sistema de Wilfred ultrapassam os seus cuidados e ele compartilha sua visão da caverna do mar com Vivien: essa é a primeira evidência de sua telepatia, um tema profundamente explorado mais adiante em *A Sacerdotisa da Lua*.

Entretanto, a sua posição costumeira de homem de pequena cidade volta logo depois de sua cura. A atitude chauvinista com as mulheres que Wilfred e Ted de *The Winged Bull* às vezes assumem não é nada atraente. Eles ainda estão seguindo o *status quo* em uma sociedade que apresenta o homem como o mandachuva; eles vacilam entre esse estado e um relacionamento mais iluminado ao conhecerem suas sacerdotisas. No caso de Wilfred, ele decide "apostar" na srta. Morgan, seja por uma genuína experiência de quarta dimensão ou visando a um namoro; pragmaticamente, ele está preparado para pagar por seu prazer, mas de modo razoavel. Essa atitude pouco agradável é originada por suas fantasias, e não de sua realidade atual, e ele se sente envergonhado com a sinceridade de Vivien.

Por intermédio de uma simples subversão típica de uma mentalidade de cidade pequena, o *deus ex machina* que assegura o primeiro

---

65. Fortune, *The Sea Priestess*, p. 32.

encontro íntimo de Wilfred com a srta. Morgan é o *office boy* que lhe indica o apartamento de Wilfred. Wilfred está enfraquecido, ele abaixa a sua guarda e compartilha memórias de sua vida passada, revertendo novamente para o seu estado costumeiro à medida que se recupera. O seu treinamento solitário anterior o ajuda finalmente a superar isso: porque ele já esteve em contato com o lado natural das coisas, suas percepções mudam completamente ao cruzar a ponte para os pântanos. Penetrando na terra liminar de sua visão inicial, longe da atmosfera venenosa da cidade, o seu humor é liberado e ele discute com absoluta naturalidade o encontro em sua visão. Explorando o local que será o templo mágico, a cena do próximo estágio de seu crescimento espiritual, eles entram em um relacionamento.

O progresso de Ted não poderia ser melhor: ele é bem-vindo no apartamento de Brangwyn e rapidamente aceito como estudante e potencial trabalhador de magia. Havendo sofrido uma falta de sorte, suas chances de repente mudaram em todos os aspectos; o trabalho deveria ser fácil. No entanto, seu relacionamento com Ursula sofre com conflitos que interrompem a sua progressão natural. Os guardiões não são aqueles protegendo qualquer plano mágico interno, pois ele leva ambos naturalmente para um estudo mitológico e para um trabalho imaginativo de ritual.

A necessidade de Ted e o trabalho de Brangwyn na Biblioteca Britânica asseguraram seu contato com os mundos internos. Até mesmo antes de se encontrarem no pátio, a sinceridade e o foco de ambos – a procura de Brangwyn por um estudante e a busca de Murchison para a entrada em uma vida mais ampla – foram sincronizados a fim de assegurar o encontro mágico.

Tanto Ted como Ursula são chamados à atenção pelos guardiões do comportamento apropriado – esses monstros das respostas condicionadas para efeito de classificação e aparência em suas próprias psiques. A união e a acomodação dos opostos são os temas do livro, e Ted e Ursula formam um casal bem equilibrado nas atitudes exigidas pela sociedade que impedem o trabalho de fluir. O seu mentor mágico poderia ter preparado o seu caminho, mas Brangwyn, o adepto, está "no mundo, mas não sendo do mundo". Ele tem prioridades mais altas e uma receita que o protege contra as exigências da sociedade, de forma que não pode reportar ou compreender as pressões e as motivações dos dois. Ele não compreende os ressentimentos de Ted, tampouco sua posição injusta e inibidora como funcionário, mas os leitores originais de Dion Fortune certamente entenderiam – e provavelmente teriam mais simpatia pela esnobe Ursula, repelida pela injustiça de Ted, do que nós poderíamos ter. É impossível para nós atualmente compreendermos a importância imposta na aparência nessa sociedade, mas estar corretamente vestido a fim de se identificar com seus semelhantes era tão fundamental que se mostrava um tema imprescindível na ficção romântica leve durante o período intermediário da guerra. Como indicador social, era vital; uma testemunha disso é a avaliação instantânea de Hugh Paston do casaco de *tweed* "honesto" de Jelkes.

A inexperiente Ursula falha por falta de discriminação. Ela julga Ted unicamente pela sua aparência externa. Sua resposta mais autêntica e profunda para ele é revelada mais tarde: quando a causa da sujeira em seu paletó desperta memórias infantis de soldados exaustos, ela recorda quanto os valorizava por protegê-la de um terror desconhecido. Ela conhece suas próprias dificuldades, embora seja indefesa para superá-las, apesar desses momentos de percepção.

O ressentimento de Ted contra Ursula faz com que as conversas fiquem estranhas, e ele logo reconhece que suas comunicações mais fáceis eram pelo contato físico. Ao comparar-se com um gigolô, Ted está colocando a pior construção do mundo no plano de Brangwyn para ele, mas é evidente que nós, como Ted, podemos avançar em nosso trabalho mágico somente até onde nos permite a compreensão. É Ursula, e não seu irmão, que gentilmente ajuda a mudar seu ponto de vista sobre o mundo. Ironicamente para um homem inibido, o efeito de nivelamento em discutir sexo e a questão da procriação o coloca mais à vontade; pela primeira vez os dois relaxam e falam no mesmo nível. Quando Ted se esquece de que ela é uma mulher atraente e passa a falar de "homem para homem" com ela, ambos superam a barreira e passam para uma comunicação autêntica, prevendo o ensino mágico de Ursula sobre o tema de sexo que eventualmente causa a transformação final de Ted.

A tarefa de Ted é abraçar seu papel como homem de ação e reconhecer que essa é a melhor forma de progredir em seu relacionamento, e não por meio de racionalizações intelectuais. Salvando-se, ele salvará Ursula. Ação sobre o plano exterior deve partir de Ted e, no plano interior, a partir de Ursula. O livro enfatiza a necessidade de Ursula para a proteção do soldado, mas sua hostilidade atrasa o sacrificante elemento do amor de seu trabalho mágico. O monstro da consciência de classe impede a sua ida pelo portal para o próximo estágio. Entretanto, todas as vezes que é ativado por compaixão, seu ego superior e instintivo juntos asseguram que suas ações sejam impecáveis.

A culminação do livro será encontrar um meio além das diferenças da sociedade para a natureza da verdadeira conexão. E é no santuário do apartamento de Brangwyn que Murchison aprende a técnica que o ajudará na jornada.

O relacionamento em termos cabalísticos

Ted e Ursula são o exemplo mais claro do que ocorre com todos nós quando começamos a desenvolver uma conexão com a nossa vida interior. Tornamo-nos conscientes da experiência de opostos dentro de nós, e, particularmente, da inter-relação de pensamento, emoção e imagem.

Em termos cabalísticos, tocamos nas sephiroth Hod (relativa ao pensamento) e Netzach (relativa ao sentimento). Seu relacionamento parece uma roda giratória de associações emaranhadas na qual a imagem (Yesod) estimula o pensamento e o sentimento, que, por sua vez, estimulam as outras duas esferas *ad infinitum*. Esse emaranhado de material interno relaciona-se a experiências passadas em vez de tratar cada nova experiência em seu próprio mérito: ele detém o *momentum* de nossas vidas. É a fonte de nosso pensamento costumeiro e explica a resistência que Ted e Ursula encontram constantemente quando procuram com sinceridade penetrar de modo mais profundo em suas vidas internas. Essa compreensão nos ajudará a enxergar mais consistentemente as jornadas de todos os outros personagens.

Todos esses santuários são pontos de parada durante o percurso. O apartamento de *The Winged Bull* é o lar de Brangwyn, e não o de Ted. Para Wilfred, a idade de Sally – a serviçal/guardiã que assegura a privacidade da família dele – significará sempre que a sua posse do apartamento deverá terminar logo. A livraria de *The Goat-Foot God*, tão primitiva e básica pelos padrões habituais de Hugh, somente pode ser uma medida temporária, de acordo com Jelkes. E as vizinhanças são limitadas demais: os personagens precisam de um estágio mais amplo a fim de realizar o seu potencial.

O momento limiar de Rupert Malcolm está claro: ele literalmente força o seu caminho para além do limiar até a casa particular de Lilith, mas é rechaçado por ela e, envergonhado, foge – no entanto, esse ato aprimora a sua vidência. Seus outros limiares psicológicos ocorrem quando ele racionaliza os "sonhos diurnos" que ele persegue.

A educação puritana e o alto sentido moral de Rupert significam que ele sofre até mais que Wilfred ao sintetizar a verdadeira mulher com a fantasia de seus sonhos. E o problema é exacerbado por sua qualidade erótica; ele nunca fantasiou, nem mesmo a respeito da esposa, de forma que pudesse ofender os limites da propriedade. O choque de encontrar a mulher dos seus sonhos provoca uma conexão imediata com sua vida passada: pensando que a realidade dela destruirá seus sonhos, observa com os olhos do sacerdote de sacrifícios – uma reflexão de seu papel atual na distante encarnação quando ele conheceu Lilith.

O medo da força e da violência de suas próprias reações acaba controlando-o. A humilhação e suas emoções ressoam sobremaneira com a tortura que o condenou à morte na vida passada. Eventualmente, esse processo e a bênção de Lilith iniciam a sua reintegração. Ela é persistente em sua busca por um objetivo mais alto e precisa destravar a sua força, generosidade e talento para "a grande obra" de ajudar o nascimento da nova era.

Rupert iguala-se a Lilith desde o começo, por sua força, disciplina e inteligência. Ele também é um catalisador, pois é somente depois de quase derrubá-lo que Lilith reconhece o que ele fez na construção que ela havia rejeitado. A percepção de Rupert com respeito a Lilith como sacerdotisa é necessária para ela a fim de acessar a personalidade mágica: esse é o combustível para a sua parte do trabalho.

Significativamente, o próximo avanço de Rupert é quando ele é criticado no trabalho – o único marcador constante de serviço em uma vida desequilibrada. Quando essa crítica afeta sua autoconfiança "até suas fundações", a sua mulher misteriosa finalmente aparece mais perto no passeio do aterro. A sua perseguição ao longo do Rio Tâmisa – desde Blackfriars até Lambeth Bridge – possui a ousadia do desespero. Por meio de memórias de sua reencarnação como sacerdote de sacrifícios, sabemos que Rupert viveu essa perseguição de uma sacerdotisa anteriormente e cometeu um sacrilégio.

Rupert está constantemente em problemas com sua própria natureza. Ele fica irritado e ao mesmo tempo aliviado pela bondade desinteressada de Lilith, uma resposta para suas confusões emocionais que remove qualquer pressão moral. Ele não gosta da aparente distância de

Lilith, de seu instinto frio, e desconfia de suas experiências passadas no mundo. Porém, existe um portal para seu relacionamento íntimo ao conversarem de igual para igual sobre todos os tópicos, especialmente sobre necessidades sexuais e emocionais, assim como há um constante tema em todos os livros para a autenticidade da comunicação. Ele luta frequentemente com a natureza de adepto essencial de Lilith, o que torna impossível uma ligação romântica. Ele não quer chegar a nenhum acordo com isso ou ao conflito de ser um homem puritano apaixonado, até experimentar a paz profunda proporcionada pelo seu trabalho mágico. De modo derradeiro, Rupert se volta completamente ao trabalho, tal como ele já fez em visão. Ele pode não possuir Lilith, mas está totalmente satisfeito em ser integrado no trabalho.

Quando eles se encontram, finalmente, em seu consultório, ela o leva até o carro e para a sua casa espiritual. Depois, o seu relacionamento é limitado apenas pela sua consciência. Ela explica os pontos mais difíceis do trabalho mágico ao aliviar os seus medos, e todos podemos nos beneficiar com sua exposição. A gradativa compreensão de Rupert das responsabilidades cósmicas de Lilith e a parte da qual ele pode participar levam a um ritual final conclusivo. As implicações são mais de longo alcance do que nos outros livros, pois a história não termina ao aterrar a corrente mágica em casamento físico, mas promete atividade mágica contínua.

O processo do herói como estudante, ou do leitor, consiste em começar a se mover fluidamente, superando de forma gradativa obstáculos e abrindo os caminhos entre os planos. Podemos ficar cientes de nosso próprio diálogo interno, aquela "roda giratória" costumeira de reações com base na memória de experiências e respostas passadas. Podemos aprender a olhar de forma gentil para os nossos defeitos de personalidade e para as nossas atitudes enraizadas.

Tornarmo-nos simplesmente perceptivos de nossas limitações, examinando-as cuidadosamente, acopladas com a mais ampla perspectiva adquirida com o trabalho interno, ajudando a dispersar a rigidez que pode ter atrapalhado nosso progresso no passado. E nossa primeira tarefa será a de designar um espaço cultivador no qual podemos relaxar ao permitir...

Precisamos permitir o espaço e o tempo para o desenvolvimento da imaginação, a fim de abrir um caminho de conexão emocional com nossa vida interior, para que nos desembaracemos gentilmente de nossas respostas e hábitos costumeiros. Encontrar tempo não requer de nós exigências irreais, embora o efeito, tal como aprender uma nova habilidade, estará em relação direta ao esforço por nós empregado.

Assim como está dentro, também está fora; assim como as nossas atitudes mudam, as nossas vidas também se tornarão mais mágicas.

E, imitando os personagens, uma vez que começamos a nos libertar de nossas restrições psicológicas, podemos começar a ocupar-nos com o sacrifício necessário para toda a verdadeira magia: em nosso caso, trata-se de ter tempo e espaço e da nossa rendição voluntária ao mistério da profunda conexão, que é a precursora de uma vida associada e mágica.

13
Espaço Mágico

Havia apenas meia dúzia de velas em altos candelabros eclesiásticos organizados em um círculo ao redor do quarto, porém, as paredes, o teto, o piso e cada elemento de mobiliário eram pintados em uma tonalidade de dourado brilhante, e a luz das velas era refletida repetidamente até que o próprio ar do quarto parecia brilhar com luz dourada.[66]

A respeito do trabalho oculto, Dion Fortune declara: "Queremos dizer que se trata muito mais do que um curso de estudo. O Caminho é uma forma de vida, e nele todo o ser deve cooperar se for preciso chegar às alturas".[67] E ela o demonstra nos livros, pois o trabalho assume completamente as vidas dos personagens. Rapidamente, eles encontram espaços permanentes como templos, próprios para a profunda transformação mágica.

Provavelmente, não teremos sorte suficiente para ter um lugar exclusivo para o trabalho de magia, mas qualquer espaço que usemos, independentemente de sua função mundana, deve representar para nós um espaço de relacionamento. Tal como nas histórias, ele deve ser harmonioso e expansivo. Podemos interpretar isso como sendo uma área

---

66. Fortune, *The Winged Bull*, p. 113.
67. Dion Fortune, *Esoteric Orders and Their Work & The Training and Work of an Initiate* (London: Thorsons, 1987), p. 120.

limpa e ordenada para meditação, em tempo e espaço dedicado temporariamente.

Em termos da Cabala, esse espaço de trabalho tão retirado representa Tiferet, a sephira central da Árvore da Vida; seu correspondente planetário é o Sol. É um lugar de equilíbrio no centro da Árvore e entre os dois pilares laterais; o ponto central entre as partes mais profundas e mais externas da Árvore da Vida.

Aqui podemos trabalhar com elementos diferentes, colocando-os em relação apropriada: trata-se de um lugar que permite a várias partes começar a interagir harmoniosamente.

Entretanto, seria errado assumir que um lugar de templo será um escudo de todo o conflito e desconforto. Nenhuma alteração é feita sem uma reação, e a ação vibrante do processo psicológico e da magia torna isso inevitável. É tão somente dessa forma que elementos podem ser resolvidos dentro de nossas psiques. A perda de controle de Rupert na cerimônia, perseguindo Lilith ao redor do altar, e o desejo de Ted de humilhar Ursula durante o seu primeiro ritual mostram quão poderosas podem ser nossas emoções guerreiras.

Um sentimento de apoio e de comprometimento é fundamental para o nosso relacionamento com o nosso espaço. É a sede de uma presença de cura e de ensino às vezes chamada de Santo Anjo da Guarda. Este não é um ser objetivo, mas representa a nossa natureza mais profunda e perceptiva; ele funciona como um centro de quietude e vida secreta. Ele não foi projetado pronto para nós ou comprado de lojas: seus rituais não são modelos encontrados em livros – tampouco nos livros de Dion Fortune. Para cada um dos heróis, tal como para os recentes estudantes de Fortune, a reunião, a mistura e o local de progresso são artesanais.

A entrada de Ted Murchison para outro mundo é o apartamento de Brangwyn: é a segurança de um santuário em cada nível. A casa é o sonho manifestado de Brangwyn, que elevou a mecânica da vida para uma forma de arte. Podemos sentir a decoração superlativa e as cortinas de seda douradas permanentemente fechadas para o mundo externo um tanto quanto exageradas; o simplório Murchison certamente o sente. A atmosfera rarefeita, como luxo invejável, é sintomática do problema principal, que é o relacionamento idiossincrático de Brangwyn com o mundo real. É tanto a sua força quanto a sua fraqueza.

Murchison percebe que o ambiente do apartamento expande o seu espírito, mas a atmosfera é sufocante. Longe do tumulto da vida cotidiana, o tempo pesa muito e ele se retira do ambiente frequentemente para as suas necessidades essenciais. Felizmente, seu apartamento tem acesso ao jardim do terraço, permitindo-lhe conexão elemental e um ponto de vista mais amplo. É nesse local mais residencial – com quartos pequenos, uma lareira a gás e uma prateleira de livros da infância –, em vez do luxo do apartamento de baixo, onde ele realiza a maior parte de seus estudos.

Vale a pena considerar a abordagem à vida de Brangwyn para ver até onde achamos isso razoável. Também necessitamos classificar todos os requisitos cotidianos de nossas vidas. Precisamos estabelecer sistemas simples que nos sustentem no mundo, a fim de liberar o tempo de que precisamos para trabalhar despreocupadamente. Somos mais perceptivos das escolhas de vida e de suas implicações globais e ecológicas do que teriam sido os estudantes originais de Dion Fortune. Fazemos escolhas até onde podemos para estabelecer nossas vidas cotidianas da forma que queremos. Isso é relativamente simples; mas, havendo decidido tornar nossas vidas mais singelas, ainda precisamos de disciplina para manter nosso foco no trabalho mágico, pois, quando tivermos espaço para o nosso altar/meditação, provavelmente ainda acharemos difícil sustentar uma prática diária.

Dion Fortune nos diz para dedicar um lugar, até mesmo em uma prateleira ou no armário, e cuidar dele. Esse aviso é tão simples; no entanto, muitos de nós estaremos olhando para candelabros empoeirados enquanto lemos. Precisamos de limpeza e clareza para auxiliar o início do nosso trabalho, e nossas falhas mostram as fraquezas das quais necessitamos cuidar. O exemplo de Brangwyn como adepto está à nossa frente. Até mesmo na atmosfera desmoralizante das trincheiras, ele manteve seus padrões, e não temos qualquer dúvida de que, embora o pessoal mantenha seu maquinário doméstico operando, ele se mantém em seu próprio e rigoroso regime.

Então, Murchison viaja para o País de Gales, para o retirado santuário que fora criado para Ursula, e somos convidados a comparar sua clara simplicidade com o luxo desordeiro e decadente da casa de Astley, o mago negro. A mensagem está clara: escolha menos, mas de melhor qualidade, se você estiver a serviço dos deuses. E, como a ajuda doméstica é uma coisa do passado, é bom atender a essa advertência.

Naturalmente ativo, Ted precisa da contemplação de livros e imagens e da prática da visualização interior a fim de equilibrar a energia do guerreiro que ele constantemente gasta. Seu instinto criativo somente se expressa, finalmente, em sua construção na Costa Leste. Ele nunca teve um lar verdadeiro em sua vida adulta e, quando desapegadamente se concentra em montar uma casa para os Brangwyns, constrói o espaço perfeito para a vida magicamente realizada que ele compartilhará com Ursula depois do seu casamento.

Compare o seu temperamento e as suas necessidades com os de Wilfred, discutido a seguir, e lembre-se do ditado do adepto: "Conhece-te a ti mesmo". Devemos encontrar o nosso próprio equilíbrio de trabalho interno e externo, de exercícios práticos e imaginativos, se quisermos progredir nos mistérios.

O apartamento de solteiro de Wilfred no fundo do jardim parece que esteve esperando especialmente por ele. Os cadeados e as travas não são um obstáculo, a luz inunda o edifício, e a sua posição junto ao rio fornece o contato elemental vital. Esse edifício básico preenche todas as suas simples necessidades: um apartamento mágico geralmente ignorado e escondido da visão geral, onde ele pode dar aos seus sonhos diurnos a atenção que merecem. Até mesmo antes de conhecer Vivien seu temperamento está adequado para iniciar seus estudos diretamente com os poderes do cosmo. O apartamento torna-se um refúgio no qual ele pode fazer o que bem quiser, como colecionar livros, pensar e ter certeza de sua privacidade longe de sua família. Apenas dois homens, o médico e o seu sócio Scottie, têm permissão de acesso, e ambos se sentem satisfeitos em manter o silêncio ou conversar. A escrita age em nós psicologicamente. Ela desperta em nossa imaginação exatamente o que é estar de verdade em casa, o que a nossa natureza profunda precisa para florescer. É a partir daí que Wilfred progredirá para o seu templo.

A descoberta e a reforma da velha fortaleza em um templo à beira-mar para trabalhos de magia são investimentos de tempo e de energia. Não é à toa que Wilfred passa por profundas mudanças planejando esse enorme projeto. Tal como Hugh e Mona em *The Goat-Foot God*, Wilfred e Vivien transformam um espaço do dia a dia em um templo que precisam para o trabalho espiritual, dedicado à lua e a Ísis. Podemos observar como eles o fazem e quão poderosamente o método funciona.

A absorção de Wilfred na supervisão do edifício e seu desabrochar como artista místico refletem sua conexão de reforço com o Outro Mundo. Ele precisa de trabalho prático para incorporar sua contemplação do cosmo e aterrar sua experiência em expressão criativa – outra mensagem para nós. A criatividade é essencial para o trabalho com magia; portanto, devemos encontrar a nossa própria saída criativa. Wilfred se expressa produzindo planos arquitetônicos, mais tarde reproduzidos em uma revista de arte – tal como projetos de balaustradas, esculturas e dobradiças artesanais, além dos afrescos que agem como um portal mágico. E a sincera admiração de Vivien é um importante componente para o seu desenvolvimento em todas as áreas.

Diferentemente de Wilfred, cuja sacerdotisa já possui o forte marítimo que se tornará o templo, Hugh deve procurar seu lugar de trabalho profundo. Por meio das instruções de Mona e de suas conversas, Dion Fortune nos ensina muito a respeito da geologia sagrada e de seus efeitos na prática mágica. O livro *The Old Straight Track*[68] foi publicado cerca de 11 anos antes, mas a exposição convincente de Dion Fortune de trilhas pré-históricas como linhas de energia terrestre aproveita a premissa do livro anterior, levando-a bem mais adiante. Suas instruções para escolher um lugar na paisagem apropriado para o trabalho esotérico são simples, lógicas e magistrais. Elas também nos dão um momento raro da autora falando diretamente de sua experiência de trabalho com Bligh Bond, cuja escavação da Abadia de Glastonbury foi ajudada por um grupo de monges desencarnados: "Vocês verão que pessoas vivendo nesses centros de poder simplesmente odeiam qualquer menção do que não é visível. Elas ficam incomodadas... Pergunte em Glastonbury o que as pessoas pensam de Bligh Bond se você quiser ver pessoas realmente selvagens".[69]

A terra embaixo de nossos pés está no início de *The Goat-Foot God* e deveria ser o ponto de partida do nosso trabalho mágico. Tal como Wilfred no forte marítimo, o trabalho de Hugh na casa reflete o trabalho interno que o transformará. O edifício que ele e Mona encontram é um complexo de alojamentos de monges e abades e a igreja.

---

68. Alfred Watkins, *The Old Straight Track* (London: Methuen & Co., Ltd., 1925). Esse livro foi o primeiro a explorar e a mapear "linhas *ley*" – trilhas retas pré-históricas marcadas por pedras antigas, montículos e fossos na Grã-Bretanha.
69. Fortune, *The Goat-Foot God*, p. 86.

A sua disposição é deliberadamente vaga, focalizando aspectos-chave pelo seu efeito psicológico.

Tal como o apartamento de Wilfred e a fortaleza marítima, o escoramento temporário que barra o acesso à abadia Monks Farm é facilmente desmantelado; em uma orgia de desmontagem e de limpeza, a estrutura da residência original é revelada. Esses edifícios espelham os nossos mundos internos, completos mas escorados com componentes instáveis das premissas da vida moderna.

Todos esses lugares têm o potencial de serem transformados em espaços próprios para interagir com as energias mais do que humanas do cosmo. Os nossos reinos imaginários pessoais, ativados no serviço da magia, compartilham o mesmo potencial. Todo o trabalho prático para a construção do templo pode ser lido, simultaneamente, como uma história plena e como uma alegoria para o caminho mágico.

Construir o templo harmoniza os elementos naturais e artesanais, como uma escultura é trabalhada para revelar a essência interna do material, precisamente como Brangwyn, quando desmantelou e adaptou a sua paupérrima propriedade, revelou suas possibilidades antes do início de *The Winged Bull*. Cada edifício reflete o caráter do dono: o apartamento selecionado de Brangwyn e a fazenda profundamente enraizada de Ted; o apartamento de Wilfred e o templo marítimo de Vivien com esculturas visionárias e afrescos de outros mundos; o complexo gótico que ancora Hugh à sua encarnação medieval; e o templo/igreja atemporal que Rupert encontra pronto para ser ocupado por uma deusa.

Cada ato de disciplina no preparo do nosso espaço do templo está voltando para uma base estável e limpa de nossas crenças. Cada lição de magia que internalizamos faz parte dos componentes da construção do templo interno, e cada templo é completamente individual.

Rupert Malcolm não tem nenhuma participação prática na construção do espaço mágico; ele é incapaz de atender até mesmo a seu próprio conforto básico. Entretanto, por meio de Lilith, *A Sacerdotisa da Lua* torna-se um manual de magia sobre construção de espaço mágico. Sem disfarce ou ambiguidade, Dion Fortune diz aos estudantes tudo o que precisam fazer para tornar o templo habitável. O primeiro santuário de Rupert depois de suas caminhadas tempestuosas ao longo do rio é o espaçoso e atemporal quarto principal de Lilith, onde ele se sente imediatamente em casa. Nele não há abafamento, aparelhos, serviçais que atrapalhem nem detalhes estranhos. Lilith descreveu a construção de sua casa e do templo com a habilidade de um mago mestre: é impossível ler a descrição sem realmente sentir a vontade de vê-lo.

Por meio de Lilith Le Fay, aprendemos como fazer ambientes mágicos adequados e os efeitos que esperamos alcançar. Isso é psicologia e magia em uma síntese perfeita; ela é tão franca com Rupert quanto com o leitor, sem dar nenhuma desculpa para efeitos de manipulação psicológica que ajudam a alcançar os seus resultados.

A escrita é como assistir a um show de mágica no palco e simultaneamente entrar nos bastidores para examinar o aparato. Porém, Lilith usa as ferramentas psicológicas para o efeito oposto ao do show no palco: ela não está criando ilusão, mas revelando a verdade. Ao criar uma interface para contatar os reinos superiores sob controle consciente, nós nos desfazemos do artifício do mundo real e contatamos a realidade por detrás da realidade. Essa é a verdadeira realidade.

Rupert é a alma que almeja esse contato e apenas precisa ser apresentado a ela. Por uma combinação de circunstâncias passadas e presentes, o seu espírito vagando livre em busca dela é o assunto inteiro de "Um Estudo em Telepatia". Lilith descreve primeiro toda a sua produção de uma aparência adequada ao trabalho. Assim como externamente, também está internamente; e, ao transformar-se, ela também está aperfeiçoando a sua personalidade mágica, enquanto espera pela chegada de um local adequado que abrigue o trabalho. Seus equipamentos e seu desenvolvimento são uma extensão da produção do ego, e a presença interna da deusa – descrita em um parágrafo resumido na mais evocativa escrita mágica – recompensa o trabalho.

Ter os nossos sentidos e emoções revirados tão profundamente inspira-nos a mudar. Trata-se de um processo interno que pode ser ativado pela história de Rupert.

Vivien torna-se Lilith: o desenvolvimento da sacerdotisa

Podemos comparar a expansividade de Lilith em *A Sacerdotisa da Lua* com a sua atitude mais reservada em relação ao mundo em *A Sacerdotisa do Mar*: ali, como Vivien, a adepta nos estágios finais de construir a sua personalidade mágica, sua vida é mais retraída. A diferença é clara em seu relacionamento secundário: *A Sacerdotisa da Lua* a coloca firmemente no mundo por intermédio de seu relacionamento com a polícia local, das visitas de seu colega mágico e das visitas ao dentista – todos os toques caseiros que faltam em *A Sacerdotisa do Mar*. E seus relacionamentos com o pessoal doméstico, os Trethowens, com o inestimável sr. Meatyard, de *A Sacerdotisa da Lua*, são muito diferentes. Os primeiros foram admitidos para tomar conta dos aspectos práticos da vida no forte marítimo, mas Meatyard é muito mais um colega trabalhador nos empreendimentos de Lilith, apesar de outras variedades práticas, e, até certo ponto, um confidente.

É revigorante ler sobre o íntimo relacionamento social de uma sacerdotisa a respeito de negócios cósmicos e seu assistente favorito, com suas piscadas e insinuações e o seu chapéu-coco. Meatyard tem profundidade e, como Lizzie e Bill, os assistentes domésticos de *The Goat-Foot God*, possui caráter. O relacionamento nos diz muito a respeito da humanidade de Lilith, proporcionando um toque moderno ao livro e incutindo um estilo vernacular que contrasta com a alta prosa dos trechos mágicos. A interação realista, íntima e picaresca no mundo cotidiano é importante para o estudante de magia. Não há favoritismos entre dois mundos, pois um equilíbrio é mantido entre ambos.

Tendo lido *A Sacerdotisa da Lua* por sua história, devemos agora reler o texto como um livro de exercícios mágicos. Cada dica e sugestão podem ser implementadas à medida que construímos nossos lugares internos e externos. Os nossos egos internos sabem que precisamos crescer e quais circunstâncias permitirão nosso desenvolvimento espiritual.

Transformação

Vale a pena notar agora como os heróis de cada livro são transformados.

A conexão interna que Ted faz com Ursula por meio de ritual lhe diz que precisa assumir o controle e não tolerar interferências. Sua mudança de autoimagem está refletida em sua aparência externa e afeta Ursula. Ele compra roupa de decente qualidade – uma mudança superficial, mas imprescindível, que mostra a Ursula o seu erro na avaliação inicial. Sua autoconfiança cresce quando ele planeja trair Astley, e seu altruísmo faz com que Ursula finalmente volte à normalidade, para que ela possa resgatá-lo durante o ritual do touro.

A confiança de Wilfred é alimentada pela aclamação crítica, e, como um artista, ele assume uma posição igual à de Vivien. Isso o coloca em uma boa posição no trabalho do ritual, no qual suas propriedades intuitivas o tornam um parceiro valioso na invocação de Ísis por meio da conexão do mar e da lua.

Hugh, enquanto aprende com Mona, intuitivamente segue uma rota de trabalho meditativo sozinho. Por meio disso, ele integra suas encarnações passadas e presentes, ganhando a confiança de Ambrosius na altura de seu poder. Com o apoio de Mona nos planos interno e externo, ele tem capacidade para crescer e assumir o seu próprio lugar nas relações e no mundo.

Quando Rupert verifica que está livre da responsabilidade emocional e encontra a sua sacerdotisa, ele deve então se libertar das correntes de sua criação presbiteriana. Lilith destrava o conjunto de músculos de sua psique – um processo excruciante que leva à liberdade. Lilith redecora seus quartos em um agradável trecho doméstico, mas, além disso, as mudanças internas de Rupert são refletidas em seus relacionamentos com o mundo. Ele pouco tem em comum com seus colegas, mas aprende a alegria de criar um relacionamento com seus estudantes. O homem que se confessou "doente do sistema nervoso" ganha uma nova fonte de estímulo ao compartilhar seu conhecimento com outras pessoas. Esse é o resultado imediato da alma que teve seus desejos satisfeitos, e do homem inserido em seu correto local no mundo. Essa é a consequência de Lilith guiando seu espírito para um lugar seguro, onde ele pode aprender a se submeter, a se libertar e a permitir a fim de poder servir.

Todos os personagens desenvolvem métodos de tocar o estrato que faz com que a vida seja digna para eles, que lhes permite expressar criativamente o que existe em sua natureza mais íntima. E todo esse trabalho ocorre no espaço do templo.

Isso começa com um santuário, um local de espaço espiritual de paz, e passa para um lugar de profunda relação no qual é possível desenvolver as conexões do ego interno. Essa é a natureza do trabalho em progresso até ele terminar, inacabado, em nossa morte. Após desenvolvermos uma boa e impessoal compreensão de nossos egos e personalidades, seguimos então à procura do templo interno, para adequá-lo aos nossos requisitos.

Lua e mar, sol e terra

Nossos personagens têm um relacionamento incrivelmente criativo e fértil com seus espaços de templo, que eles constantemente desenvolvem e alteram.

O templo de Lilith é o mais estável, mas a ênfase em transferir os acessórios do templo – o espelho, o altar, a cama, etc. – demonstra a flexibilidade do tipo de espaço mágico dentro do qual a própria autora trabalhou. Isolado do mundo, continuará bem avançado no futuro, para adaptar-se a qualquer exigência do ritual.

Na outra extremidade está a destruição parcial do templo marítimo especialmente adaptado – um templo de Yesod, da imaginação, a lua e o mar, materializados no local da terra, que desaparecem e voltam para o reino da imaginação depois de seu propósito ter sido servido, de acordo com o grande ritual do livro.

Os templos do sol e da terra em *The Winged Bull* e *The Goat-Foot God* resistem por serem enraizados na terra; tanto a casa da praia da infância de Ted quanto a fazenda de Hugh são moradias ancestrais que cresceram de suas vizinhanças e do trabalho de seus antepassados; e a resistência também é o espaço do templo final da fazenda que Wilfred planeja com Molly, a Sacerdotisa da Terra. Rupert, nós o deixamos no santuário de sua morada, reprojetada por Lilith, com o seu convite aberto para visitar o templo retirado e juntar-se a Lilith no trabalho superior em andamento desta era.

Todos os espaços mágicos se materializam para cumprir o propósito superior, e o nosso será desenvolvido à medida que progredimos. Um templo pode não ser permanente ou podemos construir um espaço tão aconchegante a ponto de habitá-lo para o resto de nossas vidas mágicas. Nossa única preocupação é planejá-lo para ser uma tarefa imediata, para continuação de nossa interpretação do trabalho maior.

14
O Mentor e o Caminho Tríplice

Ele sentiu que na figura sombria de capa havia encontrado um tipo de espírito-guia por meio das perplexidades da vida.[70]

"Quando o aluno estiver pronto, o professor aparecerá" é um adágio teosófico que surgiu na década de 1880, e a crença literal nisso tem sido uma espécie de desculpa para a procrastinação de milhares de estudantes de ocultismo.

Nossos personagens mostram que a única conexão válida a ser feita com os mistérios é a direta. Eles seguem instigados pela orientação interna, pois o ocultismo é um caminho ativo, que dispensa intermediários.

O desejo por companheirismo espiritual é forte dentro de todos nós, mas as histórias nos desafiam, mostrando que até esse relacionamento, que pode tender à idealização, pode ser problemático. Derradeiramente, quaisquer mentores que possamos encontrar serão falhos, em virtude de eles serem humanos; e a nossa melhor conexão será sempre pela ponte do corpo e dos sentidos nos reinos internos.

Também poderemos encontrar ajudantes em toda a nossa vida, e existem muitas histórias da vida real a respeito desse tipo de sincronicidade, mas eles raramente serão mentores por toda nossa existêcia.

---

70. Fortune, *Moon Magic*, p. 15.

Uma parte nossa sempre estará desejando essa ratificação externa do processo interno: isso seria muito gratificante. Mas pôr nossas energias à procura dessas reuniões seria "colocar o carro à frente dos bois" e esperar que eles apareçam, negando responsabilidade sobre o nosso desenvolvimento espiritual.

No início de nossas aventuras pessoais, devemos seguir quaisquer sugestões com convicção, lembrando que temos o conhecimento de que precisamos e um perfeito professor dentro de nós. Devemos desacelerar, esperar com uma atitude receptiva e proporcionar aos nossos estudos tempo e atenção. Assim como Wilfred explora cada local, nós também devemos fazer isso. Desenvolva esse relacionamento interno por meio de compromisso, e o resto certamente acontecerá. Tornamo-nos reconciliados com o fato de que os nossos guias e ajudantes ao longo do percurso podem sempre estar presentes internamente, e isso nos colocará em boa posição no caso de um professor aparecer. Com confiança em nossas próprias habilidades, podemos olhar com o tão amado e claro senso comum de Dion Fortune e não sermos seduzidos por falsos gurus. Ela viu claramente que o seu professor inicial, muito admirado por ela, não era perfeito, e enfatizava que mentores e até adeptos também eram seres humanos falhos e com capacidade de cometerem erros, bem como com limitações e questionamentos.

Dito isso, cada um dos personagens principais realmente encontra o seu mentor. As histórias de Dion Fortune traçam o progresso do espírito; estamos relendo com compreensão de um processo mais profundo em andamento, a fim de aprender lições para nossas próprias vidas.

As figuras mentoras de Jelkes, Vivien, Brangwyn e Lilith ilustram o aspecto do ensino de Tiferet, mas esse relacionamento é fluido e pode ser compartilhado. Existem cruzamentos no papel de mentor, de maneira que, inicialmente, é Brangwyn quem ensina, mas então ele é substituído por Ursula; Jelkes que lidera, mas passa o papel para Mona; Vivien que começa, mas Molly assume para completar o ciclo para Wilfred.

Diferentemente dos personagens, não deveríamos estar em circunstâncias desesperadoras ao iniciarmos o trabalho: vamos incentivar gentilmente nosso instinto para a plenitude da vida. Tal como com Wilfred, Hugh e Rupert, pode haver aspectos de reencarnação em nossas vidas que influenciarão os relacionamentos em nossa vida presente, mas isso não é algo a ser focado. As histórias contam que, quando a maré da vida está correta, memórias podem surgir gradativa e naturalmente. Talvez a parte mais difícil do treinamento seja aprender a não interferir, mas recuar e permitir que as coisas fluam. Essa é uma situação espiritual; sem essa confiança, poderemos não ter o espaço para permitir alterações a fim de ser ativo em nossa vida, e precisamos da experiência para conseguir a confiança.

Há uma advertência no livro *A Sacerdotisa da Lua* a respeito de permitir a interferência da mente lógica. Rupert encaminha-se para um beco sem saída tentando explicar suas experiências: ele tenta forçar a sua vida de volta para a realidade com sessões de uma terapia do "Novo Pensamento", embora soubesse que deveria confiar em seu instinto mais profundo. Ao permitir uma ocorrência de eventos, tudo fica bem: o processo, disponível para nós todos, não é o de controlar circunstâncias pelas nossas ações externas. O problema é a impaciência humana e a falta de confiança, que nos obrigam a procurar o que poderiam ser caminhos falsos. O nosso desafio diário é aceitar a forma dos mistérios assim como estão, sem tentar defini-los pela lógica ou persegui-los, da maneira que obriga o súcubo de Rupert a se retirar. Tal como Ted, levamos o nosso desenvolvimento para dentro dos mistérios, um estágio de cada vez, e firmamos cada estágio no mundo cotidiano, confiando que as forças interiores tomarão conta da jornada.

Relacionamento com o mentor externo

Para criar a história, os processos internos são externados, e assim encontramos os mentores fascinantes, intrigantes e de sabedoria antiga que levam os protagonistas a um mundo de magia. Uma leitura atenta poderá mostrar a complexidade do relacionamento que cada herói tem com seu tutor esotérico, envolvendo as mesmas variações de qualquer outro. O mais interessante é a ocasional revolta de sentimento que os alunos têm para com o mentor e, às vezes, as formas manipuladoras que eles adotam, às quais o professor sempre prevalece.

Dion Fortune escreve sobre relacionamentos simbióticos. Em ficção oculta contemporânea com seus romances, muitas vezes o relacionamento guru-aluno coloca um no pedestal e infantiliza o outro. As necessidades dos professores de Dion Fortune são tão grandes quanto as de seus alunos. Todo professor está ciente do peso da responsabilidade que carrega em seus ombros, e cada um precisa das qualidades particulares dos alunos se a magia deve ser realizada. Embora uma pessoa possa estar mais adiantada no caminho oculto e guiar o outro, há igualdade entre eles; no serviço à magia, cujo axioma é suprir as necessidades do cosmo, é desempenhada uma parte ativa no desenvolvimento da raça. *Desejo saber a fim de servir.*

O personagem e as necessidades do mentor

Ao olharmos agora para as qualidades particulares dos adeptos, lembramos que deles temos tudo dentro de nós. Olhando para o seu grau de talentos muito especiais, também escutamos a voz de nossa intuição. Dessa forma, avaliamos as nossas forças a fim de verificar qual ressoa mais forte dentro de nós.

T. Jelkes, o vendedor de livros

Jelkes é o focado místico, filósofo e pensador claro. Ele é culto e cavalheiro, especialista e estudioso. Embaixo do roupão surrado, ele veste os trajes de um erudito. A qualidade brilha nele. É um teórico em assuntos de magia, um colecionador de material filosófico e espiritual a respeito da vida, e, tal como Brangwyn, elevou a mecânica da vida em um formato de arte, apesar de sua arte ser mais uma expressão caseira. Ele tem o suficiente para suas necessidades simples, permitindo tempo máximo para os seus estudos intelectuais; é sacerdote de coração e, no temperamento, é um místico, não um mago. Em *The Goat-Foot God*, Jelkes parece ser autossuficiente, motivado apenas pela compaixão por outro ser humano com problemas.

Entretanto, tal como Brangwyn, ele já tem uma aluna que está sofrendo, uma aluna que Hugh salvará. Não é para si mesmo, mas para sua "sobrinha" Mona, a artista empobrecida que não tem condição de ajudar, que ele precisa de um homem de ação.

Em um eco do ensinamento de Brangwyn transmitido a Ursula, Jelkes orientou Mona nos estudos que curaram suas terríveis dores de cabeça e a desenvolveu artisticamente. Como seu mentor, ele é responsável por abrir a realidade espiritual da vida e por colocá-la em um caminho que somente pode ser concluído pela chegada de um sacerdote. Tanto Ursula quanto Mona sofrem por falta de um casamento mágico: uma vive pela metade e é um enigma, a outra está morrendo de fome em um sótão. As duas estão emocionalmente isoladas.

Apesar de Jelkes estar decidido a ajudar Hugh em sua crise, ele o enxerga com suspeita, e o interesse de Hugh por livros sensacionalistas não lhe inspira confiança. Ele despreza os modos e as morais do bairro de Mayfair e presume que Hugh seja um produto desse ambiente. Além disso, Jelkes desconfia da moralidade honesta e não convencional de Mona, que é o oposto das morais da sociedade. Ele é de classe, tradição, geração e temperamento diferentes dos de Hugh, mas eles logo se relacionam em um nível profundo que havia sido negado a Hugh em sua vida adulta: Jelkes parece enxergar dentro da alma de Hugh. O ancião e suas cercanias são imediatamente terapêuticos, os primeiros passos em um caminho de vida que faltava até então.

Jelkes é o guia que conduz Hugh em uma direção diferente, clareando a neblina de seu costumeiro tédio e eliminando instantaneamente suas obsessões. Por meio de Jelkes, Hugh chega a um estado de vibrante antecipação, pela acumulada sabedoria armazenada em sua loja. Jelkes é uma pessoa cativante que permite acesso a uma camada da vida que, anteriormente, Hugh nem suspeitava de que existisse e estabelece os seus próprios parâmetros.

As brigas entre Jelkes e Hugh resultam de o teorista intelectual ser atualizado no trabalho mágico prático, uma área na qual as habilidades de Hugh e Mona fazem deles os líderes. Eventualmente, eles chegam à posição em que Jelkes deve se retirar para não inibir o fluxo livre da magia. Ele se autodenomina de velho e incorrigível pagão; no entanto, não é capaz de ir além de seu anterior treinamento jesuíta. Quando Hugh começa a sua jornada para o seu ego profundo de poder e potencial, Jelkes desaparece silenciosamente de volta para a sua livraria, a fim de deixar o caminho livre para a conclusão da história.

Jelkes representa a atividade de Tiferet funcionando por intermédio da esfera da mente, na arena de Yesod, o lugar da imaginação e das imagens. Ele é um erudito focado, mas também compassivo. Podemos vê-lo no romance ajudando Hugh a se curar e ensinando-o por meio de histórias. Poderíamos todos ter a capacidade de reconhecer essa atividade em nossa vida quando pensamos em histórias que nos despertaram ou que nos ajudaram a curar.

Vivien Le Fay Morgan

Vivien surge como uma sacerdotisa próxima em *A Sacerdotisa do Mar*. Scottie, o sócio de Wilfred, enxerga-a como uma aventureira de idade, mas, ao longo da história, ela é transformada em uma sacerdotisa além do tempo, de estatura mágica. Vivien Le Fay Morgan é exótica, oculta e excitante: podemos confiar na intuição de Wilfred a respeito de seu relacionamento e em seu juízo de que há "algo de bom" nela. Tal como no livro *Ela*, de H. Rider Haggard,[71] Vivien pode abrir uma cortina para revelar uma realidade muito estranha; e como essa epônima heroína, ela tem um comportamento implacável, o que será até mais aparente quando a conhecermos no livro *A Sacerdotisa da Lua*. Ela encanta e domina com a sua vontade; no entanto, embaixo do encanto, é confiável e possui conhecimento para compartilhar, que não pode ser compreendido pelos não iniciados.

Seu canto conjura um mundo mágico, evocando uma resposta instintiva em Wilfred, que insiste em ser ela autêntica, embora nada haja que o comprove.

Vivien precisa de uma pessoa intuitiva, artística e possuidora de uma qualidade magnética que incorpore completamente sua personalidade mágica. Claramente, essa é a história de Wilfred, mas o relato biográfico anterior de Vivien também é um exemplo de desenvolvimento mágico, e Dion Fortune continua esse ensinamento em seu livro *A Sacerdotisa da Lua*. Entretanto, apesar de sua ligação anterior, a atitude de Vivien enfrenta a masculinidade de Wilfred e, periodicamente, ele se revolta com sua natureza fria. Para o seu crédito, Vivien apresenta pesar pelo afogamento do filho do artífice, pois, com seu legado atlantiano do sacrifício antigo, o livro toca em um assunto ético que é, no mínimo, um pouco duvidoso. É somente em *A Sacerdotisa da Lua* que Dion Fortune torna claro que o sacerdote e a sacerdotisa iniciantes devem sempre assumir a responsabilidade pelo seu trabalho e se apresentarem no lugar do sacrifício. O lado humano de Vivien mostra seu afeto genuíno por Wilfred e sua preocupação contínua pelo seu bem-estar depois de seu desaparecimento. É em razão da sua crença da reciprocidade no trabalho mágico que Molly aprende a assumir o seu poder a partir das cartas de Vivien, e Wilfred é recompensado totalmente por sua disposição em se sacrificar a ela.

Em comparação com o livro *The Goat-Foot God*, aqui Vivien Le Fay representa a atividade de Tiferet mediada por Netzach, a esfera do

---

71. No romance *Ela*, de H. Rider Haggard (lançado como uma série na revista *The Graphic* de outubro de 1886 a janeiro 1887), um explorador descobre uma tribo primitiva governada por uma mulher imperiosa e magicamente eterna.

sentimento, uma vez mais em Yesod, o lugar da imaginação profunda. A figura mais marcante do mentor que apresenta o aspecto de mediação de Tiferet é o Sacerdote da Lua, o professor interno que mostra o movimento de Tiferet para Daat e incumbe Wilfred com a base do trabalho cósmico.

Alick Brangwyn

Brangwyn possui estatura. Ele é misterioso, solitário e um grande gestor de homens. Nas trincheiras da Primeira Guerra Mundial, ele aderiu ao comportamento padrão, à integridade e aos cuidados com os outros, sendo considerado pelos soldados mais jovens como herói. Ele controla a primeira parte de *The Winged Bull* e precisa urgentemente de ajuda.

Em seus livros de instruções, Dion Fortune fala do adepto sábio que se cerca de ajudantes, para agir como um amortecedor com o mundo externo, e Brangwyn certamente precisa de um. Fortune está se referindo à sensibilidade do adepto e à sua possível falta de compreensão da natureza humana, e nos planos internos, Brangwyn provocou uma situação que não consegue corrigir. Ele treinou sua irmã e um aluno anterior, Fouldes, para o ritual do Touro Alado, originalmente planejado para o próprio Brangwyn e sua noiva, que faleceu. Por meio da traição de Fouldes, agora um mago negro tem acesso a Ursula, e a culpa está sendo colocada na porta de Brangwyn – "o adepto que aceita um aluno inadequado é culpado de crueldade tanto quanto um treinador de equitação que programa um obstáculo impossível de ser superado pelo cavalo",[72] afirma Dion Fortune. Entretanto, Brangwyn foi motivado pelo dever e compaixão para com Ursula, que estava para entrar em um convento sem ter conhecido outra vida – um lembrete do jovem Ambrosius, que seguiu a mesma rota na época medieval no livro *The Goat-Foot God*.

Existem duas fatalidades nas experiências de Brangwyn: Frank Fouldes, artificialmente alterado por drogas e magia, e Ursula, o resultado de um acidente de carro psíquico.

Brangwyn e Ted nunca terão um relacionamento mágico constante, pois Ted desconfia das experiências mágicas que deixaram Ursula em péssimas condições. Eles trabalham para conseguir a salvação de Ursula e existem um respeito e confiança mútuos entre eles. Brangwyn treina Ted eticamente, com uma imagem de advertência a respeito dos

---

72. Fortune, *Esoteric Orders*, p. 67.

métodos de Astley, o mago negro, com um parceiro que ficou exageradamente magro enquanto o outro ficou excessivamente inchado em consequência de suas experiências mágicas com venenos. Brangwyn é um mestre em evocar um ambiente para trabalhos mágicos, mas transferiria de bom grado essa responsabilidade no plano externo para seu mais prático aluno. É com alívio que cederia a essa iniciativa, gentilmente orientando a ação a fim de dar tempo a Ted de definir sua sorte.

A abnegação final do ego de Ted a serviço da amada é a preparação do lar que ele pensa não chegar a compartilhar. Ao vê-lo, Ursula passa a assumir as rédeas para dar prosseguimento ao seu mútuo desenvolvimento mágico, e ambos encenam o ritual em particular. Agora, eles foram além da função de mentor de Brangwyn, que, presumimos, retomará seus estudos em Londres.

O relacionamento entre Brangwyn e Ursula indica-nos duas diferentes abordagens na função de mentor. Brangwyn nos mostra a atividade de Tiferet agindo por meio da sephira Hod, a esfera da mente, enquanto Ursula nos mostra a atividade de Tiferet por intermédio da sephira Netzach, a esfera do sentimento. Em um ponto-chave do desenvolvimento, Brangwyn é deixado para trás, e o aspecto mais profundo de Tiferet que leva para Daat é intermediado por Ursula.

Lilith Le Fay Morgan

Cada aspecto de Lilith é destinado ao trabalho da humanidade maior. Dedicou-se à evolução cósmica e às questões humanas que são totalmente a ela sujeitas. Ela é a visão de Dion Fortune da adepta de pleno direito da era. Ela é virgem no antigo sentido espiritual da palavra: independente, não respondendo a qualquer outro ser humano, mas com a única responsabilidade do relacionamento com o Divino. Por meio dela, aprendemos algumas das rotinas diárias das antigas sacerdotisas na casa das Virgens e dos mistérios ocultos da Ísis com Véu, posicionada atrás da Ísis da Natureza.

Ela construiu sua personalidade mágica e desenvolveu sua prática, tal como Vivien no livro *A Sacerdotisa do Mar*, a fim de poder comunicar-se com as entidades dos planos superiores e tornar-se o avatar da deusa Ísis. Mas agora ela precisa de um sacerdote por dois motivos: primeiro, para alimentar o trabalho da raça e, segundo, para ser o seu disfarce na particular magia da polaridade na qual ela está empenhada. Sua intenção é introduzir um novo impulso para relacionamentos sãos e livres entre homens e mulheres na alma do povo, na qual funcionará como fermento.

O corrente relacionamento entre Lilith e Rupert é de total e voluntária capitulação, um para os desejos do outro. Em Rupert, ela está bem equiparada e constantemente surpresa com suas intuições, extraídas da memória profunda, e o respeito por suas várias qualidades e para o seu potencial é aparente em seus escritos.

No entanto, até esse ser tão raro não está livre de ansiedade e de insegurança. Ela duvida de suas habilidades na longa espera pelo seu sacerdote e perdeu a oportunidade de encontrá-lo ao deliberadamente evitar o contato no aterro: ela sofre dos nervos antes de cada ritual importante. É capaz de errar como qualquer estudante.

Lilith mostra brilhantemente que ser um adepto de alto grau não isenta ninguém da fraqueza humana. Não importa quão elevada seja a missão, compartilharemos sempre a cegueira no aspecto humano dos relacionamentos. Lilith é frequentemente tentada, apesar de seu senso de cautela, a responder de forma empática a Rupert em repentes de ternura que a preocupam, embora ela controle essas perturbações emocionais por meio de uma bondade desinteressada. Vale a pena reiterar que nós, leitores, devemos compreender que esses instintos são, na realidade, sua salvação. Sentimentos e expressão de compaixão afetiva são um componente essencial para que a magia efetive-se.

O trabalho mágico proporciona alívio e paz profunda para a saudade frustrada de Rupert, e Lilith aparece para ele como a Deusa no ritual; ambos recebem a bênção de Ísis sobre o seu trabalho, e juntos eles expandem para os reinos mais longínquos do cosmo em um acasalamento mágico.

O fato de Rupert assumir a sua parte total como um igual no trabalho cósmico de Lilith leva-o a uma conclusão – com implicações de maior alcance do que em outros livros. Trata-se da única história que não termina ao aterrar a corrente mágica em um casamento físico.

Existe uma forma aqui pela qual Lilith incorpora a atividade dos outros mentores, representando Tiferet em sua totalidade trabalhando com a mente, a emoção, a imagem e até mesmo o corpo. No pano de fundo está a figura de ensino mais profundo da Ísis Negra, que emerge das profundezas de Daat.

Indo além...

E então, ao final de cada livro, os personagens movem-se para além do lugar de Tiferet – para o lugar de grande mistério. Tiferet leva-nos para um alinhamento mais profundo de opostos. Ele nos prepara para o caminho do deserto que leva ao encontro do mistério na sephira Daat.

Em Daat, trabalhamos com a ainda pequena voz do ensino interno: somos levados da dependência das coisas externas para os recursos de nosso próprio espírito interno. Finalmente podemos nos sentar na nuvem do desconhecido, a serviço do divino mistério escondido nele. Isso parece bem longe da vida e da prática da magia, mas está no coração dos dois. De modo paradoxal, trata-se de um processo que, derradeiramente, nos traz de volta para estarmos mais confortáveis no mundo.

Descansando em Daat

Finalmente, Ted Murchison encontra seu próprio território na costa leste de Yorkshire, onde sua história familiar e cultural é mantida, onde ele é lembrado. Desesperado, olha para cima e vê o sol iluminando as janelas, e sabe que essa será a propriedade para Brangwyn e Ursula. Aqui, ele paira além de seu pensamento anterior e compreende totalmente o que Ursula lhe diz. Em um espaço que se torna uma conexão atemporal para a vida maior, o casamento mágico, o Ritual do Touro Alado, é finalmente realizado.

Hugh por fim avança para sua encarnação medieval. Ele emerge na clara luz solar da herança espiritual de Pã e dirige o ritual de seu próprio casamento, não na Grécia, mas no sagrado bosque de teixos plantado centenas de anos antes por Ambrosius, precisamente para essa ocasião.

Wilfred encontra aceitação no mundo externo de Dickmouth, e na fazenda do pântano, na extremidade terrestre da escarpa que presenciou tanta atividade mágica. Ali, com Molly, ele consolida suas lições de magia e ela é ensinada pelo Sacerdote da Lua a fim de emitir o chamado nos planos internos que transforma os dois.

Todos herdam território "ancestral", por meio de conexões de vidas passadas ou por herança. Rupert continua em seu quarto redecorado, visitando o templo oculto em um contínuo relacionamento que será baseado puramente em trabalho de magia.

Todos se tornam "no mundo, mas não do mundo", um requisito básico para a vida do iniciado. Seus alojamentos finais refletem isso por estarem em espaço liminar: as fazendas de Ted e Wilfred estão entre os contatos elementais da terra e do mar; a abadia e o bosque de Hugh estão centrados entre a vida artística de Londres e o ambiente selvagem da natureza, enquanto Rupert, vivendo no coração de Londres, tem seus aposentos e templo com vista para os contatos elementais do Rio Tâmisa. Esses lugares lhes permitem uma "vida em abundância" contínua e realizada, que é tanto a culminação de seu trabalho quanto o desafio contínuo do restante de suas vidas.

Trata-se do processo de interiorização da orientação e da procura de terra familiar, pois a preocupação da terceira seção deste livro é saber a partir de onde é possível trabalhar, ao aprendermos a aplicar esses métodos em nossas próprias vidas.

Seção 3
CRUZANDO A PONTE

15
Trabalho Mágico: Diretrizes e Limites

Nossas tentativas iniciais no trabalho mágico originam-se de um lugar de muita personalidade de base. Muitas vezes, as experiências que temos podem ser parecidas com um olhar através de um caleidoscópio, com impressionantes efeitos internos a fim de proporcionar novas experiências – e, como Wilfred no início de seus estudos, perguntamo-nos quão autênticos eles podem ser. Cortados de nosso próprio relacionamento com o sentimento, nós, como Hugh Paston, precisamos de sensações para sermos estimulados: tal como Wilfred, podemos estar querendo excitação para tentar recuperar o sentido de desequilíbrio que temos a respeito de nossa posição no mundo. Nada disso é uma preocupação se acreditarmos que essas reações superficiais mascaram uma profunda e sagrada intenção: chegar a um harmonioso relacionamento de trabalho com a corrente evolucionista. Podemos chamar isso de natureza ou divindade, ou mantê-lo sem nome, e podemos retratá-lo de qualquer modo que possa nos ajudar a explorar esse processo.

Ora, a maneira de aprender a fazer pão não é lendo centenas de receitas, mas tentar fazê-lo e continuar tentando. Da mesma forma, é pela prática e pela experimentação que nossa visão subjacente entra em foco. Essa visão tem sido ocultada pelo fato de que o seu escopo é tão incrível a ponto de nos intimidar ou nos embaraçar com respeito à nossa aceitação, pois chegamos à ideia da conexão de divindade, o que tem sido tão mal-usado e subvertido ao longo das eras.

Dion Fortune está esperando para afinar a nossa intenção ao chegarmos a esse lugar:

Aceitamos a iniciação espiritual quando nos tornamos conscientes do Divino em nós e, portanto, entramos em contato com o Divino sem a nossa interferência.[73]

Então, estamos tratando do verdadeiro negócio da alma, e, em vez do caleidoscópio interno, descobrimos um telescópio para a natureza relacional dos mundos, o qual apresentará um relatório fiel sobre o cosmo, apresentando vistas distantes para o nosso foco perspicaz. Isso nos permitirá conectar nossas vidas ao todo mais amplo e ao espírito que é a inspiração.

Espera-se que este livro de trabalho ajude no processo de iniciação que começou – talvez muitos anos atrás – sendo movimentado pelas histórias, de acordo com a intenção de Dion Fortune. Conscientemente, agora trabalharemos por meio de nosso compromisso com a estrutura e o padrão de cada história, para interpretar esses temas por intermédio de conexões fluidas da Árvore e alcançar um lugar de interiorização profunda e autêntica.

Antes de começar, precisamos nos lembrar das diretrizes básicas do trabalho mágico, colocando simples perguntas a respeito das histórias à medida que as lemos:

1. Com que frequência os personagens são interrompidos em seu trabalho mágico?

O único exemplo de interrupção está na cerimônia de magia negra em *The Winged Bull*, quando Ted se infiltra no ritual. Trata-se de um desempenho descuidado e superficial para satisfazer uma audiência libertina. Isso se origina pelo desejo de impressionar, tendo em vista a oportunidade principal – apresentar um objetivo vulgar que desonra a natureza sagrada da cerimônia.

Portanto, por predefinição, aprendemos que o *éthos* que suporta o autêntico trabalho de magia é a disciplina e a integridade, e não a vantagem pessoal. Estabelecemos nosso espaço de modo que seja privado, por ser o que o trabalho merece. Nossa motivação é a de alinhar-se com

---

73. Fortune, *Esoteric Orders*, cap. 2.

a corrente do cosmo em progresso e nossa evolução como espécie, e nós estabelecemos a nossa intenção antes de cada ritual.

2. Qual ênfase é colocada no templo mágico?

A construção do templo é um elemento central em cada livro; é atual e, ao mesmo tempo, exterioriza um processo interno: construir um templo transforma os personagens em sacerdotes e sacerdotisas próprios para ali se alojarem.

Nós também criaremos ou adaptaremos um espaço real e construiremos outro nos planos internos.

A construção do templo interno recompensa o estudante em direta relação ao compromisso e à energia despendida: essas coisas crescem gradativamente. E com o que viria a se parecer? Não existe uma resposta correta. O "templo" é feito por *você* para ser um espaço íntimo e seguro: ele não corresponde a qualquer estereótipo. Permita que ele se desenrole nos reinos internos e seja o que quer que seja – um pavilhão na floresta, uma gruta com pilares naturais... e até mesmo um templo egípcio, como no livro *A Sacerdotisa da Lua*! Você o construirá como expressão especial de sua dedicação. E aqui está a orientação de como Lilith diz para fazê-lo:

> Então eu deixei que ele se familiarizasse com as coisas e esperei. Descrevemos nossas visões um para o outro – as visões que eu construí e as visões que ele viu, e as repetimos várias vezes até se tornarem familiares para ambos. Esta é a *mise-en-scène* de trabalhos mágicos que criam o templo astral. O nosso templo estava construído, embora Malcolm pensou que fosse tudo imaginação, e o próximo estágio estava pronto para começar – o estágio de fazer dele um sacerdote. As pessoas tentam fazer de si mesmas sacerdotes a fim de se adequarem ao templo, mas isso deveria acontecer ao contrário – primeiro fazer o templo, para em seguida fazer o sacerdote. Há boas razões para isso.[74]

---

74. Fortune, *Moon Magic*, p. 187.

3. De que forma os personagens reservam tempo para o trabalho com magia?

Faixas de tempo são disponibilizadas para eles, enquanto temos o problema de muitos chamados legítimos em nosso tempo, de familiares e amigos, que devem ser honrados. Portanto, devemos empenhar nosso pensamento nisto: quais áreas de nossas vidas podemos legitimamente simplificar e que estamos dispostos a sacrificar para liberar tempo?

Leia a passagem anterior novamente, observando a lenta e repetitiva natureza da construção de imagens. Se lermos entre as linhas dos trechos lidando com o treinamento dos personagens, descobriremos que alguns parágrafos, na realidade, indicam semanas e meses de trabalho dedicado. Em *The Winged Bull*, por exemplo, Ted estuda até as imagens se tornarem um pano de fundo para o despertar de sua vida. Ele não está confundindo os mundos por essa percepção adicional; ao contrário, por meio da interiorização de imagens, ele despertou com sucesso a capacidade para outra forma de compreensão que, na maioria das pessoas, está permanentemente dormente. Trata-se de um processo lento e orgânico.

Precisamos direcionar a nossa atitude de falta de tempo, determinar a criação de um espaço e decidir como estruturar nossas vidas para ter tempo: um tempo constante, independentemente de sua duração a cada dia. A recompensa é que, com dedicação, as sincronicidades surgem para abrir o caminho para nós – talvez não da maneira drástica como nos livros, mas de forma significante.

Manter uma prática regular é o aspecto mais difícil do treinamento esotérico e, portanto, duas considerações poderão ajudar.

Em primeiro lugar, esteja certo de que isso é mais difícil de fazer agora do que na época de Dion Fortune. Temos mais de um milhão de possíveis distrações – nossa mobilidade proporcionando mais oportunidades, mais renda e tempo disponível para a busca de divertimento, iPads e aparelhos parecidos, sistemas de entretenimento domésticos, um ambiente de trabalho mais estressante e comunicação aumentada fazendo com que estejamos disponíveis o tempo todo.

Em segundo lugar, lembre-se de que *reduzir o ritmo é um ato subversivo*. Ao ir contra a esteira da vida cotidiana e afirmar nosso direito de reivindicar tempo livre das pressões, o que estamos fazendo beneficiará a sociedade, nossas famílias e nós mesmos. Devemos continuar buscando um mundo mais amplo, profundo, sutil e misterioso e outros planos para lembrar-nos do porquê.

A partir de nossa leitura, podemos conseguir as primeiras diretrizes:
- Devemos estar comprometidos com a nossa prática.
- Devemos ser éticos.
- Devemos criar um espaço interno/externo próprio para o trabalho.
- Devemos impedir qualquer interrupção.
- Devemos criar tempo.

Então, a nova pergunta é...

4. Podemos fazer negócios no mundo cotidiano enquanto estivermos na trilha mágica?

A resposta é que os personagens nunca misturam os dois – embora a magia que eles operam esteja agindo em suas vidas o tempo todo. Eles interagem com o mundo cotidiano, mas estão fechados para realizar seus trabalhos mágicos, não apenas fisicamente, mas também mental e emocionalmente.

É uma questão de higiene espiritual estar claramente dentro ou fora do espaço apropriado para os diferentes aspectos de nossas vidas, e procedimentos de abertura e encerramento que nos levam e trazem firmemente de volta para os nossos egos mundanos são essenciais. Você encontrará lembretes para esse efeito repetidos ao longo dos capítulos seguintes. O estado de "estar no meio" pode ser muito cativante, mas ele é, no máximo, autoindulgente e não ajuda o estudante sério, que se concentra na clareza e na intenção em cada área da vida.

Devemos manter nossos diferentes estados de consciência separados e desenvolver o costume de clareza a respeito do que estamos fazendo e por que, a todo momento.

5. De que forma os personagens começam e terminam cada ritual?

As maravilhosas descrições nos livros revestem as diretrizes essenciais do trabalho mágico. A preparação para os rituais não precisa ser tomada literalmente; ao contrário, ela é um indicativo das diretrizes básicas. Dion Fortune diz que nada mundano deve ser levado para dentro do templo, o que podemos interpretar como o nosso estado interno em vez de uma estrita diretriz do vestuário. Não precisamos usar roupas especiais, embora elas ajudem a fazer a mudança do psicológico para o mágico. Mas deveríamos ter uma forma de, simbolicamente, despir-nos mentalmente de nossos problemas cotidianos. Lavar as mãos, escovar os dentes, tirar os sapatos ou vestir um cachecol ou uma roupa especiais são todos atos físicos que podem ajudar a atingir o correto espaço mental. Eles são o primeiro estágio para permitir o calmante temporário da personalidade mundana, para que a personalidade mágica possa florescer.

Então, todas as vezes passamos pelo mesmo processo mental e emocional para abrir o templo de trabalho interno. Os caminhos e as estruturas nos mantêm em segurança e também nos trazem de volta em segurança a cada vez. Tal como Wilfred em seu jardim, abrimos a trilha na vegetação rasteira para criar uma nova pista que, com o uso, se torna um bom caminho para nós. Em nosso estado expandido, reconhecemos as evocativas descrições das viagens de Dion Fortune, ascendendo para áreas superiores em busca de espaço liminar e descendo para o fundo do templo interno como representações de nossas experiências internas na forma de imagens.

> **Nossos atos ritualísticos de preparação, abertura e encerramento formam o cálice que contém nosso trabalho. Eles são essenciais para nos apoiar e nos capacitar a seguir pelos planos de maneira fácil e efetiva.**

6. Com quem os personagens discutem seu trabalho mágico?

Esse mundo interno é retirado e nunca é discutido com os serviçais, com os lojistas e com os personagens cotidianos que fazem parte da ficção de Dion Fortune.

Nossa cultura tem fronteiras ultrapassadas e, portanto, vivemos no contexto de compartilhar cada aspecto da vida como sendo normal, com celebridades no papel de modelos, vendendo seus mais íntimos segredos. Mas o trabalho mágico, tal como qualquer empreendimento pessoal, merece e precisa de respeito, discrição e privacidade. Nada há de "secreto" a seu respeito – de maneira que implique "vergonhoso" ou "errado" –, mas estudantes de magia não se desculpam por respeitar seu próprio senso de privacidade, e o trabalho apenas é discutido com colegas de igual mentalidade. Qualquer pessoa pode ler este livro, mas somente aquelas que *realmente* trabalham é que se beneficiarão dele. O segredo da magia é que ela é experimental. É como Hugh diz: evidência objetiva pode estar faltando, mas ninguém pode duvidar das profundas mudanças que esse trabalho realiza quando as pessoas se comprometeram a realizá-lo.

Isso é acompanhado por uma condição, é claro: é errado reter propositadamente informação de nossos entes queridos, que têm o direito de estarem interessados sobre o que fazemos. A magia não diz respeito a adquirir poder ou a seguir algum mistério autoconsciente para promover qualquer efeito, porém não há necessidade de discutir as minúcias de seu trabalho com pessoas de persuasão distinta. Simplesmente explique que é *a experiência* das técnicas meditativas que é importante, e que elas mesmas podem tentar realizá-las, se quiserem. Em geral, elas simplesmente querem segurança, uma visão geral ampla para saber que você está seguro e que elas não estão excluídas. Seja bondoso, justo e sensível.

Discrição é a palavra de ordem.

7. Quais diretrizes os personagens têm?

Eles trabalham a partir de seus próprios instintos profundos internos e, quanto mais confiam em si mesmos, mais se tornam um vibrante condutor para mensagens do mundo mais amplo, indicando o caminho adiante. Se for legal, razoável, seguro e justo, devemos isso a nós mesmos e ao trabalho maior de seguir sempre nossos instintos.

Seremos sempre guiados por nossa intuição e senso comum.

Preparação para usar o livro de exercícios

Com essas diretrizes em mente, aqui está o livro de exercícios para o seu uso.

As ideias não devem ser copiadas servilmente, mas consideradas, manuseadas, examinadas, experimentadas, exploradas e tornadas suas, para que você desenvolva outras diretrizes ou, instintivamente, encontre sua própria forma de fazer as coisas. E você ajustará os prazos sugeridos – saberá quando uma seção de trabalho está completa e quando precisará de mais prazo.

Diferentemente da maioria dos livros de exercício de magia, este o convida a considerar silenciosa e regularmente os aspectos desconfortáveis e desafiadores que encontram seu reflexo nas histórias; portanto, os exercícios preparatórios e o exercício de corpo de luz são vitais para o processo.

Em nosso estado cotidiano, frequentemente ensaiamos/reprisamos argumentos, supostas ofensas e frustrações em nossas mentes – um processo que alimenta esses sentimentos, deixando-nos agitados e sem qualquer resolução. Isso faz parte da "roda giratória" interna (descrita na seção 1), que bloqueia nosso progresso.

Ao tratar de emoções difíceis por meio do corpo de luz, podemos calmamente observar os sentimentos subjacentes que instigam nossas reações. Trabalhar de verdade, simplesmente, segurando-os e observando-os no cadinho de nossa percepção torna-se então um processo alquímico. Nós permitimos espaço e percebemos que, gradativamente, mas de maneira mágica, eles começam a mudar. Trata-se de um processo incremental seguro, e o tempo que leva é o motivo de tantas quedas pelas laterais do caminho em estudos mágicos.

Voltando à cláusula do "senso comum" discutida recentemente: a natureza desafiadora do trabalho significa que um estresse e um trauma correntes são um *claro sinal para não se envolver com o trabalho interno*, mas para lidar com a sua situação atual e recomeçar apenas quando suas emoções e sua vida estiverem de volta em um patamar equilibrado.

> **Primeiramente e o mais importante, os magos assumem a responsabilidade de seu próprio bem-estar.**
> Ao nos manter no estado correto para o trabalho, com um modelo da Árvore e os seus caminhos para a nossa mais profunda compreensão à nossa frente, podemos permitir tempo para explorar e para voltar de modo repetido. Ao fazer isso, estaremos levantando o véu e permitindo a influência de uma energia mais profunda e conectada para permear e informar nosso relacionamento com o mundo cotidiano.

Em conjunto com o que é apresentado nesta seção, podemos fazer uso de várias técnicas para encorajar a resposta emocional que a magia exige. Algumas podem ser:

- Ler trechos selecionados em voz alta.
- Cultivar a criatividade – desenhar, cantar, dançar e fazer música.
- Fazer uso do lugar misterioso entre o dormir e o despertar.
- Seguir as instruções de Dion Fortune – explorando os mistérios de nossas próprias terras, onde quer que vivamos.
- Permitir e esperar que o processo seja orgânico, e não mecanicista.

"Os deuses... são lentes que homens sábios criaram para focar as grandes forças da natureza", que são feitas de "material do pensamento",[75] conforme consta no livro *The Winged Bull*. Mas a nossa conexão com eles é ativada por "material de sentimento". Pela cabeça e pelo coração, pela lógica e pela emoção, combinados com uma profunda incorporação e firmemente mantidos pelo mundo real e mais do que real, a maquiagem elementar de nossa terra, mar e céu, juntamo-nos com a vibrante rede do cosmo para realizar o nosso potencial.

---

75. Fortune, *The Winged Bull*, p. 126.

16
A Cabala Aplicada

O trabalho de polir o bloco bruto do temperamento no silhar acabado do caráter é realizado permanecendo em meditação sobre o ideal que você estabeleceu para si mesmo e controlando o pensamento. Controle a imaginação e você controlará as emoções. Construa diariamente; construa constantemente; construa sistematicamente. Não aceite os seus sentimentos como seus mestres: aprenda que sentimentos podem ser dominados pela mente superior e submeta-os ao seu juízo direto. Este é o trabalho do Adepto Livre.[76]

Estabelecendo a cena

Quando Dion Fortune cita Jesus: "Não sabes que teu corpo é o templo do Espírito Santo?",[77] ela nos dá a mensagem clara de que o envolvimento e a consideração do corpo são essenciais para o treino dos sentidos esotéricos. O convite não é para separar-nos do mundo, para transcender o físico ou favorecer o espiritual acima dele, mas para envolver-nos com cada aspecto de nosso ser, a fim de que o físico e o espiritual estejam

---

76. Dion Fortune, *The Magical Battle of Britain* (Bradford on Avon: Golden Gates Press, 1993), p. 93.
77. Fortune, *The Sea Priestess*, prefácio.

integrados à medida que os usamos em equilíbrio. Esse é o nosso lugar de partida.

Estamos a ponto de trabalhar com a sua fórmula de uma forma prática, tomando os temas e as jornadas dos romances e combinando-os com a análise cabalística anterior. Assim, criaremos uma prática contínua que envolve nossos sentidos e corpo, bem como veículos internos de tal modo que nos tornamos o templo vivo por meio do qual a liberdade selvagem do espírito pode se manifestar.

Os quatro livros descrevem o estabelecimento do pilar do meio em nós. Cada um deles nos leva por uma jornada que inicia em lugares de fragmentação e confusão, e na separação dos princípios masculinos e femininos.

Independentemente de nosso gênero ou orientação, cada jornada começa com o masculino ferido e envolve o surgimento do feminino apoderado como professora e guia, concluindo com o casamento ou união que resolve os dilemas apresentados no início e abre uma nova vida ou caminho.

Reintegração de Lilith Le Fay

O gênio que preside todo este trabalho é nada menos do que Lilith Le Fay. Ela tem sido uma figura controversa nos círculos esotéricos, havendo sido ritualmente banida no início pela Sociedade da Luz Interior e, mais tarde, por outro grupo oculto proeminente. Existem muitas histórias de sua influência maligna e sugestões de que devemos ter cuidado com ela. Não há dúvida de que Lilith Le Fay, como a dedicada sacerdotisa da Ísis Negra, é uma presença arquetípica poderosa e, como qualquer outra essência ou ser do reino arquetípico, deveria ser trabalhada respectivamente e com clareza de compreensão, disciplina e parâmetros que são a salvaguarda desse tipo de trabalho. Dion Fortune demonstrou claramente em *A Sacerdotisa da Lua* as técnicas usadas por Lilith para criar humor e uma resposta adequada que ela usa como parte do repertório de um mago. Nós, que pelo trabalho somos privilegiados em ver por trás das cenas – ou melhor, por ver além –, não precisamos temer a ação dos "efeitos especiais". Ao contrário, podemos aceitá-los pelo que eles são e, com senso comum, amor e confiança, usar as imagens dos livros para nos levar a um lugar de profunda conexão.

Devemos nos lembrar sempre de que a nossa preocupação não está relacionada à forma imaginária da sacerdotisa, mas à corrente de energia espiritual revitalizante – o restabelecimento da antiga Deusa da Vida –, a energia da qual a figura que conhecemos como Lilith Le Fay é um aspecto arquetípico.

Este livro foi inspirado por um grupo de meditação sobre a obra de Dion Fortune, que levou a uma experiência espontânea de Lilith Le Fay emergindo dos planos interiores para guiar a direção da meditação. Foi uma poderosa experiência benigna para todos os envolvidos. Desde então, ela permaneceu como musa e guia do trabalho e, quando abordada com perguntas genuínas e respeito, sempre respondeu de maneira semelhante, sem qualquer tentativa de controlar ou ofuscar. Tal como nos livros, o trabalho é o que importa, e não a personalidade ou ego de qualquer estudante ou de uma entidade desencarnada. Lilith Le Fay detém a profunda intenção do trabalho apresentado por Dion Fortune, o de unir o masculino e o feminino em um sagrado matrimônio, que regenerará o mundo, fazendo com que as aparentes abstrações sejam concretas e visíveis.

Regras de engajamento: mais a respeito de higiene espiritual, potenciais armadilhas e fundamentos

A intenção é fundamental para a prática da magia; portanto, comecemos por aqui.

Em qualquer ordem mágica, uma das primeiras perguntas a ser colocada a um possível iniciado é: "Por que você quer fazer isso?". E, antes de começar esse trabalho, devemos nos perguntar a mesma coisa e ser honesto a respeito da resposta.

Nas lojas de rituais, a resposta costumeira é uma variante de "para servir à luz"; porém, essa mesma questão é abordada por Dion Fortune nos romances de uma forma mais concreta. Os homens perseguem sua busca por estarem, de algum modo, bloqueados ou frustrados em suas vidas e estão procurando uma solução ou um significado mais profundo. Assim como é dentro, também é do lado de fora: ao se curarem, eles estão se referindo à cura da sociedade; seu trabalho pessoal possui um objetivo mais amplo. Da mesma forma, devemos encontrar nosso motivo – a nossa insatisfação e a nossa necessidade. Deixando que isso nos guie no caminho, dentro do contexto do objetivo espiritual mais amplo de serviço, acreditamos que nossas ações também podem influenciar a corrente evolucionista e trabalhar como fermento na mistura cósmica, pois elas estão nos beneficiando.

Havendo estabelecido uma clara intenção, devemos então criar uma estrutura de comprometimento: tempos regulares para praticar os exercícios, as contemplações e os rituais sugeridos.

A regra é regularidade. É melhor meditar durante dez minutos todos os dias do que meditar por um tempo maior em sessões irregulares. É comum começar com entusiasmo por causa da novidade do material para logo depois perder o ímpeto. Portanto, devemos iniciar lentamente, ganhando força, e manter uma prática regular que, de alguma forma, possamos sustentar quando até mesmo um pequeno esforço pode parecer grande demais.

Com uma figura arquetípica – Lilith – como psicopompo, devemos estar conscientes dos perigos do literalismo e do encanto. Os grandes ocultistas eram firmemente unidos ao mundo real e a suas responsabilidades. A magia não é uma rota de fuga disso; ao contrário, o contato interno nos renova e revitaliza para mais trabalho no plano da terra. A experiência de Rupert Malcolm é um bom exemplo, pois, por meio de seu trabalho com magia, sua humanidade e sua personalidade florescem, e, pela primeira vez, ele é capaz de sentir empatia por seus pacientes e formar relacionamentos com seus estudantes.

Por sermos pessoas íntegras que assumem responsabilidades em vidas ativas, com famílias e compromissos habituais do mundo, mantemos os limites entre as realidades claros. Para cada mundo, as suas próprias regras: é agir simplesmente e com clareza para interação com outros planos de realidade, com percepção e senso comum, e ter certeza de encerrar da mesma forma.

Exercícios preparatórios

1. Sentindo o corpo
O trabalho interno começa e termina com o corpo, e estar presente em nosso corpo é o exercício inicial fundamental. Uma forma reconhecida

para acalmar o corpo é tensionando e relaxando conscientemente cada músculo, começando pelo dedo do pé e subindo até o couro cabeludo.

Em seguida, passe algum tempo respirando lenta e ritmicamente: inspirando e contando até quatro, pausando para uma contagem de dois e expirando até uma contagem de quatro, a uma velocidade que seja confortável para você. O efeito disso é aprofundar o sentido de contato com o corpo, abrindo-nos para os mundos internos.

2. A luz entrelaçada

Tendo conseguido um relacionamento com seu corpo, o próximo passo é energizar seu veículo interno: uma importante disciplina chamada de prática da luz entrelaçada.

Aqui, o pilar do meio da Árvore da Vida é construído dentro da estrutura interna de seu corpo.

Sentado ou em pé, começamos a sentir o eixo central do corpo desde a coroa da cabeça até os pés, deixando nosso corpo se alinhar com ele e a estrutura da espinha suportar o peso do corpo. Se estiver sentado, é importante não tender para trás e que sua coluna esteja o mais ereta possível.

Visualize ou sinta um pouco acima da coroa de sua cabeça uma esfera de luz branca brilhante e girando. Essa é a sua conexão com a *sephira* Kether, a coroa do ser.

Vibre o som da vogal **U (uuuu) – cante suave, mas poderosamente, com a garganta relaxada, até onde sua respiração permitir, e repita se necessário até cinco ou seis vezes, para construir o seu sentido de ressonância com a esfera**. Sinta então um pilar de incandescência movendo-se para baixo por meio do eixo central, formando uma esfera de luminescência cinza/violeta no nível de sua garganta. Aqui, vibre **I (iiii)** da mesma forma, seguindo então o pilar até o nível do coração, onde ele se torna uma miniatura do sol, e cante **Ai**. Siga o pilar para baixo até o nível dos genitais, visualize uma esfera como a lua surgindo e cante **Ah**, e finalmente siga o pilar até um pouco abaixo dos pés, para uma esfera de cores de outono na Terra – citrino, castanho-avermelhado, oliva e preto –, cantando **Oh**.

Depois desse exercício, sente-se em silêncio e gradativamente deixe que o sentido de sua percepção cotidiana se restabeleça.

Para a primeira semana de prática, não faça mais do que o trabalho preparatório e estabeleça o pilar.

Depois, para complementar esses exercícios, prossiga para o exercício da Fonte: comece por centralizar-se em Kether e, em uma inspiração, deixe que sua percepção desça até Malkut, um pouco abaixo de seu corpo, repousando ali durante uma inspiração e uma expiração para ativar a esfera.

Em seguida, em uma inspiração, sinta a energia subindo pelo pilar do meio, penetrando cada uma das esferas e terminando em Kether. Em uma expiração, visualize uma fonte de luz cristalina cascateando pela aura e juntando-se em Malkut. Inspire e sinta o poder subindo novamente até Kether, e, como antes, estabeleça a corrente circulatória. Faça isso não mais do que seis vezes.

Tome tempo para estabelecer essa disciplina. Ela se aprofundará à medida que você progride no trabalho, dando-lhe crescente capacidade para conectar os planos interno e externo. Com isso, você começará a internalizar sua compreensão da Árvore que não é um modelo estático, mas um glifo vivente de fluido interativo e energias inter-relacionais.

3. O corpo de luz

Visualize ou se sinta vestindo uma túnica com capuz de cor índigo e colocando em volta de seu pescoço um pingente em círculo com uma cruz de braços iguais. Sinta a envolvente qualidade da túnica; sinta o peso do pingente e a intenção que possui de participar da vida cósmica.

Deixe que o poder gerado pela luz entrelaçada energize e materialize a identidade mágica representada por essa forma. É como se entrássemos nela, envolvendo-nos. Ela se torna o centro de nossa consciência e passamos a sentir com os seus próprios sentidos.

Aproveite um pouco de tempo para experimentar o fato de você estar nesse corpo. Assim, você pode querer dar uma volta em seu quarto ou pode descobrir que ele lhe proporciona uma relação diferente no tempo e no espaço e seus sentidos funcionam distintamente de seus sentidos físicos.

À medida que você se aprofunda na percepção do corpo de luz, seu sentido do corpo físico se reduzirá, permanecendo mais no plano de fundo. Contrariamente aos relatos encantadores da projeção astral, você não perde percepção do corpo físico, mas seu foco maior está no corpo de luz e nos planos internos. Ao completar o trabalho, sinta o corpo de luz aprofundando-se na estrutura do seu corpo.

Esses exercícios precederão todos os outros específicos dos livros, durante todo o curso.

Preparação para a meditação de Lilith

Agora que o trabalho de preparação foi estabelecido, a primeira meditação envolve ligar-se a Lilith como guia e iniciadora.

Esta meditação está escrita de maneira simples a fim de permitir que sua própria imaginação preencha as cenas; dessa forma, elas parecerão vivas para você. Envolver-se com todos os sentidos ajudará a evocar um forte sentido da essência da corrente espiritual que Lilith representa. Lembre-se de que o tempo é o presente que os estudantes de ocultismo se permitem. Leia cerca de duas vezes a meditação completa (na próxima sessão) para que você se torne familiarizado e, depois, confie em si mesmo para dirigir sua própria jornada – embora você possa gravá-la, se preferir. *Faça isso bem mais lentamente do que de costume para começar.* A maioria de nós realiza todas as atividades rapidamente demais para usufruir de modo completo de seus benefícios, e é um desafio quebrar esse costume.

Decida antes quanto tempo você pode se permitir para a meditação – 20 minutos é mais do que suficiente, depois de seu preparo inicial – e, depois, mantenha o que você decidiu e não pare, assim permitindo espaço para cada imagem surgir e ganhar força antes de prosseguir. Lembre-se de que a impaciência inicial pode ajudar a considerar a desaceleração como um ato subversivo, uma reclamação de nosso próprio espaço interno do mundo cotidiano. Relaxe completamente na experiência por algum tempo para poder voltar de forma suave e tomar notas depois, fundamentando-a. Por outro lado, é insustentável e provavelmente injusto para com os outros compromissos de sua vida permitir tempo demais para o processo; portanto, seja realista, decida sobre esse seu tempo e mantenha-o.

Se você conhece bem os livros, é possível então que as imagens de *A Sacerdotisa da Lua* já tenham sido internalizadas, e até mesmo a primeira leitura começará a despertá-los para a vida dentro de você.

Depois de completar os exercícios preparatórios precedentes, faça a Meditação de Lilith.

A meditação de Lilith

Forme o corpo de luz, entre nele e conecte-se com a antiga cidade de Londres, andando ao longo das margens do Rio Tâmisa em uma noite de bruma.

Sinta o ritmo de andar na bruma, em um ambiente misterioso e silencioso... Um pouco mais à frente, perceba a figura de uma mulher com um chapéu de aba larga e uma capa preta.

Siga-a com o seu ritmo acompanhando o dela, à medida que ela o conduz adiante, atravessando uma ponte para o outro lado do rio.

Ela o conduz para uma igreja gótica antiga indistintamente vista na bruma... e você para na entrada enquanto ela se volta para encará-lo, emitindo uma luz clara em seu rosto, e pergunta: "Por que você veio? Por que você procura entrar aqui?". Responda espontaneamente e, se ficar satisfeita, ela o convidará a entrar.

Você estará em uma grande sala com janelas altas, iluminada pela luz do luar refletida no escuro piso polido. Há uma grande lareira e um fogo queimando lenha aromática.

No centro dessa sala quase vazia há duas cadeiras: uma mais simples, na qual você se sentará, e outra parecida com um trono, com o entalhe de muitas figuras. Nessa cadeira está sentada Lilith Le Fay, uma presença sacerdotal, quieta e poderosa. Entre as cadeiras, está uma mesa mourisca octogonal com uma grande vasilha azul cheia de água, na qual flutua uma flor-de-lótus.

Uma estranha fumaça ou bruma paira acima da vasilha, e, com você sentado à frente dela, Lilith convida-o a olhar profundamente para dentro da água.

Ao olhar para dentro da água, você vê faíscas de luz dourada e a bruma prateada elevando-se. Você se sente afundando no mar profundo do início, tocando a fonte de toda a vida, sentindo o mar, a lua, as marés fluindo do Universo no qual vivemos, movemo-nos e estamos.

Atrás de Lilith você sente uma vasta forma coberta com véu: a Mãe Profunda, a Ísis Negra, e, por intermédio de sua sacerdotisa, Lilith Le Fay, você se conecta com a contínua corrente espiritual da obra de Dion Fortune e se compromete com o trabalho.

Ao fazê-lo, à sua maneira, podem ser-lhe mostradas cenas ou imagens relevantes do trabalho e aspectos de sua vida, ou você poderá apenas afundar no relaxamento da aceitação em serviço.

A certo ponto você sentirá uma mudança, a atração do mundo externo e o impulso de sair. Assim, saudando a sacerdotisa e a Deusa que ela serve, você se encontrará na porta da igreja e, pensativamente, traçará de novo seus passos, cruzará a ponte e andará ao longo do Rio Tâmisa, deixando que a cena atrás de você volte para seu próprio reino e o mundo cotidiano apareça à sua frente até você se encontrar de volta ao recinto onde tudo começou.

Tome seu tempo para voltar, fundamentando-se e orientando-se no mundo externo.

Você usará a parte inicial desta meditação sempre que se conectar com a corrente dos livros nos reinos internos.

O trabalho a seguir permite de dois a três meses para cada romance. Tome seu tempo, explore a jornada e aproveite!

17
Trabalhando com Malkut e
The Goat-Foot God

Número de meditações: 8 + ritual

Possível prazo: 2 a 3 meses

Havendo estabelecido os exercícios preparatórios básicos e feito contato com Lilith, estamos prontos agora para começar a trabalhar com os romances e com a Árvore da Vida conforme a fórmula de Dion Fortune. Começamos de baixo ou da parte mais externa da Árvore, com Malkut e *The Goat-Foot God*.

Antes de cada meditação

Trabalhe com os exercícios preliminares e com a luz entrelaçada, sentindo o corpo, a luz entrelaçada, e, depois, entrando no corpo de luz.

Depois de acomodar-se para a meditação, você começará repetindo a primeira parte da meditação de Lilith.

Forme o corpo de luz, entre nele e conecte-se com a antiga cidade de Londres, andando ao longo das margens do Rio Tâmisa em uma noite de bruma.

Sinta o ritmo de andar na bruma, em um ambiente misterioso e silencioso... Um pouco mais à frente, perceba a figura de uma mulher com um chapéu de aba larga e uma capa preta.

Siga-a com o seu ritmo acompanhando o dela, à medida que ela o conduz adiante, atravessando uma ponte para o outro lado do rio...

Meditação 1: Entrando em Malkut

Ao cruzar a ponte, essa cena desaparece e você permite que sentimentos ou figuras surjam na tela de sua mente – um forte sentido de lugar e de pessoa ao contemplar a cena no início do livro: Hugh Paston sentado em uma casa vazia e sem vida para ele, sentindo-se traído e sem propósito.

Pinte a cena conforme a descrição do livro: luz natural, um fogo elétrico pequeno e sem conforto e um mobiliário irregular e discordante. Ao constatar o desconforto de Hugh, identifique sua situação com cenas semelhantes de sua vida e experiência. Sinta-se seguro e, de forma gentil e calma, abra os caminhos nos quais sua vida lhe infligiu feridas ou crenças semelhantes.

Tal como Hugh, sinta a impaciência, a necessidade por *mais*, e deixe essa necessidade levá-lo a fundo dentro do corpo, mostrando-lhe a força da vida presa e bloqueada. Tome seu tempo para estabelecer esse sentimento. Estamos usando Hugh Paston e seu mundo como uma imagem mágica que pode nos fazer enxergar que as coisas externas em si não podem nos ajudar.

Deixe que a imagem de Hugh desapareça, e, assim que você voltar cruzando a ponte, encontrar-se-á sentado com a túnica e encapuzado, no corpo de luz, contemplando as ressonâncias em seu corpo e em sua vida. Deixe que o corpo de luz e sua experiência afundem na estrutura de seu corpo. Abra os olhos e fique consciente do mundo externo.

Esta meditação deve ser realizada por cerca de uma semana, e é uma boa prática tomar notas depois. Também pode ajudar explorar a experiência depois, não racionalmente, por meio de desenhos, pinturas, movimentos ou música.

Meditação 2: O caminho para a livraria de Jelkes – de Malkut para Yesod

Depois dos exercícios preliminares e de seguir Lilith ao longo do aterro, o próximo passo da meditação é o de imaginar-se como Hugh, saindo de sua casa e andando, seguindo a impaciente energia presa, à medida que você relaxa em seu corpo.

Sinta-se andando pelas ricas ruas de Chelsea e de Kensington, deixando de lado os lugares conhecidos e passando pelas ruas mal frequentadas, os lugares no limite, ou seja, entrando no submundo. Fique vagando no lado noturno de Londres, como Hugh, achando o lugar intrigante e fascinante. Chegando inesperadamente à livraria de Jelkes, observe o cartaz desgastado acima da porta no qual se lê "T. Jelkes – Vendedor de Livros Antigos" e a cesta de livros usados, iluminada pela luz da rua. Dê uma olhada nos livros que ali se encontram e procure pelo livro com o título *O Prisioneiro da Opala*. Folheando-o, procure estas linhas: "O caso proporcionou-me uma visão bem nova do mundo. Eu o vi como uma grande opala dentro da qual eu me encontrava. Uma opala luminosamente opaca, de maneira que eu estava pouco consciente de outro mundo além do meu".[78] Perceba bem esse sentimento dentro de si mesmo – a sensação de ser o prisioneiro na opala: sinta o mundo maior e mais rico fora de você, mas tocando-o com luminosidade. Sinta a soleira da porta, mas não a atravesse. Deixe que as imagens sumam e entre no corpo de luz sentindo o peso do pingente sobre o seu coração. Contemple a jornada e a nova visão expandida do mundo. Como antes, deixe que o corpo de luz e sua experiência afundem no corpo físico e abram seus sentidos para o mundo externo.

Faça isso durante cerca de uma semana antes de seguir para o próximo passo.

Meditação 3: Livraria de Jelkes – o templo de Yesod

Depois dos habituais exercícios preliminares e seguindo Lilith pela ponte, você se encontra na soleira da porta da livraria. Ao abri-la, a campainha toca e você faz uma pausa na entrada. A loja está em total escuridão; você sente as pilhas de livros ao seu redor e, ao avançar, sente, mais do que vê, um quartinho interno além de uma porta acortinada. Você pressente uma presença e, através da cortina, aparece um ancião em uma túnica volumosa segurando uma lâmpada.

Sinta-se na cena, diante do colecionador de histórias, que pode lhe mostrar a história que o levará adiante. Em imagens caleidoscópicas

---

78. Fortune, *The Goat-Foot God*, p. 5.

refletidas na cortina estão a Missa Negra, o sacerdote perverso, a Virgem e o Demônio, o Rei do Trigo, a Rainha da Primavera e o deus com pés de bode Pã, em um cenário silvestre alternado, ilustrado em sua mente. Sinta essas imagens originais na história de Hugh Paston e perceba essa ressonância em sua própria história. Permita-se considerá-las uma de cada vez e, quando estiver pronto, peça ajuda ao professor e guardião desse templo para atravessar a cortina.

Faça uma pausa e observe sua resposta, deixe que as imagens sumam e entre novamente no corpo de luz, sentindo o peso do pingente. Contemple a passagem pela soleira e o templo da noite – as histórias que libertam e aquelas que vinculam e o encontro com o professor interior. Quando estiver pronto, absorva o corpo de luz e permita que o mundo externo se restabeleça.

Esta meditação, da mesma forma, deve ser praticada durante cerca de uma semana.

Meditação 4: O quarto interno

Depois dos habituais exercícios preliminares e da caminhada cruzando a ponte, você entra na loja para encontrar a cortina aberta e o quarto iluminado. Você entra em um quartinho iluminado por uma luz verde-dourada com duas pessoas em pé, ao fundo, uma de cada lado das janelas francesas em vitral.

Do lado esquerdo está a figura familiar de Jelkes, a grande, enrugada e malcuidada figura em uma capa como uma túnica. Do lado direito está Mona, pequena e com seu cabelo escuro brilhante, em um casaco de couro verde-esmeralda. Entre eles, nos verdes e azuis da janela de vitral, você pode ver uma estrada que leva para um antigo monastério e um bosque. Mantenha-se entre eles e sinta suas energias, seus pensamentos e suas sugestões; essa é a sua oportunidade de dialogar com ambos. Jelkes é o professor de simbolismo e de história, estruturas de profunda sabedoria interna ancestral, e Mona é a musa verde, que o conecta com a fluidez e a energia da vida verde. À medida que você ouve, sinta essas duas pressões de energia gentilmente se misturando dentro de você e encontrando seu próprio equilíbrio. Aproveite esse tempo para conhecer os professores e faça com que eles o conheçam.

Pratique isso por cerca de uma semana.

Meditação 5: O caminho alquímico – de Yesod para Tiferet

Depois dos habituais exercícios preliminares e de cruzar a ponte, você se encontra no quarto interno, entre Jelkes e Mona, de frente para as janelas de vitral. Você junta as mãos com Jelkes e Mona, percebendo suas energias auxiliadoras, e focaliza momentaneamente suas sensações anteriores das energias misturadas dentro do seu ser. Em um movimento dos dois, vocês entram juntos na cena do vitral.

Sinta sua necessidade de mover-se mais profundamente no mundo interno em busca do mistério do deus com pés de bode. Você sente a mente focada de Jelkes e a fonte verde de Mona, deixando-os se entrelaçarem dentro de você, apoiando sua intenção e vontade. Caminhando juntos, sua vontade cresce e se aguça; há um sentimento de passar por uma barreira ou obstrução. O mundo brilha e você se encontra na entrada de um monastério medieval de pedras cinza, à sombra de um antigo bosque.

Note as esculturas na porta e no caminho de entrada. Essas esculturas serão pessoais para você, embora não possa imediatamente reconhecer suas formas ou compreender seu significado; apenas as observe. Tal como o dinamismo da própria jornada, elas podem flutuar e mudar todas as vezes que você revisitar esse local.

Deixe as imagens sumirem e, como de costume, entre no corpo de luz e contemple sua experiência antes de voltar para o mundo externo.

Meditação 6a: A abadia Monks Farm – o Templo de Tiferet

Antes desta meditação, você pode ler o capítulo 10 de *The Goat-Foot God* para poder ativar sua imaginação, embora isso não seja essencial.

Depois de todos os habituais exercícios preliminares, a cena referente à ponte some e você percebe que passou para o pátio do monastério em ruínas. Os delicados pilares dos claustros o cercam dos quatro lados, com aberturas para acesso.

Explore as ruínas a seu tempo. De um lado dos claustros, existe uma enorme fileira de construções baixas de pedra. Por meio de uma abertura do outro lado, você chega a uma linda casa de dois andares. Vire para encontrar um enorme celeiro que havia sido uma capela.

Com Jelkes e Mona, dê uma volta em torno das construções externas e da capela. Deixe que Mona e Jelkes o conduzam pela capela, com sua parede leste pintada e seu piso com os signos zodiacais. Ali, no centro dos símbolos do universo harmonioso, contemple a figura de Ambrosius, o abade aprisionado, e seus monges, deixando a história dele tocar a sua. Siga adiante para passar algum tempo explorando o monastério, com seus alojamentos limpos e vazios e a grande escadaria em caracol, que leva ao quarto do abade e às celas dos monges. Contemple a paz do quarto santuário de Ambrosius e ande pelo corredor sentindo a memória ressonante dos monges confinados em suas celas.

Complete este estágio passando uma semana renovando a capela. Você pode empenhar seu tempo repintando as pálidas cores da Árvore da Vida como um exercício meditativo, sentindo como se estivesse fazendo uma ponte para Arcádia, a paisagem interna grega.

Você se lembra da primeira visualização de Hugh: os abetos e seus aromas resinosos, a luz do sol e o calor, o mar cor de vinho escuro, o rebanho de bodes e o zumbido dos insetos. A sensação de liberdade o impregna à medida que trabalha formando a ponte entre os mundos interno e externo. Coloque-se então no círculo do zodíaco, diante do altar, com a estátua de Pã posicionada de maneira que a esfera de Malkut esteja atrás dela, na parede leste, e insira-se nessa experiência, permitindo que se aprofunde em seu corpo.

Como sempre, deixe que as imagens sumam e entre no corpo de luz, resolvendo sua experiência antes de voltar para o mundo externo.

Meditação 6b: Descendo ao porão

Depois dos habituais exercícios preliminares, você cruza a ponte para se encontrar sentado em meditação no porão de uma cela pequena, vazia e escura. Contemplando Arcádia e as feridas da igreja medieval, podemos considerar a perda do antigo mundo de alguma forma que afetou nossa vida – considere a culpa e a vergonha que herdamos ou aprendemos com outras visões do mundo e olhe imparcialmente e com uma compreensão mais ampla para qualquer situação que nós mesmos possamos ter causado.

Esses são aspectos de nossa própria força de vida que vive presa.

Sentados no meio dessas meditações, note que simplesmente observar o passado está causando uma mudança misteriosa, como se estivesse soprando uma brisa regeneradora primaveril de transformação. A porta abre-se e Mona entra como a sacerdotisa verde; esse é o início do funcionamento da polaridade que consideraremos dos pontos de vista de ambas as partes.

Sente-se calmamente e permita que sua atenção flutue e mude, em um momento sendo Hugh e em outro, Mona, apresentando os arquétipos masculino e feminino, o sentimento da estrutura de sua vida e a fluidez essencial que coloca as coisas em equilíbrio com você.

Contemple o monge e o súcubo, o sacerdote e a sacerdotisa. Quando tivermos alcançado um estado de equilíbrio para esta sessão, seguimos Mona pela escadaria para o andar térreo.

Meditação 6c: Subindo as escadas

No próximo estágio, seguimos no piso térreo para a grande escadaria em caracol, sentindo o poder do sacerdote e da sacerdotisa de Pã em nós, crescendo e energizando-nos enquanto subimos.

Chegamos ao quarto do abade. É um recinto pequeno, quase vazio, com uma grande cadeira no centro. Tome seu assento e contemple os monges aprisionados em suas celas. Sinta os prisioneiros dentro de você e, como Hugh, pense voltando para trás; siga o rio de sua vida de volta para a sua fonte. Explore os eventos de sua vida em ordem inversa e descubra as fundações de sua casa da vida. Comece por contemplar os eventos do dia ao revés e, com cada meditação, deixe sua percepção voltar ainda mais no tempo. Ao fazer isso, envolva-se com o rio profundo de sua força de vida, notando como ela foi dividida e represada por meio de sua reação aos eventos. Proporcione uma intenção de compaixão no trabalho e liberte os prisioneiros do passado.

Deixe que as imagens desapareçam e, como de costume, entre no corpo de luz e contemple sua experiência antes de voltar para o mundo externo, registrando-a antes de retornar à sua vida cotidiana.

Meditação 7: O caminho do deserto – de Tiferet a Daat

Em seguida, após os habituais exercícios preliminares, a cena do rio desaparece e você se encontra sentado na capela obscurecida com Mona e Jelkes contemplando Pã e a Árvore da Vida. Sinta a liberdade da força da vida interna e a profunda vontade liberada pela meditação no quarto do abade.

Ao fazer isso, é como se as paredes da capela se dissolvessem e você se encontrasse andando no bosque de pinheiros à luz suave da tarde, soltando as formas, as estruturas e as histórias que o restringiram e estando totalmente aberto à experiência do momento. Um pouco mais à frente está Mona, levando-o adiante. Sinta a presença do selvagem, da profundidade da vida verde, e siga-a.

Sinta a vontade de mais vida ao mover-se cada vez mais fundo na floresta, chegando, afinal, a um antigo bosque de teixos, selado com uma velha porta de carvalho. Fique com Mona atrás da porta, tomando seu tempo para sentir a presença da floresta e a proximidade de um espaço sagrado. Você está à beira do mistério: faça uma pausa para absorver sua relação com essa intemporalidade.

Depois, gradativamente, deixe as imagens desaparecerem; entre no corpo de luz e contemple sua experiência antes de voltar para o mundo exterior.

Meditação 8: O mistério do bosque – Daat

Depois dos habituais exercícios preliminares, a ponte leva-o novamente de volta para a porta de carvalho que sela o antigo bosque. Ao renovar seu compromisso de explorar a corrente de Malkut, a antiga porta parafusada abre-se facilmente.

Você entra no bosque formado por teixos antigos; seus troncos e ramos marrom-avermelhados designam a forma de um losango, ou o centro de uma *vesica piscis*, no coração da floresta. Ele é protegido e colocado à parte, com um pilar de pedra da altura do chão à cintura em seu centro. Entre como Hugh e Mona, masculino e feminino, sacerdote e sacerdotisa. Contemple o bosque, o sacerdote e a sacerdotisa, e aguarde a vinda do Deus. Uma respiração de ar frio provoca medo e excitação ao verificar que você está se apresentando para a bênção de Pã.

Sinta o anseio e a vida libertada dentro de você; deixe o sacerdote e a sacerdotisa serem um só em você; sinta o surgimento do sol interno.

Entre a finalização desta prática principal e a próxima, o ritual final, você encontrará muitas questões secundárias, ideias e desvios que a história plantou em você. Segure-os de leve, mas com foco. Siga-os na meditação, na visualização e na contemplação, até você se sentir completo o suficiente nessa fase do trabalho. Não há pressa.

Para completar o trabalho com Malkut, realize este último ritual.

O ritual de Malkut

Essa cerimônia, aparentemente simples, completa o trabalho desta sephira. Por meio do relacionamento mágico da história e do sentido da imaginação, você pode aprofundar-se em uma apreciação do sagrado matrimônio em si mesmo. Como sempre, assegure-se de que estará livre de interrupções e permita tempo para preparar e depois reduzir as atividades, para tomar nota e, suavemente, voltar ao mundo cotidiano.

Você precisará de:

- Espaço que já reservou na preparação, com consciência.
- Um assento confortável.
- Uma vela verde.
- Luz baixa no quarto – suficiente para ler facilmente.
- Uma cópia de *The Goat-Foot God*.
- Opcional: óleo de pinho em um difusor de aroma/cones de pinho/um ramo de pinheiro.

Fique à vontade em um espaço claro e limpo na frente da vela e com a amostra do ar de Arcádia presente – óleo de pinho aromatizando o quarto, um ramo de pinheiro ou cones aromatizados, ou qualquer outra coisa que você achar adequada. Acenda a vela e sente-se com sua coluna reta, pensando a respeito da esfera mais baixa da Árvore da Vida, conforme sua pintura na capela.

Faça os exercícios de relaxamento e da luz entrelaçada e convoque o corpo de luz. Deixe que a luz envolva seu corpo físico e sinta a energia selvagem. Isso se manifesta em um brilho verde que se expande até envolvê-lo com a luz, a atmosfera repleta de luz solar de Arcádia.

Permaneça consciente do espaço imaginário ao pegar o livro *The Goat-Foot God* e folheie as páginas. Tome algum tempo para ler alguns parágrafos que chamem sua atenção, repetindo a jornada de Hugh e Mona. Permita que as imagens e as cenas ressoem com as suas próprias experiências armazenadas bem fundo no corpo – não há necessidade de recordá-las com a mente racional – e sinta-as recompondo-se em uma forma harmoniosa...

Relaxe completamente na experiência da leitura mágica e, à medida que as cenas se tornem mais vívidas, vá ao último capítulo e, silenciosamente, leia para si mesmo, nesse lugar de discernimento interno e externo – um espelho da forma como os livros eram escritos pela autora.

Ao terminar de ler, permita o grito antigo: "Hekas, hekas, este bebeloi! Afaste-se de nós, ó profano!", para sumir no silêncio e afundar em uma rica e profunda quietude. Nesse lugar, sinta as energias masculina e feminina dentro de você, o sátiro e a donzela, a espada e o cálice, o princípio ativo e passivo da perseguição e da rendição, dançando e alinhando-se. Os fios verde-dourados da natureza o permeiam, unificando toda a gloriosa complexidade de sua psique em um padrão de mudança constantemente fluido, ao redor do núcleo da vida espiritual; o caduceu vivente do sagrado matrimônio.

Sente-se com as energias, consciente também das forças naturais derramadas sobre você, apoiando e energizando o processo, e sinta quase simultaneamente a necessidade de devolvê-las à natureza, a fim de que elas possam fluir dentro e fora em um fluxo interminável para o benefício de todos e para a corrente evolucionista.

Paulatinamente, esse sentimento se acalma e você responde à atração para voltar ao cotidiano, levando de volta seu sentimento de harmonia com a natureza de todas as coisas.

Respeite o final desta seção e seu próprio processo interno, anotando-o no diário e caminhando na natureza. Tome um pouco de tempo e espaço para ali se acomodar.

Quando estiver pronto, você seguirá adiante para contemplar a sephira Yesod e o livro *A Sacerdotisa do Mar*.

18
Trabalhando com Yesod e *A Sacerdotisa do Mar*

Número de meditações: 9 + ritual

Possível prazo: 2 a 3 meses

Passando de Malkut para Yesod, levamos o trabalho mais a fundo, tratando dos fundamentos da vida e da identidade mágica, aprendendo a arte da imagem mágica. A natureza do trabalho encoraja fluidez; mas, mantemos claras as barreiras entre nossos estados interno e externo.

 Tal como anteriormente, use os exercícios preparatórios e, antes de começar esta sequência, faça de novo a meditação de Lilith (do capítulo 16), pois ela é a guia e o psicopompo neste trabalho. Deixe que ela o avise de como iniciar este estágio e desenvolver o trabalho de Malkut. Esteja preparado para encontrar-se com ela e não se preocupe com as instruções explícitas que podem ou não ser apresentadas. Em vez disso, confie em seus sentimentos, instintos e intuição.

 Quando sentir que está pronto para embarcar, você repetirá a primeira parte da meditação de Lilith, antes de cada meditação.

 Forme o corpo de luz, entre nele e conecte-se com a antiga cidade de Londres, andando ao longo das margens do Rio Tâmisa em uma noite de bruma.

Sinta o ritmo de andar na bruma, em um ambiente misterioso e silencioso... Um pouco mais à frente, perceba a figura de uma mulher com um chapéu de aba larga e uma capa preta.

Siga-a com o seu ritmo acompanhando o dela, à medida que ela o conduz adiante, atravessando uma ponte para o outro lado do rio...

Meditação 1: A casa de Wilfred Maxwell – Malkut de Yesod

Você se encontra entrando no início do livro *A Sacerdotisa do Mar*... Sinta que está em uma pequena cidade, diante de uma casa georgiana de dois andares com a porta da frente aberta, abrindo-se para um hall.

À direita está a porta principal para os escritórios e, do outro lado, à esquerda, está a porta da frente da casa que Wilfred divide com sua mãe e sua irmã. Comece por ver Wilfred Maxwell enquanto ele anda de uma porta para a outra, sentindo-se em uma armadilha em razão do legado de seu pai e das exigências incessantes da mãe e da irmã. Tal como você agiu com a figura de Hugh Paston, faça com que a vida de Wilfred conheça a sua, sentindo a vida bloqueada e a frustração ao vagar, em círculo, ao redor do escritório, espiando dentro da casa pretensiosa, com seus móveis sufocantes.

Contemple tudo o que em sua vida e ambiente o aprisiona.

Contemple a mãe e a irmã de Wilfred e a herança que seu pai lhe deixou. Onde estão essas figuras em sua vida? Qual é a herança que o mantém aprisionado? Quais papéis eram esperados que você assumisse?

Explore a casa da família de Wilfred e sinta a sua *persona*, sua energia vital e seu psiquismo. Vá até a escadaria e suba até seu quarto, o único lugar onde ele pode ter espaço. Entretanto, até aqui, sinta sua sensibilidade e a negatividade de sua personalidade, que o tornam incapaz de fazer valer sua vontade nesses ambientes.

Esteja ciente de que, simplesmente identificando e percebendo, você está iniciando um processo de mudança pessoal que libertará a sua conexão criativa para a sua vida atual.

Deixe que a imagem de Wilfred suma e, ao virar-se e voltar pela ponte, você se encontrará, de túnica e encapuzado, no corpo de luz, contemplando as ressonâncias em seu corpo e vida. Quando estiver pronto, conscientemente deixe esses sentimentos se aprofundarem mais. Permita a presença de seu ego físico para restabelecer a sua supremacia e recuperar a sua vida normal. Por meio de sua percepção, o processo de integração começou.

Esta meditação deve ser praticada durante cerca de uma semana, e é um bom costume tomar notas depois.

Meditação 2: O caminho do submundo – de Malkut a Yesod

Depois de realizar os exercícios preliminares, o passo seguinte na meditação, após seguir Lilith ao longo do aterro, é imaginar-se como Wilfred, deitado em sua cama contemplando o céu noturno. Ali, deitado, é como se você estivesse flutuando em um profundo mar negro, e, nessa quietude como de um útero, você testemunha o nascer da lua.

Medite sobre a lua, contemplando seu lado claro e seu lado escuro, a fase crescente e a fase minguante.

Em seguida, contemple estas palavras todas as vezes que revisitar a meditação:

> Deixei minha mente ir além do tempo até o início. Eu vi o vasto mar do espaço infinito azul-escuro na Noite dos Deuses e pareceu-me que nessa escuridão e silêncio deveria estar a semente de toda a existência. E, tal como na semente, a futura flor está envolvida em sua semente e, novamente, a flor na semente, assim também toda a criação deve estar envolvida no espaço infinito, e eu junto com ela.[79]

Centralize-se no corpo de luz e volte pela ponte, como sempre, permitindo que o corpo de luz se aprofunde no corpo.

Pratique esta meditação por no mínimo uma semana.

Meditação 3: O santuário de Yesod

Siga Lilith pela ponte, como sempre, e permita que a cena mude, de modo que você esteja de novo deitado na cama contemplando a lua. Levante da cama, desça as escadas e vá para fora, no jardim. Ao passar

---

79. Fortune, *The Sea Priestess*, p. 4.

pela porta, você está entrando no jardim à procura de uma trilha que a folhagem já encobriu e que leva para os fundos. Vá andando pela folhagem dos loureiros até chegar a uma parede de tijolos com uma pequena porta sob um arco pontudo, como uma porta de igreja. Faça uma pausa na entrada de Yesod.

Ao abrir a porta, você estará entrando no santuário de Yesod. Sentada na cozinha ao lado da lareira, há uma senhora com olhos brilhantes parecendo botões. Ela mantém o fogo, e já viu todos os ciclos da lua, que ela conhece muito bem. Converse com ela por um momento e, depois, suba as escadas para o andar de cima.

Ali há um quarto com um fogo de turfa queimando na lareira e uma cadeira colocada em frente a um atril com um grande livro. Sente-se na cadeira e abra o livro, no qual há cenas e imagens de seu passado. Olhe mais profundamente no livro e você poderá encontrar ou sentir cenas de suas vidas passadas e a vida e história da Terra. Entre nas imagens do ego e do mundo, aprendendo as formas secretas do lado escuro da lua; sinta seu lugar como uma parte contínua dos processos ocultos do Universo.

Conclua da maneira habitual, voltando facilmente para o seu estado cotidiano em uma percepção de forma relaxada, que lhe permita tempo para registrar sua experiência por completo.

Meditação 4: A estrada para o forte marítimo – de Yesod para Tiferet

Depois dos habituais exercícios preliminares e de cruzar a ponte, permita que a cena mude e encontre-se no santuário do jardim de Wilfred. Ao dirigir-se para o andar de cima, você nota uma janela formada por um grosso vidro verde-azulado e, ao olhar mais profundamente, vê embaixo da casa um barranco com um rio fluindo nele. Preste atenção ao fluxo e refluxo da água que liga a terra e o mar: ouça o fluxo da corrente que flui para o Atlântico. As imagens por meio das distorções do vidro lembram as fases da lua do cosmo, e você deixa a sua consciência descer nas profundezas. No ponto mais fundo, você percebe a imagem de uma mulher – a sacerdotisa do mar – entronada no templo do mar e das estrelas, Vivien Le Fay Morgan. Nesse momento, se isso for correto, você vê e é visto, é escolhido e aceito.

Você surge com ela das profundezas e encontra-se no barco-dragão indo para a terra. Você vê à sua frente a península Brean Down, deitada como um leão com as costas viradas para você, sem perceber o carro abrindo caminho no pântano de sal e ao longo da praia para Down. Assim que o barco toca a terra, há um sentido de transição – uma calmaria e um movimento – e você se encontra no coração de um forte marítimo em ruínas, testemunhando Wilfred e Vivien vindo juntos com a decisão de construir o templo marítimo nesse lugar.

Meditação 5: Reconstruindo o templo do mar – Tiferet

Esta meditação é realizada em dois estágios. Passe para a parte 2 depois de alguns dias, quando tiver interiorizado o sentimento do forte marítimo como o lugar de reunião da terra, do mar e do céu – a criação reunindo-se para um propósito superior.

Parte 1

Ao cruzar a ponte, você se encontra no final da península Brean Down, com tojo, mato de estevas e espinheiro presos aos seus lados e rochedos íngremes que levam para baixo, para o mar revolto. Você anda com Wilfred e Vivien ao redor do forte marítimo em ruínas, sentindo a rocha sob seus pés vibrando com a intensidade das ondas, sentindo a intersecção do mar e da terra.

Você testemunha o forte sendo reparado e restaurado; veja Wilfred trabalhando, supervisionando reparos enquanto Vivien observa. Olhe através dos olhos de Wilfred e de Vivien, sentindo a conclusão do templo do mar. Contemple a fachada de criaturas do mar e a morte do filho do artífice Bindling – qual é o sacrifício que potencializa o templo? Para sua atenção, saiba que você está trazendo também o seu templo interno, e que cada ganho significa um sacrifício, ou seja, o fato de ter de desfazer-se de alguma coisa. O que você oferecerá voluntariamente de volta para o mar, a mãe primordial?

Parte 2
Vá até o templo do mar novamente para estar com Wilfred enquanto ele pinta as paredes do templo. Como as pinturas adquirem vida graças às suas mãos habilidosas, contemple os quatro painéis ao lado do mar entre as janelas que representam o seguinte:

- Onda sobre onda, vendo a vida do mar, elementais na espuma e no fluxo e refluxo – o mar no sol.
- O misterioso mar nebuloso com o navio fantasma Holandês Voador.
- O mar tempestuoso com os cavalos-marinhos e os cavaleiros de combate.
- O mar calmo e iluminado pelo luar e o rosto da fada Morgana.

Sinta a atmosfera do mar e encontre seus correlatos em você.

Meditação 6: Acendendo o fogo de Azrael

Antes de embarcar nesta meditação, você pode reler a visão de Wilfred no capítulo 16 do livro *A Sacerdotisa do Mar*.

Depois das habituais preparações e de cruzar a ponte, sente-se com Vivien e Wilfred junto à lareira, acendendo o fogo de Azrael, não esquecendo o zimbro do vale, o cedro-do-líbano e o sândalo do Extremo Oriente. Deixe que as essências dessas árvores se combinem juntas em um fogo, com o sândalo e o cedro queimando estavelmente e o zimbro capturando as chuvas de faíscas até que suas cinzas se juntem em uma fina rede dourada acima das brasas. Deixe que Vivien o conduza em uma jornada espiritual que viaja para trás no tempo, para a antiga Atlântida. Contemple a ascensão e a queda das civilizações – o uso e abuso do conhecimento, o salvamento e a continuidade de tudo o que é nobre e bom desde os tempos antigos, tornados relevantes para nosso uso no tempo atual, e para você mesmo no caminho do trabalho.

Acompanhe Wilfred enquanto ele pinta o grande palácio do mar, do lado terrestre do quarto: veja o trono e observe a figura do Sacerdote da Lua entronado nele. Converse com o Sacerdote da Lua e deixe que ele lhe ensine.

Volte gentilmente pela ponte, permitindo tempo para essa experiência, com a finalidade de que você se restabeleça antes de continuar sua vida cotidiana.

Meditação 7: O caminho para o mar – de Tiferet para Daat

Esta meditação divide-se em duas partes.

Parte 1
Como anteriormente, deixe que Lilith o conduza pela ponte e você se encontre na caverna do mar de Bell Head. Sente-se sobre um trono de pedra, contemplando a mesa do altar e os dois braseiros na boca da caverna. A túnica índigo de seu trabalho preparatório tornou-se um pesado manto de veludo azul-escuro ao seu redor, preso por um broche de prata maciço representando um tridente.

À noite, olhe profundamente dentro do mar e, lentamente, testemunhe e mantenha-se absorvido com o nascimento da lua. Sinta a conexão entre a lua, o mar e a terra interna. Contemple o trono sacerdotal e o altar de sacrifício.

Pratique esta meditação durante sete dias antes de passar para a parte 2.

Parte 2
Prepare-se... e sente-se na caverna. Sinta a lua cheia inundando a caverna com luz e veja o caminho da lua refletido no mar até o horizonte. Levante-se de seu assento, suba ao topo do penhasco e depois desça pela grama rasteira, seguindo o caminho da lua até o forte marítimo. Ao entrar no templo, você encontra Vivien sentada em seu trono, com o véu e coroada com chifres e a lua. Você toma seu assento de frente para ela, sentindo o palácio do mar ao seu redor e o Sacerdote da Lua atrás de você.

Sinta a interação atrás de você, o sacerdote do mar e a sacerdotisa do mar.

Dentro do seu ser, você está consciente de que, como Wilfred, você oferece tudo; como Vivien, você recebe tudo e torna-se mais vívido e, de alguma forma, maior...

Vivien recebe a presença da Deusa em seu corpo, extraindo-lhe vida para tornar-se a Deusa feita carne. Conforme ela se manifesta, a maré muda e dirige a bênção da Deusa a você como fluxo recíproco, pois você é requisitado e vive por e através dela.

Atrás dela, a janela e as paredes dissolvem-se, e é como se o mar e as estrelas fluíssem dentro do quarto. Você está preso no lugar pela presença do Sacerdote da Lua, e observa à medida que a sacerdotisa do mar se dirige para o fundo além do fundo, sendo absorvida pelo mistério.

Conclua como sempre, voltando facilmente pela ponte para seu estado cotidiano de percepção.

Meditação 8: Daat

Siga Lilith pela ponte e encontre-se sentado no templo do mar, sentindo a presença do Sacerdote da Lua atrás de você. Ao olhar as paredes do forte, elas parecem desaparecer e você se encontra no meio do mar. Contemple o mar abaixo de si e o mar de estrelas acima de você. Sinta a ausência da sacerdotisa do mar e olhe para o seu coração. Contemple a profundidade dentro de você, sentindo as marés interna e externa – as marés do mar e do cosmo. Dedique-se a serviço do cosmo.

Meditação 9: A experiência suprema

Como anteriormente, cruze a ponte e, dessa vez, encontre-se na casa de fazenda ao pé de Bell Head. Há um sentimento de harmonia estabelecida na sala de estar, e o Fogo de Azrael está posto na lareira.

Sinta a densidade das paredes de pedra e a profundidade da terra embaixo de você. Acenda o fogo e espere pela virada da maré: no momento em que o luar passa pela janela aberta, você ouve o ruído da maré nos seixos. Acima da lareira há um retrato do Sacerdote da Lua sentado no trono entre um pilar preto e outro prata, e, à medida que o fogo arde, a fumaça sobe como incenso e o retrato torna-se uma abertura tridimensional sobre o ambiente marítimo, de maneira que o Sacerdote é entronado no horizonte ocidental e, atrás dele, está a forma grande de uma mulher.

Ao sentar-se e presenciar a cena, a mulher vem para a praia ao longo do caminho da lua na água. O fluxo da maré invade a praia e se estende até a casa, envolvendo a base do fogo da lareira, que não é extinto, mas queima mais brilhante no ritual da terra cósmica da grande Deusa que governa a terra e o mar.

Sente-se junto ao mar e sinta-se um com o fogo e, também, um com a mulher.

Sinta e veja a união de Wilfred e Molly, a união da terra profunda e o mar de estrelas; em sua observação, seja você o Sacerdote da Lua, entronado, e estabeleça uma maré de livre criatividade divina no mundo.

Para completar o trabalho com Yesod, realize o último ritual.

O ritual de Yesod – a Culminação

Tal como a culminação do trabalho de Malkut, esta simples cerimônia completa o trabalho da sephira Yesod. Seu sentido profundo de imaginação será combinado em um relacionamento mágico com a história: o lar natural da imaginação.

A cerimônia não precisa ser muito longa, mas, como sempre, certifique-se de que não será interrompido e permita tempo para preparar e, ao mesmo tempo, facilitar o final da cerimônia; é preciso tomar nota e gentilmente voltar ao mundo cotidiano.

Você precisará de:

- Espaço limpo em preparação e com consciência.
- Um assento confortável.
- Uma vela da cor verde-azulada do mar, emergindo de uma tigela com água.
- Óleos essenciais de zimbro, cedro e sândalo e um difusor de aroma.
- Luz baixa no quarto – suficiente para conseguir ler.
- Uma cópia do livro *A Sacerdotisa do Mar*.
- Opcional: sal marinho em uma concha.

Acomode-se em um espaço claro e limpo, na frente da vela; acenda-a com a intenção de experimentar a culminação da sephira de Yesod e permaneça sentado com a sua coluna ereta, pensando sobre a esfera seguinte na Árvore da Vida, conforme representada pela Lua.

Misture os óleos essenciais de zimbro, cedro e sândalo e acenda o difusor de aroma.

Realize os exercícios preliminares, alinhando o corpo com o eixo central, praticando ao mesmo tempo o exercício do pilar do meio. Convoque o corpo de luz, para que ele coincida com o corpo físico, e focalize sua intenção de manifestar as energias de Yesod. À sua volta, você vê uma esfera de luz violeta-prateada espalhando-se até preencher o quarto, e sente o misterioso fluxo e refluxo da maré cósmica. Sinta-se seguro, consciente das profundezas índigo além e da harmonia do Universo, e de seu lugar nas estrelas.

Sinta a presença de Vivien Le Fay Morgan atrás de você, e, atrás dela, o Sacerdote da Lua. Sinta a terra e a solidez do quarto onde você está sentado e convide o mar e a lua. Deixe que sua atenção viaje para o oeste, para a grande profundeza onde a Atlântida afogada aguarda, e crie a conexão. Encontre a planície de basalto embaixo de si, o círculo de pilares dóricos pretos à sua volta e a lua acima de você.

Paulatinamente, com atenção aos detalhes, leia o capítulo final do livro, com a parte de você que testemunha estar consciente de que está recebendo sabedoria da fonte de conexão profunda.

Tome seu tempo e ouça a frase final ecoando em seus ouvidos; sinta-a afundando em seu ser como o ensinamento essencial: "Leve a humanidade para a Divindade e traga a Divindade para a humanidade, e este será o dia de Deus conosco; pois Deus está manifesto na Natureza, e a Natureza é a autoexpressão de Deus".[80]

O prateado da lua mistura-se com a cor índigo da imensidão do Universo permeando o seu ser, e você é simultaneamente humano e composto de milhões de estrelas, com o seu próprio e único lugar na criação e o contínuo desenvolvimento do Universo. A maré de seu ser flui e reflui, ora físico, ora espiritual, em um fluxo constante, e cada parte alimentando a outra. Você é fluido e recebe e doa para seu benefício e de todos os seres, regenerando-se constantemente como seu ego criativo e vital.

---

80. Fortune, *The Sea Priestess*, p. 235.

Sente-se com as energias por um momento atemporal, em um ponto imóvel do fluxo: descanse na presença e abençoe o mundo.

Paulatinamente, esse sentimento se acalma e você absorve o corpo de luz nas profundezas do corpo.

Quando estiver pronto, prossiga para contemplar a sephira Tiferet e o livro *The Winged Bull*.

19
Trabalhando com Tiferet e *The Winged Bull*

Número de meditações: 8 + ritual

Possível prazo: 2 a 3 meses

Como anteriormente, use os exercícios preparatórios e, antes de começar essa sequência, faça de novo a meditação de Lilith, a guia e psicopompo. Ela o avisará como começar este estágio, desenvolvendo-o no trabalho de Malkut e Yesod. Esteja preparado para sentar-se com ela e não se preocupe com instruções explícitas: conecte-se a um sentimento de beleza, harmonia e da vida mais ampla, e confie em seus instintos e intuição.

Quando sentir que está pronto para embarcar, você repetirá a primeira parte da meditação de Lilith antes de cada meditação:

Forme o corpo de luz, entre nele e conecte-se com a antiga cidade de Londres, andando ao longo das margens do Rio Tâmisa em uma noite de bruma.

Sinta o ritmo de andar na bruma, em um ambiente misterioso e silencioso... Um pouco mais à frente, perceba a figura de uma mulher com um chapéu de aba larga e uma capa preta.

Siga-a com o seu ritmo acompanhando o dela, à medida que ela o conduz adiante, atravessando uma ponte para o outro lado do rio...

Meditação 1: Ted vagando em Londres – Malkut de Tiferet

Siga Lilith pela ponte e encontre-se andando em Londres com Ted Murchison, cansado, com fome e com frio naquela hora do crepúsculo. Sinta sua impaciência e seu deslocamento. Contemple seu irmão e sua cunhada, o vigário moralista e sua reprovadora mulher. Tenha cuidado com a força e energia de seu corpo e a ausência de qualquer direção: sinta sua raiva e ressentimento.

Deixe que a imagem de Ted e a experiência de seu desconforto no corpo e na mente o levem para lugares semelhantes em sua própria vida ao tornar-se o touro acorrentado e sem asas. Mantenha uma consciência independente em seu corpo de luz ao se perguntar o que é que o frustra e faz com que se sinta impotente no mundo. Da distância desse seguro lugar interno, permita que aquela imagem se incorpore em você e observe a resposta de sua natureza mais profunda. Esteja ciente de que, pelo simples fato de identificar e de notar, você está iniciando um processo de mudança pessoal que o libertará dos ressentimentos acumulados em sua vida atualmente.

Deixe que a imagem de Ted suma e, ao virar para voltar pela ponte, entre, de túnica e encapuzado, no corpo de luz, contemplando as ressonâncias de seu corpo durante toda a sua vida. Quando estiver pronto, deixe esses sentimentos se aprofundarem conscientemente em você. Permita a presença de seu ser físico a fim de restabelecer a supremacia e voltar à sua vida normal. Por meio de sua consciência, o processo de integração já começou.

Esta meditação não precisa ser longa, mas deve ser praticada durante cerca de uma semana, e, a cada repetição, você sentirá uma mudança que gradativamente o prepara para o próximo estágio.

Meditação 2: O caminho do submundo – de Malkut para Yesod

A jornada para o Museu Britânico
Em sua visão, a partir da ponte, ande pelas ruas enevoadas de Londres, sentindo em você o impaciente e acorrentado touro. Renda-se a essa

energia e deixe que ela o leve por praças cobertas de folhas e ao longo de uma fileira de altas grades pretas, gotejando água de orvalho da neblina, até chegar a um grande portão... Encontre-se no vasto terreno do pátio do Museu Britânico, olhando para a sua fachada parecida com um templo grego, com pilares e pórtico. Deixe que a névoa o abrace e observe como ela fica espiralada ao contornar os pilares. Você se sente no limbo.

Em uma decisão repentina, você avança e passa pelos pilares. Veja como a neblina o acompanha no museu. Sinta um leve calor e, através da névoa, encontre, de repente, o touro alado da Babilônia, guardião e porteiro do templo. Sinta como o touro acorrentado em você responde ao olhar para seu rosto sério e bondoso.

Deixe que as imagens sumam e entre no corpo de luz, sentindo o peso do pingente sobre seu coração. Contemple a jornada e o desafio, antes de concluir da forma costumeira.

Meditação 3: O Museu Britânico – o Templo de Yesod

Depois dos habituais exercícios preliminares, sua caminhada pela ponte leva-o de volta para o Museu Britânico, onde você chegou a um acordo com o porteiro, o touro alado. Algo em você respondeu ao desafio do porteiro, e, com um sinal de reconhecimento, você entra no museu. Você tem a liberdade de explorar aqui, na casa do tesouro de imagens: passeie lentamente pelas galerias, pelos panteões grego e romano, celta, mesoamericano, das Ilhas do Pacífico, mesopotâmico e egípcio. Você estuda os deuses e, ao fazê-lo, é como se eles revivessem e quisessem estudá-lo. Assim fazendo, você toca o reflexo deles em si mesmo. Você se depara com a rapidez de Hermes, a sexualidade e beleza de Afrodite, a força de Zeus. Você então chega a uma seção onde os deuses parecem confusos e não formados, e aqui também encontra reflexos de sua natureza.

Você está profundamente consciente do touro acorrentado e sem asas e da ausência de direção. Você entra na galeria egípcia e sua atenção é chamada para um fragmento. Trata-se de uma enorme mão, de punho fechado, em granito rosa-avermelhado – uma mão de poder que você sente estar saindo da névoa do início dos tempos. Nesse momento, ela detém tudo o que lhe falta, e, por um instante, o touro em você tem asas e sente-se preso naquela mão.

Faça isso durante sete dias; contemple os deuses e veja-os reviverem, contemplando-o, e aprofunde seu contato com a mão de poder, voltando sempre da mesma forma pela ponte e concluindo a meditação.

Meditação 4: O caminho reto para a casa do sol – de Yesod para Tiferet

Depois dos habituais exercícios preliminares e a caminhada pelo rio, siga Lilith pela ponte e encontre-se novamente diante da mão de poder. Ao estudar a enorme e antiga mão de granito rosa-avermelhado, é como se algo fosse ativado em você, fazendo com que retroceda seus passos por todos os corredores, por meio da grande porta e descendo os degraus. Você sai do museu e entra diretamente em uma profunda e impenetrável neblina, e sai andando até não estar seguro de sua localização. Sente a presença do touro alado e, espontaneamente, pede-lhe que abra a porta para os mundos internos. A escuridão ondula, e você sente o touro alado emergindo às suas costas e a presença da grande mão de poder esticando-se para abrir o caminho. Você grita: "Correndo com a sua pata de touro, venha: Evoe, Iacchus! Io Pã, Pã! Io Pã!".

Há um momento de grande quietude e, então, uma voz da escuridão diz: "Quem é que está chamando pelo Grande Deus Pã?".

Responda de acordo com o que seu coração lhe dita.

Ao fazê-lo, a neblina começa a se desfazer e, vindo em sua direção, há a figura de um homem, embora, por um momento, você veja a imagem de uma mulher atrás dele, portando um broche representando o touro lado. Ele não pode ser visto claramente, mas vem e se oferece para guiá-lo pela cidade, para um lugar onde você possa descansar. Relaxe em sua presença, seguindo-o de locais conhecidos para os desconhecidos, sentindo sua familiaridade e estranheza, pois, às vezes, ele parece assumir a imagem de uma mulher de cabelos escuros. Finalmente, você chega a uma casa com terraço, com a pintura descascando e as janelas sujas; acima da porta, há um pequeno nicho com uma estátua do touro alado. Na soleira, seu companheiro vira para você, e, por um momento, você vê um homem e uma mulher em cada lado da porta. Eles o convidam a entrar.

Faça uma pausa na entrada da porta e contemple a jornada antes de voltar para o mundo cotidiano de modo habitual, escrevendo seu relatório e fundamentando-se.

Faça isso durante sete dias.

Meditação 5: A casa do sol – Tiferet

Esta meditação é realizada em duas partes. Você pode preferir reler as descrições no capítulo 2 de *The Winged Bull* antes deste trabalho.

Parte 1
Siga Lilith pela ponte; a cena do rio some e você se encontra novamente na soleira da porta. Contemple o homem, a mulher e o touro alado e entre. Você estará em um lugar de grande beleza, maior interna do que externamente, um local de linhas limpas, de livros, retratos e estátuas; parece um lugar de reunião entre a vida mundana e o trabalho interno do espaço de um templo. Tome tempo para explorá-lo por inteiro.

Você percebe estar na presença da mulher de cabelo escuro que veste uma túnica longa branca e carrega uma lâmpada. Ela o guia para um quarto onde você pode dormir e descansar. Ao fazê-lo, você tem muitos sonhos por meio dos quais aprende muitas coisas. Não procure segurá-los a fim de racionalizar ou interpretá-los, mantenha uma percepção de que esses sonhos estão selecionando as partes dissociadas e frustradas de sua psique, juntando-as e colocando-as em harmonia com o grande todo. Ao permitir, o trabalho pode ocorrer.

Faça esta meditação durante sete dias e anote qualquer progressão ou mudança de sentimentos em seu diário.

Parte 2
Sua habitual caminhada pela ponte leva-o para seu alojamento retirado, onde você desperta de seu sono. Vista uma túnica dourada, desça as escadas e encontre-se em um quarto circular dourado, com uma luz eterna e um vaso de girassóis no altar central. Há dois tronos, um de cada lado. A mulher de cabelos escuros, agora vestida de verde, ocupa

um deles, e você ocupa o outro. Ao tomar seu assento, você sente novamente o touro dentro de si adquirindo asas e propósito, e sente uma corrente de poder passando entre você e a mulher. Ela parece com bosques na primavera, cheia de vida verde, e você sente por dentro o poder ardente do sol. Você ouve uma voz dizendo: "Hekas, hekas, este bebeloi!", e ambos se levantam e avançam para o altar como se estivessem obedecendo a um mesmo sinal. Vocês bebem vinho da mesma taça, cortam o pão e o sal juntos e, em seguida, seguram os punhos um do outro através do altar por um momento. Você sente que está formando com ela uma só unidade. Isso se expande em uma experiência do poder do sol, do fogo verde da terra e do esplendor do arco-íris.

Volte da maneira costumeira, retirando-se gentilmente, sente-se na quietude e contemple a união de Ursula e Ted durante certo tempo. Então, escreva seu relatório e fundamente-se.

Pratique esta meditação durante sete dias.

Meditação 6: O caminho do deserto – de Tiferet para Daat

Uma vez mais, cruze a ponte para encontrar-se destravando a porta externa supervisionada pelo touro alado que está no nicho e suba as escadas... Encontre-se no templo de Tiferet (a casa de Brangwyn). Você anda pelos quartos procurando por Ursula, mas sem encontrá-la. Do canto dos olhos, você parece visualizá-la em espelhos ou retratos, mas ela não se encontra em nenhum lugar. Ao procurar pela casa, você nota cantos velhos e sombreados, quartos não usados cheios de lixo, e se sente frustrado, desiludido e novamente impotente. Você chega a um antigo espelho rachado, encostado contra a parede, e olha para as imagens na superfície fragmentada. Algumas expressam seu desejo por Ursula, a sacerdotisa oculta, mas em outras você vê sua raiva e frustração, sente sua dor e ressentimento.

Você entra no espelho e encontra-se em um confuso labirinto de portas, indo de quarto em quarto, de quadro em quadro, vislumbrando Ursula a distância, porém sem conseguir encontrá-la. A seu lado está Hugh Astley sussurrando em seu ouvido, tentando distraí-lo e tirá-lo de sua verdadeira busca. Você continua a andar, eventualmente o deixando para trás, e chega a uma porta, na qual encontra Ursula lavando o degrau da soleira.

Faça uma pausa aqui e observe sua jornada. Depois, deixe as imagens sumirem e mantenha isso em seu coração. Volte para seu estado cotidiano e contemple a jornada e o desafio, antes de concluir da forma costumeira.

Faça isso durante sete dias.

Meditação 7: O lugar além da dualidade – Daat

Observe que, embora a energia de Cristo sempre tenha sido importante para a Tradição do Mistério Ocidental, e a história cristã apoia grande parte da cultura do Ocidente, a imagem do deus sacrificado é um ponto-chave em muitas culturas antigas. Portanto, apesar de a intenção ritualista original de Astley em retratar a cruz da crucificação ser específica e blasfema para o Cristianismo, nós a enxergamos de um ângulo superior.

Todas as interpretações se tornam desimportantes para nosso processo de conexão em colaborar com a necessidade para o relevante sacrifício apresentado por meio de todos esses antigos mitos. Imaginar-nos em uma posição cruciforme é estar em nosso estado mais vulnerável e aberto – um estado que raramente revelamos para qualquer pessoa do mundo externo, porém trata-se de um compromisso para o nosso desejo na busca da verdadeira autenticidade de nosso estado interior. Com isso em mente, encenamos as experiências de catarse de Ted para que nos levem ao fundo do mistério de mediação e de harmonização do nosso ego fragmentado.

Depois dos exercícios preliminares, cruze a ponte e encontre-se confrontando Ursula na soleira da porta, sentindo uma grande compaixão ao vê-la ali ajoelhada.

Você estende os braços para ela, mas ela desaparece, deixando para trás o pano e o balde, e você se abaixa e limpa o degrau da porta. À medida que escova repetidamente, sinta toda a sua frustração residual fluindo para a água, movendo-se pelas camadas de resistência e de ressentimento, até eliminar toda a sujeira. Você abre o pano e o estende sobre o balde, entrando no local.

A casa é um espelho da casa de Brangwyn, mas de uma forma sombria. Os retratos e livros são réplicas distorcidas dos Brangwyns; retratos que incomodam; livros que conjuram escuridão. Ao descer mais fundo na casa, você chega ao templo com uma mesa no altar e uma cruz preta.

Astley está esperando e o amarra na cruz; há um momento de vertigem, e você desce para a inconsciência. Ao emergir, Ursula está deitada na mesa do altar diante de você, vestindo uma túnica branca, e atrás dela estão um bode entronado e Astley vestindo uma túnica vermelha, preta e dourada.

Há incenso e cantoria e a invocação do touro sem asas. Sinta dentro de si a raiva e a luxúria do touro sem asas procurando abrir seu caminho. Você sente a cruz preta que o segura no lugar e os olhos de Ursula em sua direção. Você está suspenso ali com as figuras dos deuses redentores de todas as eras; está preso na roda, suspenso na árvore e amarrado na cruz da matéria.

A luta dentro de você cresce até mudar e é liberada, assim como tudo é mergulhado na escuridão. Ao abandonar-se nessa escuridão, você sente a presença de Ursula libertando-o e conduzindo-o ainda mais profundamente, em um lugar de perfeita quietude, onde você e ela são um e estão seguros.

Concentre-se nesse lugar de segurança; deixe que ele o inunde, relaxando e libertando, enquanto a sacerdotisa oculta coloca a sua capa ao seu redor, aquecendo-o.

Conclua como sempre, voltando facilmente pela ponte para seu estado de percepção cotidiano: trata-se de uma transição calma e relaxada, que permite tempo para gravar as imagens, as sensações e os sentimentos de testemunhar e engajar-se com o mistério. Firme-se nas formas habituais.

Meditação 8: Coroação

Cruze a ponte e encontre-se livre e leve, mas ainda à procura de Ursula, que, novamente, não pode ser encontrada.

Viaje pela paisagem interna de sua vida procurando a sacerdotisa oculta, levemente com seu novo sentido de graça e a energia agora contida e disponível livremente a você. Você é atraído para trás no tempo e para o leste, chegando a uma casa de fazenda abandonada, toda quebrada e decrépita. Esse é o seu tempo a ser gasto reparando-a, renovando-a e colocando dentro dela as experiências de sua busca. Cuide do jardim, limpando ao redor das rosas e plantando prímulas ao longo do caminho.

E, então, ao retirar a hera das antigas paredes, você encontra nos dois lados da porta as imagens de um homem e de uma mulher com um arco-íris entre os dois. Na pedra angular do arco-íris está o touro alado. Você entra por essa porta e encontra-se em um amplo quarto de pedra com uma lareira e um grande espelho. Prepare e acenda o fogo, limpe o espelho e aguarde: a sacerdotisa virá.

Retorne da maneira habitual, trazendo de volta um profundo sentido de paz. Tome nota e fundamente-se.

O ritual de Tiferet

Novamente, uma cerimônia simples, que não será longa demais, o levará para bem fundo dentro si, a fim de completar esta fase do trabalho. Aprofundando-se e indo além da emoção superficial, você se conecta com a fonte espiritual interior, na expansão da contemplação do amor divino e da aceitação. Cuide para que não haja interrupções e reserve tempo suficiente para preparar, trabalhar, anotar e, suavemente, voltar ao mundo cotidiano.

Você precisará de:

- Espaço limpo em preparação e com consciência.
- Um assento confortável.
- Uma vela dourada.
- Luz baixa no quarto – suficiente para ler facilmente.
- Uma cópia do livro *The Winged Bull*.
- Opcional: incenso em um queimador/uma rosa em um vaso.

Fique confortável em um espaço limpo em frente a uma vela e com um sinal do sopro de amor presente – o aroma do óleo de incenso, uma rosa perfumada ou o que você preferir. Acenda a vela e sente-se com sua coluna ereta, pensando na esfera do meio da Árvore da Vida em seu corpo: a forma como ela une e medeia as sephiroth superiores e inferiores, como conecta os mundos do espírito e da matéria.

Convoque o corpo de luz a fim de que coincida com seu corpo físico, formule a intenção para manifestar Tiferet e sinta ao seu redor uma luz dourada profunda, quase pulsando em intensidade, que se espalha e o cerca com uma experiência de percepção afetuosa que transcende qualquer emoção física. Verifique que, por meio da conexão consciente com a fonte de amor interno, o véu transparente permitiu que você acessasse a casa do sol e compreendesse a poderosa e potente conexão que vai além da polaridade e da dualidade.

Mantendo essa percepção em sua mente, navegue de modo suave pelas páginas do livro *The Winged Bull*.

Permaneça consciente desse espaço imaginário ao folhear as páginas. Leia as passagens que você queira do livro, com o touro alado presente e os personagens viajando para a união do animal, do ser humano e dos próprios aspectos espirituais. Onde as suas vidas e experiências tocaram as suas? Permita que o conhecimento se misture ao calor da luz dourada de uma beleza que preenche seu espaço.

Relaxe completamente na experiência da leitura mágica e, à medida que as cenas se tornem mais vívidas, volte para o último capítulo e, atrás de você, construa a imagem do homem e da mulher, sentados, olhando para o fogo em paz. Tranquilamente, leia em voz alta para si mesmo uma experiência interna tornada mais potente e real pelos seus lábios ao formar as palavras.

Ao terminar de ler, fique em silêncio com os personagens, permitindo que a imagem do touro alado faça um voo sem esforço, dissolvendo suas atitudes polarizadas e transmutando-as em uma aceitação afetuosa de tudo que é. A luz do sol do crepúsculo pelas janelas e o brilho do fogo combinam para preencher o quarto, envolvendo-o ao conectar-se com Ted e Ursula, e você sente as asas do espírito que capacitam seus instintos animais e seu intelecto humano a se elevarem a um reino de conexão espiritual.

As três partes do seu ser conectam-se e, atrás de si, a luz mágica do quarto transmuta, você constrói uma imagem do arco-íris e sente o touro alado voando sem esforço. Deixe que as presenças irradiem através de você e proporcionem a bênção do touro alado para o mundo, para benefício de todos e para a corrente evolutiva.

À medida que o sentimento diminui, você sente a atração do mundo cotidiano e volta com a profunda compreensão do poder da beleza e do amor que conecta todas as coisas. Você permite que o corpo de luz retorne profundamente ao corpo físico.

Quando estiver pronto, prossiga para contemplar Daat e o livro *A Sacerdotisa da Lua*.

20
Trabalhando com Daat e
A Sacerdotisa da Lua

Este é o livro culminante e, em termos práticos, a culminação de todo o nosso trabalho. A misteriosa sephira Daat é o lugar onde as nossas vidas pessoais tocam a vida cósmica, e, à medida que praticamos esses exercícios, descobriremos que nos tornamos mais perceptivos das necessidades do mundo e da vida coletiva, e com capacidade de tornar o mistério tangível como uma presença de transformação catalítica.

É essa presença tangível que os alquimistas simbolizaram como sendo a pedra filosofal.[81] As práticas de exploração e de união que seguimos neste capítulo abrem a possibilidade de criar a pedra dentro de nós que, se a seguirmos e confiarmos na orientação de sua luz, estende sua influência durante toda a nossa vida e no nosso ambiente.

Nesta série de meditações, trabalharemos com imagens de Rupert e Lilith, realizando a identificação com um de cada vez, ao tratarmos das três seções de *A Sacerdotisa da Lua*.

Na primeira seção, "Um Estudo em Telepatia", realizaremos a identificação com Rupert e, em "A Senhora da Lua", com Lilith; e, em "A Porta sem Chave", trataremos de sua união e iremos além.

---

81. Uma substância alquímica catalítica que transforma metais básicos em ouro, além de conferir a imortalidade: simboliza a transformação por meio da iluminação.

Nas meditações, o ponto de vista muda frequentemente; às vezes pedem para você ser e, de forma quase simultânea, pedem para você estar com o ponto de vista do personagem. Isso reflete a natureza fluida dessa história e encoraja a liberdade e a flexibilidade necessárias para fazer novas conexões – vitais para o trabalho contínuo.

Tal como começamos a sentir nos livros iniciais, agora está claro que, em razão de nossa busca interior, *também há movimento das sephiroth mais profundas e superiores,* procurando por nós, em um fluxo de duas vias.

As meditações preparatórias permanecem as mesmas em termos de exercícios de relaxamento, do pilar do meio e da entrada no corpo de luz, mas a meditação da ponte é substituída pelo seguinte:

Você se encontra andando ao longo do aterro de Londres à noite, no meio da neblina, sentindo a vida fluida do Rio Tâmisa. Enquanto anda, pensa na jornada que realizou pelos caminhos e pelas esferas. Olhando para o rio, você vê a Agulha de Cleópatra e suas esfinges e, por um momento, sente o poder do obelisco e a presença da Esfinge. Você toca a margem de um grande mistério e, agora, está diante da ponte, atravessando o rio – não conduzido, mas por sua livre escolha.

Ao chegar à margem leste, você está diante da porta da igreja da casa de Lilith. A porta está aberta e, dentro, logo à esquerda, está Lilith com seu chapéu de aba larga e capa preta; a capa está aberta e podemos ver a rica roupa que ela está vestindo embaixo da capa. Em sua mão, ela segura uma taça em formato de lótus. À direita, do outro lado da porta, está Rupert, com um chapéu e casaco longo pretos, aberto para revelar a túnica branca de um sacerdote egípcio. Sua mão está pousada sobre uma adaga de bronze inserida em um cinto de couro. Atrás e entre eles há um grande espelho no qual é possível ver uma grandiosa deusa com véu. Suba na soleira da porta e converse com Lilith, Rupert e a deusa.

Isso deve ser usado como a meditação de entrada para esta sequência, e, ao atravessar a soleira, você estará movendo-se em cada exercício sugerido. A meditação da soleira é realizada em sua *persona* normal, enquanto nas outras meditações é preciso que você entre nas formas de Rupert e de Lilith.

Estágio 1: Um Estudo em Telepatia – a jornada de Rupert

Antes de realizar a meditação, dispense um pouco de tempo contemplando a figura de Rupert. Visualize-o e conheça-o. Encontre os paralelos entre a vida dele e a sua.

Meditação 1: Malkut
Realize os exercícios preparatórios e a meditação da soleira, e, depois, ao atravessá-la, é como se você estivesse entrando na *persona* de Rupert. Sinta seu poder e realização, sinta sua frustração e o sentimento de estar preso. Verifique os paralelos em sua vida. Contemple seu casamento, seu quarto solitário e o relacionamento que ele tem com sua esposa; sinta a sensação de dever que o mantém acorrentado. Sinta sua energia presa, a doença de sua esposa e a união que, na verdade, não é uma união. Considere as correntes em sua vida e as coisas, pessoas e situações que estão atreladas a você. Traga à memória as experiências de Hugh Paston, de Wilfred Maxwell e de Ted Murchison com as quais você já trabalhou. Deixe que tudo se junte nessa figura que é Rupert, na metade de sua vida e no meio de seu desespero. Tal como antes, esteja ciente de que apenas com a sua empenhada atenção a mudança começará a ocorrer.

À medida que as imagens somem, entre no corpo de luz e sinta as energias e as imagens incorporarem-se em você, antes de voltar completamente e de fundamentar-se.

Pratique essa meditação durante sete dias.

Meditação 2: O caminho do submundo – Parte 1
Realize os exercícios preparatórios e a meditação da soleira. Ao atravessar a soleira, você está novamente com Rupert e a cerimônia de graduação, sentindo o peso das roupas acadêmicas que simbolizam todas as realizações externas e o desespero interno. Tire essas roupas e abandone a identidade, saindo e andando na noite; dirija-se para o aterro e contemple o rio, deixando sua consciência fluir com o rio para o mar e rendendo-se às profundezas. Continue andando e veja a figura sombria da mulher caminhando à sua frente. Ao fazer isso, traga à mente os sonhos da mulher de capa que anda à sua frente por terra e por mar e apresse seus passos. Mas, apesar de sua velocidade, você não consegue alcançá-la. Você volta para os seus alojamentos, olha para a outra

margem do rio e vê a luz acender-se em uma pequena igreja, como se fosse haver serviço. Você dorme e sonha. Deixe as imagens sumirem e entre no corpo de luz; sinta a mudança de identidade e a abertura do caminho interno antes de voltar completamente, sentindo-se expansivo e relaxado. Pratique isso durante sete dias.

Meditação 2: O caminho do submundo – Parte 2
Depois das meditações preparatórias e da meditação da soleira, encontre-se, como Rupert, seguindo a mulher ao longo do aterro, capaz dessa vez de acompanhar a velocidade fluida da mulher. E, assim, você a segue pela ponte, vendo a estrela vespertina brilhando no leste. Você a segue até a soleira da porta da igreja e procura entrar. Ela se vira e faz com que o feixe de luz de sua lanterna atinja os seus olhos, perguntando por que você veio e impedindo-o de entrar. Volte para seu quarto e contemple a experiência. Deixe as imagens sumirem e entre no corpo de luz, sentindo o desafio da mulher e o sentido da soleira. Volte sentindo-se forte e firme. Faça isso durante sete dias.

Meditação 3: Yesod
As meditações preparatórias e a meditação da soleira levam você a encontrar-se sentado no quarto de Rupert, agora realizando a jornada em visão, andando ao longo dos plátanos e atravessando a ponte. Você fortemente visualiza a porta da casa de Lilith e, com força de vontade, consegue entrar, vendo por um momento um lindo quarto com um grande fogo queimando na lareira e o rosto de uma mulher de cabelo escuro e olhos castanhos.

Deixe-se absorver na mulher: passe sua atenção e energia para ela. Depois de algum tempo, você está mudando para outro lugar; está vagando em um templo egípcio e depara-se com degraus que levam para uma passagem subterrânea... Vá para a caverna com o altar e a imagem de uma grande mulher esculpida em uma rocha viva. Ore para ela e fique quieto em sua presença. Depois, deixe que as imagens sumam, entre no corpo de luz e sinta a mestria em desenvolvimento dos meios internos e o sentido de Lilith, a Sacerdotisa da Mãe Negra. Faça isso durante sete dias.

Meditação 4: O caminho alquímico
Depois dos exercícios preparatórios e da meditação da soleira, encontre-se no consultório de Rupert em meio a negócios externos; sinta o

peso e a luta da vida externa. Veja e sinta o momento quando Lilith entra na sala; sinta o choque da união de mundos e dos opostos, e a jornada para a casa de Lilith, que assume o controle. Sinta a comunhão em andamento entre eles e a entrada no templo de Ísis. Como Rupert, você se senta em uma poltrona diante do fogo e permite que todos os músculos em seu corpo relaxem nesse local encantado, ao render-se no lugar da sacerdotisa.

Deixe as imagens sumirem e entre no corpo de luz, sentindo o cruzamento dos opostos e a exploração do templo interno. Faça isso durante sete dias.

Estágio 2: A Senhora da Lua – a jornada de Lilith

Tal como você fez com Rupert, passe algum tempo lendo a respeito de Lilith e contemple-a. Sinta seu relacionamento com ela e os paralelos em sua própria vida.

Meditação 1: Malkut
Faça os exercícios preparatórios e a meditação da soleira, e, ao atravessá-la, entre na *persona* de Lilith: conheça seu desejo de criar um templo e trabalhar com um sacerdote, com o objetivo de proporcionar equilíbrio entre os sexos e renovar os mistérios da Deusa. Sinta sua conexão com a Ísis Negra e seu sentido dos danos que foram causados pela negação desse grande ser. Recorde com ela o trabalho feito com Wilfred Maxwell e lembre-se de Ursula Brangwyn e de Mona, enxergando-as também ligadas a esse profundo trabalho de renovação. Com a mais ampla percepção de Lilith, contemple o Egito e a Atlântida e o trabalho do sacerdócio interno. Deixe-a adentrar seu coração e adentre o coração dela, sentindo a profunda teia de conexão começando a se formar. Deixe as imagens sumirem e entre no corpo de luz, permitindo que a presença de Lilith e de todas as sacerdotisas dos livros esteja em sua incorporada experiência.

Volte como de costume e fundamente-se. Faça isso durante sete dias.

Meditação 2: O caminho do submundo
Faça os exercícios preparatórios e a meditação da soleira e, ao entrar em contato com Lilith, encontre-se dirigindo para o leste em seu pequeno carro esportivo preto ao entardecer: observe o momento quando ela quase colide com Rupert, o cruzamento dos caminhos, e a acompanhe até a descoberta da igreja e Meatyard. Contemple a criação da igreja: esteja com Lilith e Meatyard durante a reforma; envolva-se na criação da beleza na sala de estar, no banheiro e nos dormitórios.

Deixe as imagens sumirem e entre no corpo de luz, permitindo que o sentido de encontrar esse lugar de trabalho ressoe dentro de você, antes de voltar para o mundo cotidiano e escrever seu relatório. Faça isso durante sete dias.

Meditação 3: Yesod – Parte 1
Faça as meditações preparatórias e a meditação da soleira, cruzando-a para tornar-se Lilith. Então, encontre-se como Lilith e com ela, contemplando seu alojamento: sinta a sensação de possibilidade, que ainda não está se tornando ativa. Ande com ela à tardezinha ao longo do porto onde a água que flui é escura e veja, do outro lado do rio, a figura de Rupert Malcolm, andando em seu quarto. Sinta a ligação e a ignição que ocorre no momento em que se conectam e, depois, volte com ela para a igreja e fique sentado meditando; perceba o vaso com os lírios, o fogo dourado na água e a neblina que começa a se formar, relaxando na presença de Ísis.

Deixe as imagens sumirem, entre no corpo de luz e sinta a presença de Ísis antes de retornar completamente. Faça isso durante sete dias.

Meditação 3: Yesod – Parte 2
Faça as meditações preparatórias e a meditação da soleira, atravessando-a para tornar-se Lilith. Como Lilith, encontre e crie o templo de oito lados no campanário. Contemple o altar, o sofá, o pilar preto, o pilar de prata e o espelho. Passe através do espelho para o templo interno. Veja o caminho das esfinges com cabeça de carneiro e passe pelo recinto sagrado ao longo da piscina de lótus e dentro do grande hall, com seus pilares e o Santo dos Santos coberto com véu. Preste atenção à luz eterna pendurada no teto e ao sarcófago de Ísis no meio do hall. Observe a pequena escadaria para o templo no subterrâneo e siga-a às profundezas da Terra, chegando a um pequeno templo de caverna com a imagem em basalto da Ísis Negra e o altar de

sacrifício. Contemple a Ísis Negra e dedique-se a ela. De tempos em tempos, você está consciente da presença astral de Rupert no templo e na caverna da Ísis Negra.

Deixe que as imagens sumam; entre no corpo de luz e sinta o estabelecimento do templo interno e o início do trabalho de Rupert e Lilith. Faça isso durante sete dias.

Meditação 4: O caminho alquímico

Preste atenção a Lilith e acompanhe-a enquanto se dirige para a clínica de Rupert para confrontá-lo; sinta sua forte determinação e compaixão e observe o efeito em ambos ao se encontrarem, depois de todas as suas experiências anteriores. Viaje com eles de volta para a casa de Lilith e contemple o desenrolar do relacionamento. Sinta Lilith sentada e entronada no templo, chamando-o. Esteja com ela no momento em que ela incorpora a deusa com cabeça de leão Sekhmet e cria o círculo de fogo ao redor dos dois. Sinta-o projetando-se para dentro da casa, no templo interno e na caverna. Contemple sua conexão. Considere, por outro lado, a presença dele no templo e a projeção consciente dela no mundo dele. Deixe que as imagens sumam; entre no corpo de luz e sinta o processo da fusão alquímica, no qual a energia é mantida segura e o trabalho pode continuar.

Volte para o seu estado fundamentado cotidiano e faça seu relatório da maneira habitual.

Estágio 3: A Porta sem Chave – a jornada conjunta

Meditação: Tiferet

Faça os exercícios preparatórios habituais e a meditação da soleira, mas, ao atravessá-la, você perceberá Rupert e Lilith, e dessa vez o seu ponto de vista se moverá entre eles.

Nesse processo, você está juntando os arquétipos masculino e feminino em sua natureza. Assim, encontre-se no templo superior com Rupert e Lilith; ele está deitado no sofá do altar e ela está atrás dele. Os dois estão de frente para o espelho. Preste atenção ao altar central, aos pilares gêmeos e ao espelho. Esteja com Rupert no momento em que ele vê Lilith no espelho. Esteja com Lilith no instante em que ela segura sua cabeça. Mova-se flexível, leve e facilmente entre as perspectivas, até que você obtenha um sentido desse mútuo olhar. Ao olhar, o espelho embaça, aparecendo nele a forma de uma mulher com véu: ela sai do espelho, abraça os dois, abençoando o trabalho que está por vir e responde ao trabalho que ambos lhe apresentam. No momento em que o templo interno se abre, movemo-nos através dele, passando para dentro do Santo dos Santos. A velha memória de sacrilégio surge e é perdoada pela deusa com véu, assim como Rupert é reconhecido como servente de Ísis. Sinta o paralelo em sua própria vida de qualquer antigo sentido de não merecimento sendo eliminado ao passar através da cortina.

Depois, deixe as imagens sumirem; entre no corpo de luz e permita que os sentimentos do ritual se incorporem em você. Faça isso durante sete dias.

Meditação: O caminho do deserto

Faça os exercícios preparatórios e a meditação da soleira. Encontre-se com Rupert e Lilith, posicionados um em cada lado do altar. Sinta a crescente percepção da Deusa atrás de Lilith e enxergue-a através dos olhos de Rupert. Sinta e veja o templo mudando para uma ampla caverna e ouça as palavras da Deusa: "Eu sou a Ísis Velada das sombras do santuário. Eu sou aquela que se move como uma sombra atrás das marés da morte e do nascimento. Eu sou aquela que aparece à noite, e ninguém consegue ver meu rosto. Eu sou mais velha que o tempo e a esquecida dos deuses. Nenhum homem pode ver minha face e viver, pois, no momento em que ele parte o meu véu, ele morre".[82]

Ajoelhe-se com Rupert e ofereça sua vida à Deusa; afunde mais e mais nas raízes da vida, voltando para a Mãe, tornando-se sua criança. Entre na quietude que existe abaixo de todo som e movimento: dê tudo, receba tudo. Deixe que as imagens sumam e permaneça na quietude e no ato de oferecimento, antes de voltar, renovado, da forma usual. Faça isso durante sete dias.

Meditação: Daat

Faça os exercícios preparatórios e a meditação da soleira como antes, alinhando-se com os dois e com a profunda conexão que há entre eles.

Encontre-se no templo com Rupert e Lilith, ambos vestidos de preto: Rupert tem um nemes de prata em sua cabeça e Lilith está coroada

---

82. Fortune, *Moon Magic*, p. 145.

com a lua. Esteja com eles, que estão lado a lado no altar, olhando entre os pilares dentro do espelho. Sinta a energia crescendo em Rupert ao levantar suas mãos e invocar a Deusa. Veja o templo interno abrir-se no espelho, e além do templo, a caverna antiga.

No momento em que Lilith se move para ficar com as suas costas contra o espelho, a Deusa entra nela. Como Rupert, você fala pela divisão entre o profundo masculino e o profundo feminino em nós mesmos e no mundo, e recebe a bênção da Deusa. Deixe que a bênção flua por meio de Lilith e Rupert para todo o mundo. Deixe que as imagens sumam; entre no corpo de luz à medida que o sentido da bênção impregna em seu corpo e, por intermédio de seu corpo, em todo o seu mundo. Faça isso durante sete dias.

Meditação: A experiência suprema

Faça os exercícios preparatórios e o exercício da soleira. Encontre-se no templo com Lilith e Rupert vestidos de preto e prata, um de frente para o outro no altar. Esteja com Rupert enquanto levanta as mãos e chama pelo poder que está embaixo: desça com ele às profundezas da terra e apresente-se perante a grande estátua da Ísis Negra. Ofereça-se como sacrifício vivo pelo qual a vida profunda da terra possa surgir. Deixe que o fogo da terra suba com você ao voltar para o templo, sentindo-se enraizado na terra e no fogo.

Você levanta sua mão em direção a Lilith e projeta o fogo da terra sobre ela. Há um som de sinos e de quebra-mar, e é como se a escuridão do espaço e o fogo de prata das estrelas fluíssem ao seu encontro. Rupert e Lilith seguram-se pelas mãos, e com eles você sente o pulsar dos pilares do Universo tornando-se vasto – ambos enraizados nas profundezas do mar e da terra; os dois com a cabeça nas estrelas tornando-se um só, coetâneos, iguais no vivente fluxo da vida, realizando o sagrado matrimônio. Então, eles descem de volta ao corpo, deixando o poder se mover por meio de níveis humanos, desmanchando velhas distorções à medida que o fogo combinado flui pelo mundo e por todos os seres. O trabalho ativa uma nova criação.

Volte lenta e suavemente por intermédio do corpo de luz e no mundo cotidiano a fim de anotar suas experiências.

Deixe que as imagens sumam; entre no corpo de luz e sinta Lilith e Rupert integralmente em você. Sinta o sagrado masculino e feminino, encontrando um novo equilíbrio dentro de si. Sinta a conexão com todos os sacerdotes e sacerdotisas desse trabalho, todos mantidos no campo do sacerdote e da sacerdotisa negros. Receba-os na parte mais profunda do seu coração e corpo, e celebre o casamento em todos os seus mundos. Sinta a riqueza da compreensão permeando o seu ser.

Volte vagarosa e suavemente por meio do corpo de luz no mundo cotidiano, para registrar suas experiências.

O ritual de Daat – o sagrado matrimônio

> "Há uma vida atrás da personalidade que usa personalidades como máscaras. Há momentos em que a vida tira a máscara e o profundo responde ao profundo." [83]

Novamente, e dessa vez intermediado por esse mais misterioso portal, você tem a oportunidade de realizar uma profunda avaliação do sagrado matrimônio dentro de si mesmo. Permita o relacionamento mágico da história e da imaginação para gentilmente completar esse ciclo. Como sempre, assegure-se de que você não sofrerá interrupções e permita tempo suficiente para o preparo e encerramento, para tomar notas e, gentilmente, voltar ao mundo cotidiano.

Você precisará de:

- Espaço que você preparou antecipadamente.
- Um assento confortável.
- Uma vela prateada.
- Luz baixa no quarto – suficiente para ler facilmente.
- Uma cópia do livro *A Sacerdotisa da Lua*.
- Incenso lunar.

Fique confortável no espaço reservado e limpo, em frente à vela; acenda-a, assim como o incenso lunar, com propósito, e sente-se com a coluna ereta. Ao focar a vela, você percebe uma névoa cor de prata que gradativamente enche o quarto.

Descanse no mistério durante algum tempo e então pegue o livro; enxergue-o como um repositório de energia sutil, assim como você é. Por meio dele, passa a corrente de um ensinamento esotérico... Colo-

---
83. Fortune, *The Goat-Foot God*, p. 304.

que-o de volta gentilmente e permita-se entrar em um estado meditativo ainda mais profundo.

Atrás de você, sinta a porta do templo da igreja. Lilith e Rupert se adiantam e colocam suas mãos sobre você em sinal de bênção e apoio; atrás deles, sinta o espelho, o templo interno, o templo da caverna e a Ísis Negra.

Lenta e meditativamente, leia os dois últimos capítulos do livro *A Sacerdotisa da Lua*, pausando, para sentir as imagens passando de você para o mundo.

Sinta profundamente as palavras do penúltimo parágrafo, quando Lilith e Rupert estão de mãos dadas, olhando para o espelho...

Enquanto lê o livro lentamente, até o final, seja você o limiar vivo, o elo entre os mundos. Pense na viva corrente do trabalho de Dion Fortune no mundo; sua conexão para o melhor impulso evolutivo, ainda a respeito de seu trabalho de regeneração para a sociedade.

Sinta todos os sacerdotes e sacerdotisas com quem você trabalhou e, em um sentido sutil, aos quais você se juntou por direito de sua dedicação compartilhada e do trabalho que você fez. Sinta-os sendo associados a muitas outras pessoas para o mesmo trabalho, em uma convocação de luz que brilha por meio do suporte da rede de prata, de conexão misteriosa, ao levantar a vela prateada e abençoar o mundo.

Sente-se com as energias por um momento atemporal e descanse na presença da companhia.

Vagarosamente, você responde ao impulso de voltar para o cotidiano, respeitando o final desse processo que o levou tão longe. Dê a si mesmo tempo para refletir, para revisar todas as notas do seu curso, se você quiser. Permita espaço para o mistério nele se estabelecer, antes de você se fundamentar totalmente, com movimento, registro e caminhando na natureza.

Isso conclui o curso, lembrando sempre que...

> Nenhuma enunciação da Verdade jamais será completa, nenhum método de treinamento jamais será adequado para todos os temperamentos, ninguém pode fazer nada além de selecionar o pequeno lote de terra que pretende cultivar e iniciar, enterrando a pá no solo, confiando em que o solo seja, possivelmente, fértil e livre de ervas daninhas desde que os limites que ele estabeleceu para si mesmo sejam estendidos.[84]

Uma bênção sobre o trabalho.

---

84. Fortune, *Esoteric Orders*, cap. 13.

Conclusão

O propósito deste livro foi o de examinar uma fórmula central e fundamental do trabalho de exploração de Dion Fortune com respeito ao poder da história, a Árvore da Vida. Isso foi então aplicado em um trabalho prático empenhando nossa vontade, imaginação e corpo em um processo alquímico de desenvolvimento. A Árvore proporciona a mandala e a estrutura que nos capacita a dirigir e a aprofundar esse processo interno.

Estes são os passos fundamentais desse processo:
1. A experiência de encontrar um ponto de virada na vida e tornar-se disponível para as possibilidades de mudança.
2. A descida no corpo que estabelece uma conexão entre os nossos mundos interno e externo: a experiência de Malkut.
3. Isso nos abre para um relacionamento consciente com nosso mundo interior por meio do qual nosso centro de gravidade começa a se deslocar para dentro: o caminho do submundo.
4. Esse caminho nos leva para a esfera de Yesod, o lugar da fundação e a casa do tesouro de imagens. Aqui, começamos a entender o poder da história arquetípica e a fazer conexão com nossas energias internas. Ao ficarmos estabelecidos nessa esfera, nós criamos a fundação para o nosso trabalho interno subsequente.
5. Isso então dá início à jornada entre Yesod e Tiferet, o caminho alquímico. Esse caminho envolve trabalhar com a roda da resistência chamada de véu do templo, formada pela

roda giratória do pensamento, da emoção e da memória que bloqueia nossa compreensão mais profunda.

6. Ao penetrarmos o véu, entramos em Tiferet, o centro do nosso ser que nos abre para a clareza, para o equilíbrio e para a compaixão.

7. Essa radiante presença nos atrai para o caminho do deserto que leva a Daat, o portal para o não dual. Esse caminho, como a frase implica, elimina os nossos modos anteriores de conhecer e de ser.

8. Ao nos rendermos no caminho, encontramos Daat, um lugar de paradoxos e fusão de opostos que nos leva para um novo ser.

9. A experiência da coroação que completa o caminho do deserto nos leva a Kether, a coroa da Árvore. Essa coroação e integração nos levam a tocar a parte mais profunda de nossa natureza. Essa parte é às vezes referida como o *Ipsissimus*, ou seja, "nosso próprio ego".

O processo nos leva em uma espiral de volta para o início, tocando-o todo, porém em um ângulo superior e mais profundo. Isso é ilustrado pelo processo dos quatro livros no sentido de que, uma vez completada a jornada ao longo do livro *The Goat-Foot God*, começamos então, novamente, com *A Sacerdotisa do Mar*, e assim por diante.

Há muito mais nos livros do que foi descrito neste trabalho, portanto, havendo completado o livro de exercícios, você estará então em uma posição para aprofundar seu entendimento e prática ao retornar para os romances. Muitas percepções novas surgirão; por exemplo, em termos de estudo adicional, você pode considerar a forma pela qual os quatro principais personagens estudaram o caminho: Hugh Paston estuda mitologia e história, Wilfred Maxwell se comunica com a lua, Ted Murchison invoca o guardião dos deuses, enquanto Rupert Malcolm segue a sacerdotisa interna no coração do mistério.

Da mesma forma, há muito mais para ser aprendido sobre a Árvore da Vida e a Cabala, e, se você estiver interessado nesse assunto, *A Cabala Mística*, de Dion Fortune, lhe será de grande ajuda, assim como os trabalhos de W. E. Butler.

O mais importante é que o caminho adiante se abrirá, passo a passo, à medida que você continua praticando as meditações e os exercícios e, ao mesmo tempo, aprofundando sua conexão com a sua própria alma.

Caso isso venha a acontecer, o processo o levará à fonte interna dos ensinamentos, na qual, tal como disse W. E. Butler:

> Nossa próxima reunião será na loja onde, sob o suave brilho da chama que nunca se apaga, acima de você, e com a luz sobre o altar projetando o seu brilho flutuante sobre os símbolos ali existentes, você fará o Juramento dos Mistérios... Os portões estão abertos; entre na luz.[85]

---

85. W. E. Butler, *Apprenticed to Magic*, p. 105.

BIBLIOGRAFIA

BRODIE-INNES, J. W. *The Devil's Mistress*. 1915. Reimpressão. Ramble House, 2009.

BUTLER, W. E. *Apprenticed to Magic*. 1962. Reimpressão. London: Aquarian Press, 1990.

_____. *Lords of Light*. Rochester: Destiny Books, 1990.

_____. *Magic: Its Ritual, Power, and Purpose*. 1952. Reimpressão. London: Aquarian Press, 1967.

_____. *Magic and the Qabalah*. London: Aquarian Press, 1964.

_____. *The Magician: His Training and Work*. London: Aquarian Press, 1963.

DU MAURIER, George. *Peter Ibbetson*. 1891. Reimpressão. London: The British Library, 2010.

FIRTH, Violet M. (Dion Fortune). *The Machinery of the Mind*. 1922. Reimpressão. York Beach: Samuel Weiser, 1980.

FORTUNE, Dion. *Avalon of the Heart*. 1934. Reimpressão. New York: Samuel Weiser, 1971.

_____. *Esoteric Orders and Their Work & The Training and Work of an Initiate*. London: Thorsons, 1987.

_____. *Moon Magic*. York Beach: Red Wheel/Weiser LLC, 2003.

_____. *Psychic Self-Defence*. London: SIL Trading Ltd., 1997.

_____. *Sane Occultism*. Wellingborough: Aquarian Press, 1982.

_____. *The Demon Lover*. York Beach: Samuel Weiser, 1980.

_____. *The Goat-Foot God*. York Beach: Samuel Weiser, 1999.

_____. *The Magical Battle of Britain*. Bradford on Avon: Golden Gates Press, 1993.

_____. *The Mystical Qabalah*. San Francisco: Red Wheel/Weiser, 2000.
_____. *The Sea Priestess*. London: Society of the Inner Light, 1998.
_____. *The Secrets of Doctor Taverner*. Wellingborough: Aquarian Press, 1989.
_____. *The Winged Bull*. London: SIL Trading, 1998.
HUYSMANS, Joris-Karl. *Là-Bas*. 1891. Reimpressão. New York: Penguin Books, 2002.
KNIGHT, Gareth. *Dion Fortune and the Three Fold Way*. London: SIL Trading, 2002.
MASON, A. E. W. *The Prisoner in the Opal*. London: Sphere Books, 1974.
MITCHISON, Naomi. *The Corn King and the Spring Queen*. Edinburgh: Canongate Classics, 1998.
PARFITT, Will. *The New Kabbalah for Life*. Glastonbury: PS Avalon, 2014.
REGARDIE, Israel. *The Art of True Healing*. Cheltenham: Helios Book Service, 1964.
_____. *The Middle Pillar*. St. Paul: Llewellyn Worldwide, 1998.

MADRAS® Editora
CADASTRO/MALA DIRETA

Envie este cadastro preenchido e passará a receber informações dos nossos lançamentos, nas áreas que determinar.

Nome _____
RG _____ CPF _____
Endereço Residencial _____
Bairro _____ Cidade _____ Estado _____
CEP _____ Fone _____
E-mail _____
Sexo ❑ Fem. ❑ Masc.   Nascimento _____
Profissão _____ Escolaridade (Nível/Curso) _____

Você compra livros:
❑ livrarias   ❑ feiras   ❑ telefone   ❑ Sedex livro (reembolso postal mais rápido)
❑ outros: _____

Quais os tipos de literatura que você lê:
❑ Jurídicos   ❑ Pedagogia   ❑ Business   ❑ Romances/espíritas
❑ Esoterismo ❑ Psicologia ❑ Saúde   ❑ Espíritas/doutrinas
❑ Bruxaria   ❑ Autoajuda   ❑ Maçonaria ❑ Outros:

Qual a sua opinião a respeito desta obra? _____
_____

Indique amigos que gostariam de receber MALA DIRETA:
Nome _____
Endereço Residencial _____
Bairro _____ Cidade _____ CEP _____

Nome do livro adquirido: As Chaves do Templo

Para receber catálogos, lista de preços e outras informações, escreva para:

MADRAS EDITORA LTDA.
Rua Paulo Gonçalves, 88 – Santana – 02403-020 – São Paulo/SP
Caixa Postal 12183 – CEP 02013-970 – SP
Tel.: (11) 2281-5555 – Fax.:(11) 2959-3090
www.madras.com.br

MADRAS® Editora

Para mais informações sobre a Madras Editora,
sua história no mercado editorial
e seu catálogo de títulos publicados:

Entre e cadastre-se no site:

www.madras.com.br

Para mensagens, parcerias, sugestões e dúvidas, mande-nos um e-mail:

marketing@madras.com.br

SAIBA MAIS

Saiba mais sobre nossos lançamentos,
autores e eventos seguindo-nos no facebook e twitter:

@madrased

/madraseditora